公共管理创新系列教材

公共政策学

（第二版）

杨宏山　编著

Public Policy

Comparative Perspectives

中国人民大学出版社

·北京·

图书在版编目（CIP）数据

公共政策学/杨宏山编著. --2版. --北京：中国人民大学出版社，2024.1

公共管理创新系列教材

ISBN 978-7-300-32274-2

Ⅰ. ①公… Ⅱ. ①杨… Ⅲ. ①公共政策-高等学校-教材 Ⅳ. ①D035-01

中国国家版本馆CIP数据核字（2023）第210761号

公共管理创新系列教材

公共政策学（第二版）

杨宏山　编著

Gonggong Zhengcexue

出版发行	中国人民大学出版社		
社　　址	北京中关村大街31号	**邮政编码**	100080
电　　话	010－62511242（总编室）		010－62511770（质管部）
	010－82501766（邮购部）		010－62514148（门市部）
	010－62511173（发行公司）		010－62515275（盗版举报）
网　　址	http://www.crup.com.cn		
经　　销	新华书店		
印　　刷	北京密兴印刷有限公司	**版　　次**	2020年4月第1版
开　　本	787 mm×1092 mm　1/16		2024年1月第2版
印　　张	16.5	**印　　次**	2025年8月第4次印刷
字　　数	359 000	**定　　价**	52.00元

第二版前言

PREFACE

公共政策研究以真实世界的政策系统、政策过程为研究对象。改革开放以来，我国政策科学研究经历了从知识引进到自主创新的发展历程。20 世纪 80 年代初，为了顺应改革开放和现代化建设的需要，一些学者开始译介国外政策科学知识和理论。1986 年，国务院副总理万里在全国软科学研究工作座谈会上提出推进决策民主化和科学化的任务，明确提出要开展“政策研究”。此后，政策科学发展开始提上议程。

20 世纪 90 年代初，中国人民大学、北京大学等高校率先开设了公共政策课程。20 世纪 90 年代，从中央部委到地方，各级党政系统纷纷成立专家咨询委员会，邀请专家参与重大决策咨询。进入 21 世纪，随着 MPA 教育的兴起，“公共政策分析”课程被列入专业必修核心课程。公共管理学成为一级学科后，一些高校设置公共政策专业，招收硕士和博士研究生，促进了相关研究的发展和人才的培养。

近年来，公共政策学者基于中国制度环境，提出了一些具有解释力的理论模型，深化了对中国政策过程的认知。由于基础制度不同，各国政策过程的真实运作具有差异性。中国国家治理坚持党的全面领导，政治与行政高度融合，央地关系实行单一制，这些制度环境塑造了中国特色的政策过程，执政党发挥着“总揽全局、协调各方”的重要作用。构建中国公共政策话语体系，需要立基于中国政策过程，彰显中国特色、中国经验、中国智慧。同时，也要与国外理论开展对话，吸收国外政策科学研究的有益成果，提升理论建构的科学性、兼容性和解释力。

《公共政策学》第一版于 2020 年 4 月出版后，得到了学界的肯定和鼓励。2021 年，中国人民大学启动研究生精品教材建设，我开始着手进行教材修订工作。《公共政策学》（第二版）注重反映习近平新时代中国特色社会主义思想，融入党的二十大精神。第二版增加了第 10 章“政策网络与反馈”，更新了第 2 章第 5 节“政策工具”、第 3 章第 3 节“经典政策理论模型”、第 6 章第 4 节“政策执行模型”、第 8 章第 2 节“政策学习”以及第 3 节“政策试验”等内容，并对全书进行了修订，增加了延伸阅读材料，使内容更系统、表述更简洁。

本书受 2021 年度中国人民大学研究生精品教材建设项目立项资助。本次修订工作得到了中国人民大学出版社的大力支持，谨此表示感谢！由于学识有限，本书难免存在错误和疏漏之处，敬请指正。

杨宏山

第一版前言

PREFACE

建设创新型国家不仅要提升技术创新能力，也要提升国家治理的政策创新能力。西方学者普遍认为，府际分权有利于促进政策创新，地方政府被视为“民主的实验室”①。改革开放以来，中国通过调整政策取向、开展政策试验、改进激励机制，有效调动了地方政府的创新激情，持续推进国家治理创新进程。中国改革的基本特点是利用各种形式的实践和试验进行学习，从中获取必要的经验教训，进而调整政策内容，以回应不断变化的社会环境。② 在此过程中，中央与地方之间持续进行学习交流，并在互动学习中深化对政策问题及解决路径的认知。

林德布洛姆指出，公共政策并非一经制定就不可动摇，它总是在实践中不断修正，每次修正都是对现行政策的局部、边际性的调适。③ 观察中国改革开放以来的政策变迁，它既不是照搬国外政策模式，也不是单向度的“自上而下”改革，而是针对现实问题，持续开展政策试验，并建立府际学习机制，通过总结对方的经验教训，持续对现行政策进行改进。

中国国家治理实行议行融合体制，各级党委实行集体领导和个人分工负责相结合的制度安排，政治与行政高度融合，决策者既主导政策制定，又亲自指挥政策执行。为了减少

① MOSSBERGER K. State-federal diffusion and policy learning: from enterprise zones to empowerment zones. The Journal of Federalism, 1999, 29 (3): 31 - 50.

② 王绍光．学习机制与适应能力：中国农村合作医疗体制变迁的启示．中国社会科学，2008 (6)．

③ LINDBLOM C E. The science of “muddling through”. Public Administration Review, 1959, 19 (2): 79 - 88.

偏差，政治决策往往只提出总体目标，不规定具体目标和政策工具，支持行政部门和地方政府建立专题学习机制，在学习中深化认知，进而完善政策内容。

从央地关系的视角看，政策创新是中央政府与地方政府之间建立专题学习机制、增进互动交流、持续学习和采纳新知识的过程。一般而言，一项政策由政策目的、政策目标和政策工具三部分组成。一项创制性政策在刚提出时，出于有限的认知，政策内容并不明晰，只是提出新的愿景，并未形成完备的政策内容。① 在这种情况下，政策创新要落到实处，就必须建立学习机制，持续深化政策认知，进而细化政策方案。

在政策创新中，行动主体可分为第一行动集团和第二行动集团。② 第一行动集团是政策的首创者，它首先预见到某种潜在利益并采取行动，提出新的政策构想，寻求建立倡议联盟，争取实现这一利益。第二行动集团是第一行动集团的支持者，两者共同努力将制度创新落到实处。根据第一行动集团的差异性，在中国制度环境中，推进府际学习有两种路径安排，分别为“W”型路径与“M”型路径。③

在“W”型路径中，中央政府担当第一行动集团的角色，它率先预见到潜在利益，是政策创新的发动者，提供第一动力。出于有限的认知，中央政府只是提出新的政策导向，尚未形成操作化的具体方案。为进一步深化认知，需要选择代表性的试点开展政策试验，从中总结经验教训，进而细化政策内容。相应地，地方政府响应中央政策，建立专题学习机制，在学习中深化认知，形成操作化的政策方案。这样，第一行动集团与第二行动集团之间形成互动学习，运用学到的新知识推进政策创新。

在“M”型路径中，地方政府率先做出创新决策，形成第一行动集团；中央政府作为第二行动集团介入，两者合作展开以创新为导向的政策学习。政策创新的前提是行动具有潜在的预期收益。在“M”型路径下，地方政府率先预见到潜在利益，愿意支付一定成本，将其转化为现实收益。地方政府创新取得成效后，中央政府给予支持，提供激励因素，则会引导更多地方政府跟进学习。

中国治理的府际学习受政治权威的影响较为显著，地方政府的创新不仅受上位法约束，也要接受上级指挥和指导，中央对地方创新拥有最终的解释和决定权。④ 符合中央期望的政策创新会被确立为典型经验，成为政策学习的榜样；而未获中央认可的政策创新，则会被悬置起来，随着时间推移被消解。

理解国家治理的政策过程，需要立足特定的制度环境，识别政策过程的规律性特征，推进知识体系建设。本教材基于中国治理的制度环境，介绍国外公共政策研究的知识体系，并致力于通过中外比较研究，透视中国特色的公共政策过程，展现近年来本土学者提

① 杨宏山．创制性政策的执行机制：基于政策学习的视角．中国人民大学学报，2015（3）．

② DAVIS L E，NORTH D. Institutional change and american economic growth. Cambridge：Cambridge University Press，1992：8.

③ 杨宏山，李娉．政策创新争先模式的府际学习机制．公共管理学报，2019（2）．

④ 刘培伟．基于中央选择性控制的试验：中国改革“实践”机制的一种新解释．开放时代，2010（4）．

出的一些理论模型或分析框架。

本教材具有以下三个特点：(1) 基于政策过程的视角。致力于梳理公共政策学科在政策主体、政策议程、政策决策、政策执行、政策评估、政策创新、政策学习、政策试验、政策扩散、政策变迁、政策终结、政策分析等领域的知识积累，展现全面系统的知识体系。(2) 基于比较研究与政治制度差异性的视角。注重展现中国特色的政策过程，为学生提供多元化的理论建构。(3) 注重吸收近年来学界在公共政策研究领域的最新成果。

本教材从撰写到出版，历时3年多。在公共政策研究和课程教学中，毛寿龙教授、谢明教授、李文钊教授、陈振明教授、丁煌教授、苏竣教授、朱旭峰教授、朱春奎教授、朱亚鹏教授、杨立华教授、刘伟副教授等提供了富有启发性的意见和建议。在教材撰写中，我的学生黄文浩、石晋昕、李娉、周昕宇在资料收集和制图方面提供了支持。在此一并表示感谢。

本书难免存在缺漏，敬请批评指正（电子邮箱：yanghsh@263.net）。

杨宏山

目 录
CONTENTS

第1章

导　论

公共政策学既是政治学的分支学科，又是公共管理学的分支学科。公共政策研究致力于建构政策过程的知识体系，开展公共政策研究，深化对政策制定、执行与评估规律的认知，既具有理论价值，也具有应用价值，对于推进国家治理体系和治理能力现代化具有重要促进作用。近年来，公共政策学已经成为社会科学中的一门显学。

1.1　公共政策的含义

1.1.1　公共政策的概念

公共政策是常见、常用的一个概念，在社会生活中，特别是在媒体上，人们经常讨论政府出台的新政策，如高考政策、住房政策、医疗政策、社保政策等。什么是公共政策？这个概念看起来很简单，却又不太容易准确界定。

中外学者从不同的视角探讨了公共政策的含义。在国外学者的定义中，比较有代表性的包括：

政策科学的奠基者拉斯韦尔、卡普兰认为公共政策是“一种含有目标、价值观和策略的，经过设计的规划”①。这一定义强调了公共政策的构成要素，包括目标、价值观和行动策略。

托马斯·戴伊提出，“公共政策是政府选择要做的事，或者它选择不去做的任何事”②。它“既包括了政府的作为，又包括了政府的不作为。政府无力作为正如其作为，

① LASSWELL H D，KAPLAN A. Power and society. New Haven：Yale University Press，1970：71.

② DYE T R. Understanding public policy. 9th ed. NJ：Prentice Hall，1998：2-4.

可能同样会对社会产生重大的影响”①。这个定义强调了政府的行为选择，阐述了政府决定不采取行动也是一种政策，也具有政策意义。

威廉・詹金斯认为，“公共政策是由政治行动主体在特定的情境中制定的一组相互关联的决策，包括目标选择、实现目标的手段，这些政策原则上是行动主体力所能及的”②。这个政策定义强调公共政策由一系列决策组成，通常各种决策由政府内部不同的个人或机构来制定。

詹姆斯・安德森提出，“公共政策是由政府机关和政府官员所制定的政策”③。安德森对政策与公共政策进行了区分，提出公共政策是政府为了处理某一问题或有关事务而采取的行动，是政府实际做的事情，而不是政府打算或将要做的事情。

戴维・伊斯顿认为，“公共政策是对一个社会进行的权威性价值分配”，“一项政策的实质在于通过那项政策不让一部分人享有某些东西而允许另一部分人占有它们”④。这个定义强调了公共政策的价值分配功能。

政策科学引入后，国内学者中具有代表性的定义有：

张金马认为，“公共政策是党和政府采取的用以规范、引导有关机构团体和个人行动的行为准则和行动指南”⑤。其表现形式包括法律规章、行政命令、政府首脑的书面和口头声明与指示，以及行动计划与策略等。这个定义指出公共政策是一种行为规范，列举了公共政策的表现形式。

陈庆云认为，“公共政策是政府依据特定时期的目标，通过对社会中各种利益进行选择与整合，在追求有效增进与公平分配社会利益过程中所制定的行为准则”⑥。这个定义强调公共政策是政府活动的产物，是对利益的分配，本质是要解决利益的增进和分配问题。

陈振明认为，“公共政策是国家机关、政党以及其他政治团体在特定时期中，以实现或服务于一定社会政治、经济、文化目标而采取的政治行为或规定的行为或准则，它是一系列谋略、法令、措施、办法、方法、条例的总称”⑦。这个定义展示了公共政策表现形式的多样性。

谢明认为，“公共政策是社会公共权威在特定情境中，为达到一定目标而制定的行动方案或行为准则，其作用是规范和指导有关机构、团体或个人的行动，其表达形式包括法律法规、行政规定和命令、国家领导人口头或书面的指示、政府大型规划、具体行动计划

① 戴伊．自上而下的政策制定．北京：中国人民大学出版社，2002：3.

② JENKINS W. Policy analysis：a political and organizational perspective. London：Martin Robertson，1978.

③ 安德森．公共决策．北京：华夏出版社，1990：4.

④ 伊斯顿．政治体系：政治学状况研究．北京：商务印书馆，1993：123.

⑤ 张金马．公共政策分析：概念、过程、方法．北京：人民出版社，2004：42.

⑥ 陈庆云．公共政策分析．北京：北京大学出版社，2006：10.

⑦ 陈振明．政策科学．北京：中国人民大学出版社，1998：59.

及相关策略”[①]。这个定义既提及公共政策的功能和作用，也展示了政策形式的多样性。

朱春奎认为，“公共政策是公共权力机关为了解决公共问题、达成公共目标、实现公共利益，经过政治过程选择和制定的行为准则或价值规范”[②]。这个定义突出了公共政策的目标导向，即解决公共问题、实现公共目标或公共利益。

综上，学者们的定义各有侧重，也有共识，普遍将公共政策描述为一套行动准则。鉴于此，我们将公共政策界定为经由一定的政治过程制定的集体行动规则。俗话说，没有规矩不成方圆，公共政策是对社会成员的利益诉求进行政治决策的结果，是社会行动的共同规则。由于存在市场失灵和社会失灵的问题，社会成员追求个人效用最大化的行为需要在一定的激励和约束条件下进行。这些激励和约束条件就是经由政治过程所制定的公共政策。如果没有公共政策，就会产生人人追求效用最大化的局面，进而导致社会失序，直至陷入“霍布斯丛林”状态。

公共政策通过提供一系列正式的约束规则及其实施（激励和惩罚）机制，界定人们的行为空间，规范各种社会关系，从而减少社会环境中的不确定性，降低交易费用，促进社会合作与发展。评判一个国家的治理水平，不仅要看公共政策是否完善配套，也要看政策实施及激励、问责机制是否健全。只有建立强有力的执行体制，强化激励和问责机制，使违规者的潜在成本变大，才能有效抑制机会主义，提升政策执行力。

1.1.2 公共政策的本质

公共政策包括规范公共事务和公共管理的各项法律、法规和规范性文件，是国家治理的基本依据，是集体行动的行为准则。公共政策可分为国家性、区域性和地方性政策。国家性政策由中央政府制定，涉及公共事务和政府治理的各个方面，它提供了公共管理的基础制度安排；区域性政策涉及区域内的资源利用、区域发展定位、具体领域管理等规定；地方性政策由地方政府制定，在不违背中央和上级政策的前提下，就地方性公共事务管理出台具体规定。

戴维·伊斯顿从政治系统分析视角出发，认为公共政策是政治系统权威性决定的输出，是对一个社会的价值进行权威性分配。伊斯顿所讲的“价值”是一种抽象概括，包括人、财、物以及权力、荣誉、服务等有价值的东西。根据伊斯顿的界定，公共政策的实质是分配，分配的内容是价值，分配的影响范围涉及整个社会，分配的行为及其结果具有权威性。

基于伊斯顿的分析，从本质上来讲，公共政策是对社会价值的权威性分配。在中文的语言习惯中，人们更多地用“利益”一词来表达类似的含义。为了便于理解，我们可用“社会利益”一词来代替伊斯顿所讲的“社会价值”。也就是说，公共政策的本质是对社会利益进行权威性分配。公共政策的形成是一个动态过程，各种利益群体把自身的利益诉求

① 谢明．公共政策导论．北京：中国人民大学出版社，2015：6.

② 朱春奎．公共政策学．北京：清华大学出版社，2016：2.

输入政策制定系统，由决策者对各种利益诉求进行整合，并以公共政策的形式进行权威性分配。

通过公共政策手段对社会利益进行权威性分配，包括利益选择、利益整合、利益分配、利益落实四个环节。①

（1）利益选择。公共部门对社会利益进行分配不是完全中立的，政府在利益选择时具有倾向性。如果政府依赖于某一利益群体，在政策制定时就可能有所偏向，优先考虑其利益诉求；如果政府重视某个领域，就会投入更多的财政资源。在实践中，人们经常看到，政府也是社会中的利益主体之一，也具有自身的利益诉求。政府由公务人员组成，公务人员也有个人的、团体的利益诉求。公共部门在行使公共权力、分配社会利益时具有主观性、倾向性，如对某一利益群体给予政策优惠，使其可以获得更多的利益。

（2）利益整合。社会是一个共同体，各个群体都具有特定的利益诉求，彼此的利益存在连带关系，有可能相互促进，也可能相互冲突。政府在进行利益分配时，不仅要考虑一个群体的利益追求，也要权衡其他群体的利益诉求，对多元化的利益表达和诉求进行整合，寻求最大公约数，从而兼顾各方，形成一种恰当的平衡状态。

（3）利益分配。政府通过出台新政策的方式，对既有的利益分配格局进行调整。一项新政策往往会增加一部分人的利益，或减损一部分人的既得利益。例如，国家出台“减税”政策，企业就会从中受益；中央出台“八项规定”，强化了对官员的约束，一部分官员的既得利益就会有所减损。公共政策对社会利益的分配具有权威性，它在完成合法化程序后，对所有社会成员都具有约束力。

（4）利益落实。政府对社会利益进行分配，不仅要制定政策，还要通过实施政策将利益结构调整落到实处。一项新政策的出台，只是为利益调整提供了正当性和合法性，还需要通过政策执行这一手段，将政策内容贯彻到实践中，将政策目标转化为实际结果，使得利益调整真正到位。

1.1.3 公共政策的形式

公共政策涵盖公共部门制定的一系列集体行动规则，包括宪法，法律，法规，规章，决定、命令，以及国际条约等。不同规则之间构成一定的等级结构，以协调彼此之间的关系。

1. 宪法

宪法是国家的根本大法，它规定了国家治理的根本原则，属于公共政策的政策，即通常所说的“元政策”。宪法具有最高法律效力，是其他法律和规则的基础，其他法律和规则的制定要以宪法为依据，不能与宪法相抵触。宪法通过确立基本的政治、经济、社会制度，引导具体制度的产生和发展，并对具体制度具有直接的指导和保障作用。其他法律对

① 陈庆云．公共政策分析．北京：北京大学出版社，2006：8－9.

具体制度的界定都必须以宪法为依据，不能与宪法相抵触。

2. 法律

在宪法之下，国家还制定有许多专门领域的法律。在我国，按照制定机关及调整对象和范围的不同，法律可分为基本法律和一般法律，基本法律由全国人大及其常委会制定和修改，规定和调整带有基本性和全面性的社会关系，如《刑法》《民法典》《刑事诉讼法》等。一般法律由全国人大常委会制定或修改，规定和调整某一具体方面的社会关系，如《公务员法》《高等教育法》《文物保护法》等。

3. 法规

法规包括行政法规和地方性法规。在我国，行政法规由最高行政机关——国务院制定，以国务院令的形式公布，其地位和效率低于法律。地方性法规由省级人大及其常委会制定，不得与宪法、法律、行政法规相抵触。设区的市的人大及其常委会可根据本地的实际需要，在不与上位法相抵触的前提下，对城乡建设与管理、环境保护、历史文化保护等方面的事项制定地方性法规。

4. 规章

规章包括中央和地方行政部门制定的规范性文件。我国《立法法》规定，国务院各部委和具有行政管理职能的直属机构，可在本部门的权限范围内制定规章；省、自治区、直辖市和设区的市、自治州的政府，也有权制定规章。规章具有实用性、具体性的特点，一般以“实施细则”“管理办法”等形式发布。

5. 决定、命令

决定是对重要事项或重大行动做出的决策或安排；命令是国家机关及其领导人发布的指挥性、强制性的公文。决定和命令的决策程序相对简单，表现形式多样，包括批复、批示、规定、通知、讲话、宣布等。从中央到地方、基层，各级政府（包括立法机关、行政机关、司法机关）都有权发布决定、命令。在我国，中国共产党中央委员会通过决定、命令的形式，面向社会发布重大决策信息。

6. 国际条约

国际条约是国与国之间以国际法为准则而确立相互之间的权利和义务的书面协议，可分为双边条约和多边条约。双边条约由两个缔约方签订；多边条约在多方主体之间签订，也称国际公约，通常是开放性的，非缔约方可在生效后申请加入。国际条约的正式生效，须经过谈判、签字、批准、交换批准书等程序。其一经生效就成为公共政策，对所有缔约国的国家机关、社会组织和公民都具有法律效力。

由上述内容构成的公共政策体系，彼此之间存在着下位法服从上位法的层级结构关系（见图1-1）。这一层级结构有利于在不同规则之间建立一种秩序，并使它们在检验中保持一致。[①] 在这种层级结构下，下位政策要服从于上位政策，宪法具有最高的法律地位。如

① 柯武刚，史漫飞．制度经济学：社会秩序与公共政策．北京：商务印书馆，2000：166-170.

果不同规则之间出现矛盾，就要通过冲突解决机制，对某一项规定如何与更高层次的成文法衔接做出裁决。

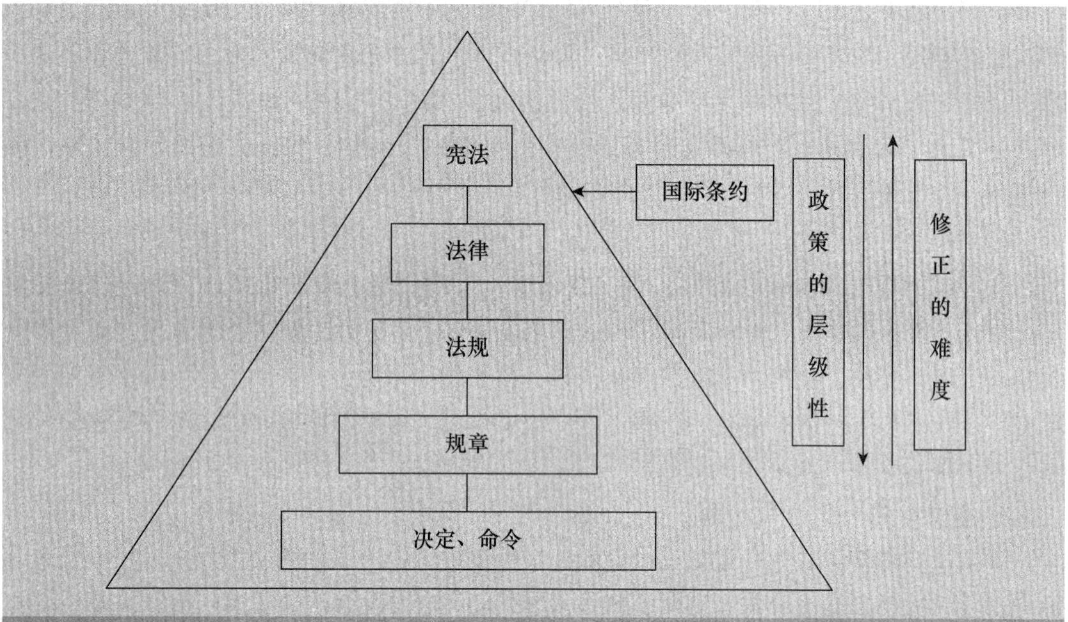

图 1-1　公共政策的层级结构

1.1.4　公共政策的分类

公共政策涉及政治、经济、社会、文化、生态等各个领域，其数量众多、形式多样，它们提供了一系列行为规则，以减少集体行动的不确定性，抑制社会中的任意行为。根据一定的标准，可对公共政策进行分类。

1. 内容分类法

根据内容的侧重性，公共政策可分为实质性政策和程序性政策。实质性政策涉及政府旨在解决的实质性问题，如义务教育法、高铁建设规划、棚户区改造、“村村通”工程、灾后重建等。程序性政策关注谁负责、如何组织、如何行动等程序性问题。我国的《全国人民代表大会组织法》《国务院组织法》《地方各级人民代表大会和地方各级人民政府组织法》规定了相关机构的组织和运作程序，属于程序性公共政策。

根据分配利益的差异性，公共政策也可分为物质性政策和象征性政策。物质性政策是指向受惠人提供具体的资源或实质性权益，或者使一部分人的物质利益受到损失，如提供住房补贴、发放年终奖励，或没收财物、罚款等；象征性政策是指向目标群体提供价值观、仪式、典礼等，如关于国旗、国徽、国歌的规定以及设立纪念日、节假日等。

2. 功能分类法

根据发挥的功能和作用，西奥多·洛维将公共政策分为分配型（distributive）政策、再分配型（redistributive）政策和监管型（regulatory）政策。[①] 在洛维分类法的基础上，研究者索尔兹伯里提出增加一种类型，即自我监管型政策。[②]

分配型政策将某一方面的权利、利益或义务分配给特定群体，它一般只产生受益者，而没有明确的利益受损者。此类政策问题在进入政策程序后，往往得到特定群体的积极支持，反对的声音相对较少。

再分配型政策将社会中某一阶层或团体的利益或义务转移给另一个群体。这种利益转移通常使社会资源从富人流向穷人，如累进所得税政策，也可能会出现相反的情况。再分配政策的出台，可能是社会群体之间博弈的结果，也可能是执政者主导的利益再分配。

监管型政策是对个人、群体的行动进行限制和约束的政策规范。监管型政策涉及政治、经济、社会、文化、环境等多个领域。从表面上来看，它对目标群体施加一定的约束和限制；但就其实质而言，监管型政策的实施也会涉及社会利益的权威性分配：有些群体的利益受损，有些群体则从中受益。

自我监管型政策不是外部强加给政策客体的，而是政策客体主动要求的结果，属于自我调节性质的政策。此类政策是作为保护和促进自我利益的一种手段而出现的。

上述四种类型只是一种类型学划分，在实际中，它们经常是融合在一起的。一项新政策可能既有监管性内容，也有分配、再分配、自我监管性的内容。公共政策是动态发展的，在实践中可能从一种类型变成另一种类型。

3. 价值导向分类法

根据公共政策的价值导向，可分为公平导向的政策、效率导向的政策、干预型政策、市场化政策。公平导向的政策致力于合理分配“蛋糕”，缩小贫富差距，确保更高水平的社会平等。效率导向的政策致力于做大“蛋糕”，增加财富总量，确保社会快速发展。干预型政策主张政府发挥更大作用，积极介入经济和社会领域。市场化政策主张限制政府的行动空间，让市场在资源配置中发挥决定性作用。

1.2 公共政策的结构与功能

1.2.1 公共政策的结构

林德布洛姆提出，在政策制定中，决策者通常并不考虑所有的可能方案，只对现行方案做渐进的、边际性的调整，公共政策总是“不断地被制定并修正”[③]。基于有限理性假

---

① LOWI T J. American business，public policy，case studies，and political theory. World Politics，1964（16）：677－715.

② SALISBURY R A. Presidential address：the analysis of public policy//RANNY A. Political science and public policy. Chicago：Markham Publishing Co.，1968.

③ LINDBLOM C E. The science of “muddling through”. Public Administration Review，1959，19（2）：79－88.

设，决策者对政策问题和环境状况的认知是有限的，任何决策者都不可能完全知晓客观世界，也不可能预见所有的可能状态并做出规定。因此，公共政策总是不完备的，总是存在表述模糊的地方，甚至缺失某些关键内容。

一般而言，一项公共政策由政策目的、政策目标、政策工具三个要素构成（见图 1－2）。

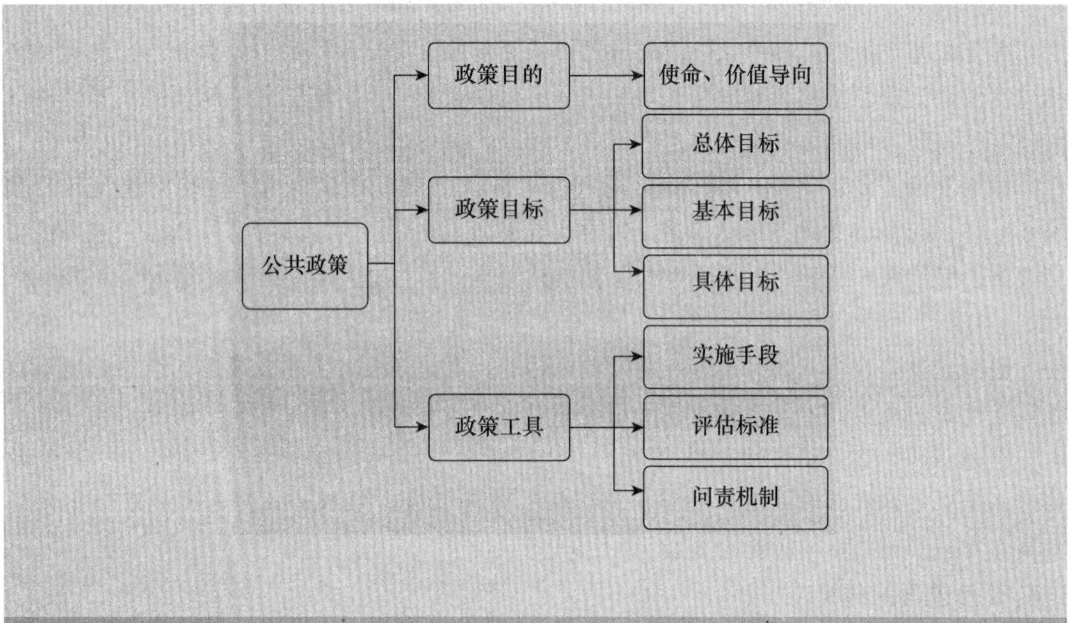

图 1－2　公共政策的构成要素

1. 政策目的

政策目的即价值取向，它反映了决策者的愿景定位。每项政策都有价值取向，它表达了决策者的价值偏好。政策目的通常采用较为抽象的表达，如促进发展、提高效率、保障自由、维护安全、发展民主、维护公正。

不同的政策目的之间既有互补性，又存在冲突性。斯通指出，“我不相信有什么能被社会上所有人都接受，并以同样的方式影响每一个人的客观标准”①。以平等与效率为例，两者通常被认为是零和博弈，一方得到的多，另一方得到的就少。在实践中，许多政策争议都是在两种取向之间寻求平衡。

尽管如此，政策目的仍是公共政策的组成要素，它表达了愿景定位，赋予公共政策以正当性。以我国《“十三五”国家信息化规划》为例，该规划阐述了信息化建设的政策目的：树立创新、协调、绿色、开放、共享的发展理念，推动信息技术更好服务经济升级和民生改善，让信息化更好造福国家和人民，为国家治理体系和治理能力现代化提供坚实支撑。

① 斯通．政策悖论．北京：中国人民大学出版社，2009：前言．

2. 政策目标

政策目标是为解决特定政策问题而期望实现的结果、指标或效果。政策目标可进一步分解为总体目标、基本目标、具体目标三个层次。总体目标是高度抽象的宏观目标，反映了总体性追求；基本目标介于总体目标和具体目标之间；具体目标属于操作层次的目标，包括量化目标和具体的考核指标。

我国《“十四五”国家信息化规划》提出，“十四五”国家信息化的总体目标是“到2025年，数字中国建设取得决定性进展，信息化发展水平大幅跃升，数字基础设施全面夯实，数字技术创新能力显著增强，数据要素价值充分发挥，数字经济高质量发展，数字治理效能整体提升”。同时，该规划还提出了一些基本目标，包括数字基础设施体系更加完备、数字经济发展质量效益达到世界领先水平、数字社会建设稳步推进、数字政府建设水平全面提升等。在具体目标方面，该规划提出了量化指标：到2025年，网民规模达到12亿人，5G用户普及率达到56%，1 000M及以上速率的光纤接入用户6 000万户，IPv6活跃用户数为8亿人，电子社保卡申领率达到67%。

政策目的与政策目标的比较如表1-1所示。

表1-1 政策目的与政策目标的比较

内容	政策目的	政策目标
政策愿景	宏观愿景（如：提高家庭可支配货币收入）	具体愿景（如：实现家庭收入倍增）
时间段	不确定（如：将来）	确定（如：2023—2030年）
衡量方法	非量化（如：充分保障就业）	量化指标（如：新增就业岗位多少个，最低工资提高到多少）
目标群体	宽泛界定（如：需要政府提供住房保障的家庭）	明确界定（如：新增加多少套保障性住房，覆盖城镇人口的百分之几）

3. 政策工具

政策工具即达成政策目标的手段，可分解为实施手段、评估标准、问责机制。根据政府的介入程度，政策工具可分为自愿型工具、强制型工具和混合型工具三种类型。① 其中，自愿型工具有家庭、社区、志愿性组织、市场等形式；强制型工具有管制、公共事业、政府生产等形式；混合型工具介于前述两者之间，主要有信息发布、劝诫、补贴、产权拍卖、税收、政府购买服务等形式。工具选择须与公共政策的基本目标相协调。

由于决策者的认知有限，公共政策并非都具有明确的目标和工具。马特兰德（Matland）指出，在政治决策中，政策模糊可能是减少冲突和矛盾的一种策略。② 当决策主体

① 豪利特，拉米什．公共政策研究：政策循环与政策子系统．北京：生活·读书·新知三联书店，2006：144.

② MATLAND R E. Synthesizing the implementation literature: the ambiguity-conflict model of policy implementation. Journal of Public Administration Research and Theory, 1995, 5 (2): 145-174.

之间就政策方案存在分歧时，为了降低决策成本，对政策目标和工具采取模糊化的语言表述，就成为增进共识的一种选择。对于新出台的创制性政策，为了减少决策偏差，在全面实施之前，中央政府常常选择在少数地区开展政策试点。随着试点的推进，中央政府总结地方经验，进一步完善政策内容。

1.2.2 公共政策的功能

1. 引导功能

公共政策通过提供一系列规则，为各类活动提供引导，包括观念引导和行为引导。规则意味着秩序、合作，它有助于减少环境的不确定性，使复杂的社会交往变得更加可预见，能够降低交易费用、促进社会合作。在政策引导下，作为理性的行动者，人们通常会遵守规则，在规则允许的空间内最大限度地谋取自身利益。

2. 管制功能

公共政策的管制功能，表现在政治、经济、社会、文化、环境等诸多领域。通过制定标准、程序和准入条件，使用许可、认可、裁定等手段，对社会行动进行管理和监督。在传统社会中，政府管制具有很大的自由裁量权，甚至是自主的任意行为。在法治环境下，政府依据政策进行管制，需要遵从“下位法服从上位法”的原则，不得肆意妄为。

3. 分配功能

社会资源的总量是有限的，各个群体和个人都希望多占有资源。如果没有权威性的分配机制，那么围绕稀缺资源的争夺就容易引发矛盾冲突。公共政策具有权威性，对目标群体具有普遍约束力。每一项政策出台都涉及既有利益格局的调整，包括界定目标群体（向谁分配）、明确政策目标（分配多少）、选择政策工具（如何分配）。

1.3 政策科学研究的发展

1.3.1 什么是政策科学

人类自从建立共同体以来，就需要制定集体规则。随着国家的建立，为了改进统治和管理，需要研究并改进政策安排。然而，政策研究不同于探究政策过程一般规律的政策科学，后者的兴起要晚得多。

政策科学运用多学科的知识，致力于探究公共政策过程的基本规律，探究政策分析的科学方法。公共政策是政治系统的产出，不论何种政体，国家治理都要制定和执行公共政策，不仅要对经济和社会系统进行管理和控制，也要对政治系统进行有效管理。公共政策的多样性和复杂性，决定了政策科学研究需要运用多学科知识。

拉斯韦尔提出：“政策科学要面向未来，就必须持有这样一种明确的立场，即以知识、高层次的政策思想与组织的创造力整合作为重要的出发点……建立一门以社会中人的生活的更大问题为导向的、解决问题的学科。”① 可以说，人类所有的智慧结晶和经验结晶都可以作为政策科学的知识基础。② 政策科学将许多学科的知识整合起来，致力于增进对政策过程的理解，并寻求政策问题的解决之道。

1. 政策科学的核心关注

政策科学的核心关注包括两个方面：

一是对政策过程的研究。早在行政学的发端时期，威尔逊（Wilson）、古德诺（Goodnow）关于政治与行政、政策与行政的探讨，就蕴含着对政策过程的关注。20 世纪 40—50 年代，随着行为主义在社会科学中的兴起，管理科学研究开始关注决策行为，西蒙的《管理行为》《管理决策新科学》以及拉斯韦尔的《决策过程》等著作，都对决策过程进行了阶段划分和探讨。随着时间的推移，政策过程研究从决策行为逐步扩展到政策议程、政策执行、政策评估、政策变迁、政策终结等环节。

二是对政策分析的研究。政策分析既探讨开展政策分析的一般路径、分析框架和方法，也涉及具体领域的政策分析与发展。政策分析有政治学、经济学、法学、社会学、管理学等视角，常用的分析工具有数据分析（抽样调查、统计推断、民意调查等）、回归分析、成本-收益分析、项目评估等。③ 政策分析整合了多学科的知识和方法，在学术研究与应用研究之间架起了桥梁。

2. 政策科学的特点

政策科学研究注重问题导向，致力于完善政策系统，改进分析工具和方法。

政策科学具有以下几个特点：

（1）跨学科的知识运用。政策科学需要运用多学科的知识体系。④ 其中，自然科学的新进展、新技术，会影响政策科学的问题建构和思考方式；社会科学的新范式、新理论、新概念，更会直接影响政策分析；哲学和人文科学对价值、理性和历史的探讨，也是政策科学需要考虑的内容。

（2）对特定情境的设定。政策科学对特定的时间、空间、自然和社会背景具有敏感性，政策分析须在具体时空、自然和社会环境下，记录基础数据，识别关键变量，模型和框架须与特定情境的典型特征相匹配。

（3）明确的问题导向性。政策科学强调实证主义，围绕实际问题展开研究，注重证据和事实分析，致力于改进政策设计，解决政策问题。

（4）价值判断与事实判断的融合性。政策科学以推进政策科学化、民主化为导向，需要兼顾理性和公信力，提升公共政策研究的解释力、预测力、可行性和问题解决能力。

---

① LASSWELL H. The future of political science. New York：Atherton，1963：38 - 39.

② 张国庆，刘新胜，曹堂哲．美国公共政策研究的历史回顾//白钢，史为民．美国公共政策分析．北京：中国社会科学出版社，2007.

③ 韦兰．公共政策导论．上海：格致出版社，2014：219 - 352.

④ LASSWELL H D. A preview of policy science. New York：American Elsevier，1971：13.

1.3.2 政策科学研究的兴起

现代政策科学发端于二战后的美国，经历了从发端到学科化、组织化的发展之路，并从发源地传播到其他国家，成为当代社会科学中的一门显学。

1951 年，美国学者丹尼斯·勒纳、哈罗德·拉斯韦尔合作编著了《政策科学：范围和方法的最近发展》一书。① 该书首次提出“政策科学”这一概念，阐述了政策科学的研究对象、性质、特点和发展方向，并就政策研究方法、政策顾问在政策研究中的作用等议题进行了探讨。一般认为，该书的出版标志着现代政策科学理论的诞生。

1. 政策科学的早期研究

20 世纪 50 年代，美国学界兴起了一场政策科学运动。其中，拉斯韦尔做出了奠基性贡献，叶海卡·德洛尔的贡献也很显著，形成了以拉斯韦尔、德洛尔为代表的政策科学传统。②

拉斯韦尔将政策科学看作重建政治科学的主要方向，主张打破仅仅局部地利用知识的状况，建立一门以解决问题为导向的政策学科，以协调不同的研究路径和知识体系，形成一致的看法。他在 20 世纪 50—70 年代出版了《决策过程》《政治科学的未来》《政策科学展望》等有影响力的著作，分析了政策过程的主要阶段，剖析了政策科学的知识应用和知识发展。

德洛尔是政策科学早期发展的代表人物之一。他继承和发展了拉斯韦尔的政策科学传统，对政策科学的对象、性质、理论与方法进行了进一步论证，认为政策科学是一种社会科学新范式。③ 在德洛尔看来，政策科学在纯理论研究与应用研究之间架起了一座桥梁，它不但运用一般的研究方法发现知识，还把个人的经验与社会常识也纳入知识系统。

早期的政策科学研究主要关注政策制定问题，聚焦政策咨询和知识运用，提出了理性决策、渐进决策、精英主义、多元主义等理论模型，开发了统计分析、心理分析、决策树分析等技术和方法。

2. 政策科学的拓展研究

到了 20 世纪 70 年代，公共政策研究从政策制定拓展到政策执行、政策评估、政策终结领域。1973 年，普雷斯曼、威尔达夫斯基对美国联邦政府的旨在创造就业机会的政策项目“奥克兰计划”进行了跟踪研究，完成了报告《执行：华盛顿的伟大期望如何在奥克兰落空》。④ 该报告出版后，掀起了一场政策执行研究的热潮。

---

① LERNER D，LASSWELL H. The policy sciences：recent development in scope and method. Stanford，CA：Stanford University Press，1951.

② 朱春奎 . 公共政策学 . 北京：清华大学出版社，2016：8.

③ 叶海卡·德洛尔在 1968—1971 年出版了政策科学“三部曲”作品，分别为《公共政策制定检讨》（1968 年）、《政策科学构想》（1971 年）、《政策科学进展》（1971 年）。德洛尔将政策科学看作社会科学的一种范式革命和根本转向。

④ PRESSMAN J，WILDAVSKY A. Implementation：how great expectation in Washington are dashed in Oakland. 3rd ed. Berkeley：University of California Press，1984.

20世纪80年代以来，政策科学进一步拓展了研究视野，提出了政策议程、政策工具、政策网络等新的研究议题。约翰·金登（John Kingdon）提出的多源流理论（也称政策源流理论）①，弗兰克·鲍姆加特纳（Frank Baumgartner）、布莱恩·琼斯（Bryan Jones）等人提出的间断-平衡理论②，保罗·萨巴蒂尔（Paul A. Sabatier）等人提出的倡议联盟框架③，埃莉诺·奥斯特罗姆（Elinor Ostrom）提出的制度分析与发展（institutional analysis and development，IAD）框架④，克里斯托弗·胡德（Christopher Hood）⑤、伊曼纽尔·萨瓦斯（Emanuel Savas）⑥、拉斯特·萨拉蒙（Laster Salamon）⑦ 对政策工具的研究，汉斯·胡芬（Hans Hufen）、贝恩德·马林（Bernd Marin）、格兰特·乔丹（Grant Jordan）等学者提出的政策网络治理机制⑧，都对政策科学的发展产生了较大影响。

在政策科学的理论研究不断拓展的同时，具体领域的比较公共政策（comparative public policy）、政策分析与发展（policy analysis and development）研究也快速发展，明显拓展了政策科学的研究范围和视野。到20世纪90年代，关于比较公共政策、公共政策分析方面的教材和专著相继出版。

3. 公共政策研究的学科化、组织化

伴随着政策科学研究的兴起，一门相对独立的公共政策学科逐渐建立起来，非官方的智库机构也快速发展起来。具体表现在以下几个方面：

第一，成立了专门的公共政策研究组织。20世纪70年代，美国学界组建了专门的公共政策研究机构，如政策科学研究学会（Policy Studies Organization，1971）、评估研究学会（Evaluation Research Society，1977）、政策分析与管理学会（Association for Policy Analysis and Management，1979）。⑨

第二，创办了一系列公共政策研究期刊。在政策科学发展过程中，一系列专业性的政策科学期刊相继问世⑩，为同行之间的学术研究提供了交流平台，促进了政策科学的发展。

---

① 金登．议程、备选方案与公共政策：第2版．北京：中国人民大学出版社，2004：108-110.

② 鲍姆加特纳，琼斯．美国政治中的议程与不稳定性．北京：北京大学出版社，2011：35-36.

③ 萨巴蒂尔，詹金斯-史密斯．政策变迁与学习：一种倡议联盟途径．北京：北京大学出版社，2011：16-25.

④ 奥斯特罗姆．制度的理性选择：对制度分析与发展框架的评估//萨巴蒂尔．政策过程理论．北京：生活·读书·新知三联书店，2004：45-91.

⑤ HOOD C. The tools of government. Chatham：Chatham House，1986.

⑥ 萨瓦斯．民营化与公私部门的伙伴关系．北京：中国人民大学出版社，2002：68-70.

⑦ SALAMON L M. The tools of government：an introduction to the new governance. New York：Oxford University Press，2002：19-31.

⑧ 林玉华．政策网络理论之研究．台北：瑞兴图书公司，2002：32-98.

⑨ 宁骚．公共政策学．北京：高等教育出版社，2003：55.

⑩ 著名的政策科学期刊有《政策科学》（*Policy Science*）、《政策分析与管理杂志》（*Journal of Policy Analysis and Management*）、《政策研究杂志》（*Policy Study Journal*）、《政策研究评论》（*Policy Study Review*）、《政策与管理评论》（*Policy & Management Review*）等。参见：沙夫里茨，海德，帕克斯．公共政策经典．北京：北京大学出版社，2008：译丛总序．

第三，开设了公共政策专业。从20世纪70年代起，美国一流高校开设了公共政策分析课程。到了20世纪80年代，“公共政策”“公共政策分析”已经成为美国大学政治学、国际关系、行政学等学科普遍开设的核心课程。一些高校设立了公共政策专业硕士、博士项目，致力于培养高层次的政策分析人才。有的知名高校还设立了公共政策学院。

第四，非官方智库的影响力扩大。智库又称“思想库”“智囊团”“外脑”。在美国，二战前就出现了民间智库，例如著名的兰德公司（RAND Corporation）成立于1918年，其政策研究涉及外交、军事、经济、社会、科技、企业管理等多个领域，拥有一流的研究团队。有数据显示，美国的民间智库有5 000多家，著名的还有布鲁金斯研究院、美国传统基金会、斯坦福国际咨询研究所等。

1.3.3 中国的政策科学研究

中国拥有漫长的文明史，历代王朝治国理政都需要针对具体领域、具体问题开展对策研究。古代中国的史官、策士、辅臣等的职能就是提供政策建议，辅佐君主决策。新中国也设有政策研究机构，研究制定党和国家的方针政策。

然而，这种对具体领域、具体问题的政策研究，不同于探索公共政策一般规律的政策科学。政策科学在中国的兴起和发展，肇始于20世纪80年代。改革开放以后，经过对过去的决策失误的反思，决策科学化和民主化成为政治议题。1986年，国务院副总理万里在全国软科学研究工作座谈会上做了《加强软科学研究，实现决策的科学化和民主化》的报告，明确提出要加强政策研究。之后，《人民日报》发表了该讲话内容。①

随后，中共中央、国务院所属各部委、地方各级党和政府领导部门都建立了从事政策研究的专门机构。国外学者在决策科学和公共政策研究领域的一些有影响力的专著也相继被译为中文在国内出版发行。如林德布洛姆的《决策过程》（1988年）、安德森的《公共决策》（1990年）、凯尔曼的《制定公共政策》（1990年）、大岳秀夫的《政策过程》（1992年）。同时，国内学者也开始编写公共政策教材、讲授公共政策课程。早期的代表性教材有桑玉成、刘百鸣的《公共政策学导论》（1990年）、林德金的《政策科学方法论》（1991年）、张金马的《政策科学导论》（1992年）等。

20世纪90年代初，中国人民大学、北京大学、厦门大学、中山大学等高校率先开设了公共政策课程，为政治学、行政管理学及相关专业的本科生、研究生讲授公共政策理论。随后，党校和行政学院系统在教学中也开设了相关课程。为促进公共政策研究，一些全国性的学术团体成立了。中国行政管理学会于1992年成立了全国政策科学研究会；中共中央政策研究室、国务院研究室等单位，于1994年成立了中国政策科学研究会。20世纪90年代中后期，从中央到地方，各级党政系统纷纷成立专家咨询委员会，邀请专家学者参与重大决策咨询活动。

---

① 万里．决策民主化和科学化是政治体制改革的一个重要课题．人民日报，1986-08-15.

进入21世纪，随着MPA教育的兴起，“公共政策分析”课程被列入专业核心课程。在高等学校研究生教育体系设置中，公共管理成为一级学科，其下设专业普遍将“公共政策”或“公共政策分析”列为核心课程，极大地促进了相关研究的发展和人才的培养。在此背景下，北京大学、中国人民大学、清华大学等高校设立了专门机构，开展公共政策教学和研究工作，招收硕士和博士研究生，培养高层次政策分析人才。

中国政策科学研究起步以后，在较短时期内形成了学科队伍，成为公共管理研究的一支重要力量。近年来，公共政策学者基于本土环境，在比较研究、制度分析的基础上提出了一些有解释力的理论框架，深化了对中国政策过程的认知。在教育部新一轮学科调整中，在公共管理学一级学科之下，设立了公共政策二级学科，有力地促进了公共政策人才培养和理论研究。

由于制度环境的不同，各国政策过程的真实运作具有差异性。例如中国国家治理坚持党的全面领导，政治与行政高度融合，央地关系实行单一制，这些制度环境塑造了中国特色的公共政策过程，“党发挥总揽全局、协调各方的领导核心作用”①；美国政策过程以政治与行政二分，以总统制、联邦制为制度基础，在政策过程中，多元主体的利益博弈和倡议联盟现象较为显著。鉴于此，推进中国公共政策学科建设，提升话语体系和知识体系的解释力、影响力，需要基于中国制度环境和政策过程，识别中国政策过程的关键变量，识别因果关系，总结经验和规律，推进理论创新。

习近平总书记指出：“着力构建中国特色哲学社会科学，在指导思想、学科体系、学术体系、话语体系等方面充分体现中国特色、中国风格、中国气派。”② 构建中国公共政策话语体系，需要扎根中国大地，与国外理论开展对话，既要彰显中国特色、中国模式和中国智慧，也要吸收国外政策理论的有益成果，提升理论建构的解释力和适用性。

1.4 政策科学的研究领域与方法

1.4.1 政策科学的研究领域

作为一门应用科学，政策科学以解决现实问题为导向，对于具体问题的分析又离不开基本的理论、分析框架和有效的分析方法。概括地讲，政策科学的研究领域可分为三个方面：

1. 公共政策理论研究

公共政策理论研究从具体情境下的政策研究入手，抽象出普遍的、一般的理论，包括

---

① 习近平．高举中国特色社会主义伟大旗帜 为全面建设社会主义现代化国家而团结奋斗：在中国共产党第二十次全国代表大会上的报告．北京：人民出版社，2022：7.

② 习近平．习近平著作选读：第一卷．北京：人民出版社，2023：478.

模型、原则、分析框架、分析方法等。理论是一个或一组概念，能够解释或预测某一现象。① 一个或一组概念是“因”，某一现象是“果”。每一门学科和专业都需要对现实世界进行抽象和提炼，从而形成一般性理论，政策科学亦然。公共政策理论对所研究的事实进行简化处理，突出关键变量及相互关系，而不是剖析所有变量及各自的作用，提炼出带有规律性的特征。理论对理解复杂的政策过程和政策发展具有导向、解释、预测作用。公共政策理论来源于政策实践，由研究者通过观察、归纳、推理、演绎等过程，推动理论的建立和发展。

公共政策的真实过程发生在一定的政治体制中，它随着制度环境和时空环境的变化而改变。因此，公共政策的不少理论都受时间、空间和制度环境的限制，对特定情境下的政策过程很有解释力，而对其他情境下的现象和结果的解释力则弱一些。

美国政策学者基于三权分立、联邦制的制度环境，提出了一系列具有解释力的政策理论，如政策议程的多源流框架，政策制定的精英主义理论、多元主义理论，政策变迁的间断-平衡理论、倡议联盟框架，政策执行的模糊-冲突模型、政策网络治理机制，等等。理解中国政策过程，需要基于本土制度环境，构建本土化的理论。近年来，中国政策学者基于本土环境和比较研究，提出了一些具有解释力的理论，如政策制定的共识决策模型②、政策执行的共谋理论③、政策执行的路径-激励分析框架④等。总体看来，中国政策科学对国外理论的引介较多，本土化的理论较为欠缺。推进本土化的政策科学理论研究，既要借鉴吸收国外政策科学的理论体系，也要总结中国治理的真实政策过程。

2. 比较公共政策研究

比较公共政策是 20 世纪 60 年代后期兴起的一个研究领域，它关注公共政策的实质内容，通过对不同国家、地区的公共政策进行比较研究，展现政治经济变量对公共政策的影响，预测政策发展的基本方向。比较研究在更大的时空范围内考察影响政策过程和结果的各种变量及其相互作用机制，探讨有关政策为何以及如何随着时空变化而发生变化。也有研究者从历史-制度的视角，研究一个国家在不同时期的政策过程和政策体系。

美国学者阿尔蒙德、鲍威尔在 1966 年出版的《比较政治学：体系、过程和政策》一书中，运用结构-功能主义分析框架，分析了不同的政治体系如何影响政治、政府和政策过程，使比较政治学研究拓展到比较公共政策研究领域。⑤ 他们将公共政策看作政治系统输出的产品，将其功能概括为四种类型：提取型功能、分配型功能、管制型功能和象征型功能。

比较公共政策研究运用适当的案例和量化研究方法，在进行国别比较和政策比较的基

---

① 张梦中，霍哲．理论的建立与发展．中国行政管理，2001（12）．

② 陈玲，林泽梁，薛澜．双重激励下地方政府发展：新兴产业的动机与策略研究．经济理论与经济管理，2010（9）．

③ 周雪光．基层政府间的“共谋现象”：一个政府行为的制度逻辑．社会学研究，2008（6）．

④ 杨宏山．政策执行的路径-激励分析框架：以住房保障政策为例．政治学研究，2014（1）．

⑤ 阿尔蒙德，鲍威尔．比较政治学：体系、过程和政策．上海：上海译文出版社，1987．

础上，形成假设，检验假设，进行预测，推动公共政策的科学化发展，为探求一般性的理论提供了丰富的证据和事实。随着研究的积累，关于比较公共政策方面的教材和专著相继出版。其中，具有代表性的有阿诺德·海登赫姆（Arnold Heidenhemer）等人的《比较公共政策》（1990年）①、道格拉斯·阿什福德（Douglas Ashford）的《比较公共政策的历史和脉络》（1992年）②。

3. 政策分析与发展研究

政策分析与发展研究聚焦于某一具体政策领域，关注特定的政策规则下行动者之间的博弈及结果，通过对结果进行预测和评估，在此基础上提出改进政策安排的总体思路和工具选择。每一项公共政策都会提供基本的行动规则，形成具体的行动情境和激励机制，它影响着人们的行动选择、行动成本、收益以及成果。

奥斯特罗姆提出的制度分析与发展（IAD）框架③，为理解政策分析与发展研究提供了支撑。在制度分析与发展研究中，一项具体政策提供的相关规则，为行动者构建了一种行动情境，行动者在特定情境下选择各自的行动策略，与其他行动者形成互动，通过观察或预测互动的结果，对一项政策进行评估。

以新能源汽车补贴政策为例，我国于2009年启动新能源汽车试点推广工作，国家出台财政补贴政策扶持新能源汽车产业发展，目的在于补偿一部分研发成本，提高产业技术的水平，增强企业核心竞争力。然而，这一政策在实施中却出现了骗取财政补贴的现象。一些企业利用补贴政策的漏洞，通过虚构生产和销售业务套取财政补贴；有的企业在多辆汽车上拆装同一组电池，重复利用以申请财政补贴；一些新能源汽车生产出来后，并未销售和投入使用，而是用来作为骗取补贴的工具。一些分析报告通过陈述“骗补”情况，提出改进财政补贴的新思路，这就是政策分析与发展研究的应用。

1.4.2 政策科学的研究方法

政策科学研究涉及公共管理的各个领域，研究对象具有广泛性、丰富性和多样性的特点，公共政策分析根据实际问题的需要，常常采取混合研究的方法，兼顾规范研究和实证研究，同时使用定性和定量分析手段。

赫伯特·西蒙关于决策中价值因素与事实因素的区分，为我们理解政策科学的研究方法提供了重要视角。每一项公共决策都是有目的的决策，都包含着“事实”要素和“价值”要素，决策中对价值要素和事实要素“正确性”的评判标准不同，事实论断的“准确性”存在客观的标准，而价值要素的“正确度”却只有在人的主观价值上才有意义。④ 对

---

① HEIDENHEMER A，HECLO H，ADAMS C. Comparative public policy. N. Y.：St. Martin Press，1990.

② ASHFORD D. History and context in comparative public policy. Pittsburgh：University of Pittsburgh Press，1992.

③ 奥斯特罗姆．制度的理性选择：对制度分析与发展框架的评估//萨巴蒂尔．政策过程理论．北京：生活·读书·新知三联书店，2004：56.

④ 西蒙．管理行为．北京：机械工业出版社，2013：54.

于同一个事实问题，如果两个人给出了不同的答案，那么，至少一个人的答案是错的。而对于价值问题，却并非如此。例如，一个人喜欢吃苹果，另一个人喜欢吃梨，对两个人的偏好是无法进行对与错的判断的。

政策科学既要处理事实问题，也要协调价值问题，两者的分析方法具有差异性。

对于事实问题，可以运用定量和统计分析的方法追求理性化，包括使用实证数据和数学公式进行推导和检验。随着互联网技术的发展，人们可以运用大数据技术对复杂的现象进行事实分析，更清晰地掌握特定政策情境下社会互动的真实状况和结果。

对于价值问题，由于不存在任何价值判断的“科学”法或“专家”法，因此无论具备何种专业技能和知识的专家都没有资格履行价值判断的职能。在实际中，现代治理主要是通过一定程序规范赋予符合规定程序的价值判断正当性和公信力。

综上，政策科学研究不仅要运用经济学、管理学、心理学、统计学等自然科学的分析方法研究具体政策领域、政策问题所涉及的事实问题，运用数学模型进行科学评估和预测，也要运用政治学、社会学、法学的方法，探寻更有正当性的程序和方法，以整合多元化的价值判断和诉求，形成最大公约数，或基于一定的程序进行偏好选择。

本章小结

公共政策是由一定的政治过程制定的集体行动规则。从本质上来讲，它是对社会价值的权威性分配。从表现形式来看，公共政策包括宪法，法律，法规，规章，决定、命令，国际条约等。就一项公共政策来讲，它是由政策目的、政策目标、政策工具构成的。在社会生活中，公共政策发挥着引导、管制、分配的功能。

政策科学发端于二战后的美国，它经历了从发端到学科化、组织化的发展之路，并从发源地很快传播到其他国家，成为当代社会科学中的一门显学。中国政策科学起步于改革开放之后，决策科学化和民主化成为中国政治改革的议题。20 世纪 90 年代，我国高校开始推进公共政策学科的建设，一些高校设立了专门机构，建立了学科队伍，政策过程研究和公共政策分析成为公共管理研究的重要领域。

关键术语

公共政策　政策目的　政策目标　政策工具　政策科学

复习思考题

1. 简述公共政策的概念和本质。
2. 阐述公共政策的表现形式。
3. 公共政策有哪几种常用的分类方法？

4. 简述一项公共政策的构成要素。
5. 概述公共政策的主要功能。
6. 概述政策科学的特点。
7. 简述政策科学发展的几个阶段。
8. 政策科学有哪几个主要研究领域?

第 2 章

政策系统

政策活动是一个复杂的系统，它由政策主体、政策客体、政策环境、政策过程、政策内容等要素组成，这些要素彼此关联、相互作用，展现了一幅政府治理的丰富图景。公共政策是政策主体之间博弈的产物，政策过程立基于既定的制度环境，受到经济社会条件的制约。掌握政策系统的组成要素、了解政策主体之间的互动和博弈状况，有助于提升政策分析的准确性。

2.1　政策系统的要素

2.1.1　政策主体

政策主体是指在特定的政策环境中影响政策过程及结果的行动者，包括公共部门、公职人员以及社会组织和个人。这种影响可以是直接的，也可以是间接的。在西方政治体系中，官方政策主体包括立法机关、行政机关、司法机关，以及政治家、公务员、法官、独立检察官等，他们基于法定权力负责或参与政策制定；非官方政策主体包括利益集团、政党、智库、大众传媒和公众，他们参与政策过程，但并不具有制定政策的法定权力，主要通过提供信息、施加压力、游说官方决策者等途径影响政策制定。

在中国政治制度下，政策主体可划分为体制内的主体和体制外的主体两类。体制内的主体包括政党以及人大及其常委会、政府、监察委、法院、检察院等国家机关，与政府具有密切联系的国有企事业单位，以及人民团体、官办学会、官办协会等机构，它们从党政系统获取资源，设有执政党的组织体系，并发挥领导核心作用；体制外的主体从政权系统中获取的资源相对较少，自主性更强。

2.1.2　政策客体

政策客体是指公共政策所指向的对象，可以从“问题”和“人”两个角度来理解。一项政策总是要针对特定的政策问题（policy issues）和目标群体（target group），提出处置原则、行动准则。政策问题是指引起政府关注并采取行动的社会问题，目标群体是指公共政策直接作用和影响的社会群体。

社会生活中存在各种问题，并非所有问题都能引起政府关注并纳入政策议程。当某个社会问题引起广泛关注时，它就可能进入政府议程，成为政策问题。目标群体的态度对于公共政策能否有效实施具有重要影响。提升政策的执行成效，需要识别目标群体，有针对性地开展宣传工作，争取目标群体的理解、认同与合作。

2.1.3　政策环境

一般而言，环境是指某一事物存在或活动的外部场域。政策环境，即公共政策活动的外部场域，它对公共政策的生成、延续和变迁具有重要影响。政策活动所处的环境具有差异性，每个行政组织都具有自身运行的“工作环境”，不能假定“所有的组织都有着相同的环境”，这种假设会导致推理失灵。①

公共政策活动发生于一定的环境之中，可分为人工环境和自然环境两类。这里只对人工环境进行概述，不对自然环境展开讨论。人工环境可分为政治环境、经济环境、社会文化环境、国际环境。

政治环境涉及一个国家或地区的政治体制、政府体制、政治派系等，它们决定了政治权力、权利的分配以及政治力量对比，影响着政治运行的民主化和群众公信力。② 政府体制涉及政府权力的横向、纵向分配。从横向分配来看，当今世界有议行融合、议行分离两种体制；在纵向配置上，具有单一制、联邦制的区分；在决策体制方面，有首长制与委员会制、全体一致与多数规则的区分。在不同制度下，政策过程及运作具有差异性。

经济环境包括经济体制、生产力水平、产业结构、经济总量、财政收入、人均收入、家庭中位收入等，它们影响着政策制定的目标设置以及政策实施的资源支持状况。

社会文化环境涉及一个国家或地区的人口规模、年龄状况、民族分布、受教育程度、人才储备、道德水准等，它们影响着政策运行的人力资源条件、智力条件、伦理条件。③

国际环境包括全球、多边、双边范围内政治、经济、文化演变发展的趋势，以及国际竞争与合作形成的秩序和规则体系。在全球化背景下，国际环境对公共政策活动的影响日益增强。

---

① 宾厄姆．美国地方政府的管理实践中的公共行政．北京：北京大学出版社，1997：15－16.

② 宁骚．公共政策学．北京：高等教育出版社，2003：244.

③ 陈庆云．公共政策分析．北京：北京大学出版社，2006：79－80.

2.1.4 政策过程

政策过程是指公共政策活动的生命周期，一项公共政策从政策问题提上议程到政策终结，需要经过一系列的运作阶段。在政策科学研究的早期阶段，一些学者注重探讨“政策过程中的知识”（knowledge in the policy process）。拉斯韦尔将决策过程划分为情报、提议、规定、合法化、应用、终止和评估七个阶段。① 尽管对于拉斯韦尔的划分存在争议，但它开启了政策过程的理论研究。

概括地讲，政策过程可分为问题确定、议程设置、方案选择、政策合法化、政策实施、政策评估、政策终结等阶段。在实践中，这些阶段相互衔接，也存在不连续的特殊情况。就一个领域的政策发展来看，不同阶段的政策运作处于持续的循环之中，一些研究者将该现象称为“政策循环”②。在政策过程中，各类政策主体都希望参与进来，通过一定方式发挥作用，形成合作、竞争与冲突的局面，影响着政策制定、执行与评估。

2.1.5 政策内容

政策内容是指多方政策主体在博弈中，经由一定的决策程序所做出的政策安排。一项公共政策由政策目的、政策目标、政策工具组成。政策目的即价值取向，反映了决策者的价值偏好。公共政策一般都会提出价值导向，传递决策者的价值诉求。政策目标是决策者期望的结果、指标或效果。政策工具是实现政策目标的手段。本章第 5 节将讨论政策工具的分类和应用，这里不再赘述。

2.2 行动主体

行动主体可以是个人，也可以是组织或集体。各方主体都希望影响政策制定。政策决策需要遵循一定的程序和规则，既要发挥智库的作用，引入讨论和协商民主，提升决策的科学性和民主性，也要注重时效性，尽可能避免久议不决。

行动主体可分为官方行动主体、非官方行动主体两类。

2.2.1 官方行动主体

官方行动主体是指依法设立的国家政权机关、官办的非政权组织，以及这些机构的选任和委任官员，这些机构和个人拥有合法的权威来制定公共政策。其中，国家政权机关包括立法机关、行政机关、司法机关。在中国政治制度下，中国共产党为执政党，在国家政权中居于领导核心地位，是官方行动主体的重要组成部分。其中，中共中央负责制定国家

---

① LASSWELL H D. The decision process. College Park：University of Maryland Press，1956.

② 豪利特，拉米什．公共政策研究：政策循环与政策子系统．北京：生活·读书·新知三联书店，2006：15.

治理的路线、方针和各领域的重大决策，其决策对其他官方行动主体具有支配性。

立法机关的基本职责是进行立法活动、审议重大问题并做出决定。在代议制民主制度下，立法机关有权制定和修改法律，审议财政预算、人事提名和重要提案，监督政府运作。立法机关有两院制和一院制两种形式，西方发达国家普遍采用两院制，例如，美国国会分为参议院、众议院，英国议会分为上议院（贵族院）、下议院（平民院）。① 立法机关制定法律一般要经过法案的提出、讨论、通过以及法律的公布等程序。

行政机关不仅负责执行国家法律和政策，自身也拥有广泛的政策制定权。行政机关的政策制定权具有层次性。以内阁制的中央政府为例，可分为四个层次：政府首脑、内阁、政府各部委、内设机构。政府首脑拥有最高行政决策权，内阁在政府首脑的领导下制定和执行国家的内外政策。地方各级行政机关制定公共政策，须遵循“下位法不得与上位法相抵触”的原则。

司法机关根据法律规定接受诉讼、独立行使审判权、开展司法调查，拥有对宪法和法律的解释权。一些国家的宪法规定，最高司法机关具有违宪审查权，可审查立法机关、行政机关的活动是否违宪。② 在美国，联邦普通法院也具有司法审查权，可审查行政机关的决定和命令是否违反法律，如发现违法，可判决暂停执行。③ 司法机关做出的判决具有权威性，当事人不服可提出上诉，但不得拒绝执行。

官办的非政权组织，包括国有企业、公共服务机构、政治团体等，这些组织不属于国家政权机关，但由国家组建，纳入公共部门编制管理，所需经费全部或部分来源于财政，开展活动需要使用公共资源。各国都设有官办非政权组织，具体名称各有差异。在中国，这类组织包括国有企业、事业单位，以及民主党派、人民团体、官办协会等。

官员也是官方行动主体的组成部分，包括选任和委任的官员。在议会制系统中，总理（首相）为政府首脑，由大选中获得议会多数席位的政党领袖担任，拥有最高行政决策权。在总统制系统中，总统掌握国家最高行政权，内阁不是决策机构，而是总统的集体顾问。委任官员分为政务官和事务官，前者与选举共进退，后者依业绩晋升。在西方国家，事务官也称公务员，须保持政治中立。

2.2.2 非官方行动主体

非官方行动主体不属于国家机器的组成部分，不掌握公权力，通过多种渠道参与政策

---

① 在两院制中，美国的参众两院的地位和权力较为平衡，提交的法案要在两院都通过才能成为法律。美国两院的审议权也有所分工，如众议院有提出财政议案的优先权，参议院有权审议批准总统提名的高级官员、有权批准总统与外国缔结的条约。而英国两院的地位和权力很不平衡，上议院对下议院的议案没有最终否决权，只有拖延权。德国、法国、日本也都采取非平衡的两院制。

② 英国奉行“议会至上”，没有专设的最高法院，而是由上议院（通过常任法官）行使最高司法权。

③ 美国实行三权分立，设有联邦最高法院，具有违宪审查权。美国的法院体系分为联邦法院和州法院两个系统，联邦法院适用联邦宪法和法律，各州法院适用各州的宪法和法律，彼此没有隶属关系。联邦法院又分为普通法院和专门法院。联邦普通法院包括联邦地区法院、联邦上诉法院（也称联邦巡回法院）和联邦最高法院。除了普通法院外，美国联邦层次还设有专门法院，这些法院是根据美国国会有关法令而建立，包括联邦权利申诉法院、联邦税务法院、联邦军事上诉法院、联邦海关法院等。

过程，希望对政策制定和执行产生影响，包括非官方的利益集团、政党、智库、大众媒体、社会组织、公众、国际组织等。

利益集团也称“压力集团”，是基于共同的利益诉求而组成的，在各自领域具有信息优势。它们通过游说、宣传、背书、诉讼、捐款、示威、抗议等途径，对选举活动、政策制定、司法判决施加影响。在发达国家体制下，利益集团的活动可谓无孔不入。

在发达国家，政党不具有官方性，它们通过竞选争夺执政权，政权与政党分开运作，政党作为非官方行动主体发挥作用。政党通过组织竞选活动拉拢选民支持本党候选人，将党内精英输送到政治系统，掌控立法、行政、司法权力。在野党通过议会活动发挥监督作用，影响政策制定和执行。

智库也称“思想库”，它们运用多学科知识开展政策分析，为政策制定提供决策咨询。智库不同于学术机构，它致力于提出问题、提供解决方案，而学术机构对学理更有兴趣，一般不必围绕具体问题探讨对策。① 智库比纯学术机构往往更具党派性，在竞争性制度下，为了争取政策制定者的重视，智库会有意维护独立分析的形象。②

大众传媒包括报纸、广播、电视、杂志等传统媒体，以及依托物联网发展起来的数字传播平台、自媒体等新媒体。大众传媒为社会沟通提供了便捷渠道，在政策议程设置中扮演着重要角色，被视为现代社会的“第四种权力”。媒体报道新闻事件经常进行深度分析，挖掘问题背后的原因，有时还会提出政策建议。

社会组织可分为两类：一类以追求公益为使命，致力于增进共同利益，如环保组织、慈善组织、志愿组织等；另一类以维护组织成员的利益为使命，在既有利益中争取更大的份额，如工商组织、行业协会、劳工组织等。

公众通过投票、听证、公开信、请愿、投诉、示威、罢工、上访等途径，影响政策制定、执行和评估。借助于互联网传播工具，个人的检举、投诉一旦形成群体性关注，就有可能引起决策者重视，从而改变政策走向。

国际组织制定的规则也在影响着主权国家的政策制定。全球化时代，在商业、贸易、国防等领域，国际组织的影响力日益显著。

2.3 政府体制

政策过程立基于一定的政治体制，政府体制是政治体制的核心内容。这里对政府体制进行专门分析。政府体制可分为横向权力结构和纵向权力结构。在不同的结构安排下，政府权力配置的差异很大，直接影响政策过程的实际运作。

① JAMES S. The idea broker：the impact of think tanks on British government. Public Administration，1993，71(4)：491－506.

② 豪利特，拉米什．公共政策研究：政策循环与政策子系统．北京：生活·读书·新知三联书店，2006：101.

2.3.1 横向权力结构

横向权力结构是指立法权、行政权和司法权之间的关系。在历史上，这三种权力曾经混合在一体。近代以来，政府权力在横向上出现分权或分工的发展趋势。根据立法权、行政权、司法权的相互关系，政府的横向权力结构可分为分权制衡、议行融合两种模式。

1. 分权制衡模式

分权制衡模式以分权学说为基础。早在古希腊，亚里士多德就提出了分权思想，他把政治权力分为讨论权、行政权和司法权，但没有提出权力制衡的问题。古希腊历史学家波里比阿将古罗马的兴盛归结为一种优越的混合政体，认为它兼有君主（执政官）、寡头（贵族、元老院）和民主（公民大会）三种因素，三方力量之间存在着相互牵制和平衡的关系，他在历史上首次提出了制衡思想。①

分权学说虽然源远流长，但早期的影响并不大。近代以来，伴随着资产阶级革命，古老的分权学说获得了新生命，并丰富了理论内涵，得到了广泛传播。在资产阶级启蒙运动中，英国思想家洛克主张把国家权力分为立法权、执行权和对外权，强调立法权具有至上的地位，对社会产生了很大影响。到了 18 世纪，孟德斯鸠系统地提出了立法权、行政权和司法权三权分立的思想。他认为，从事物的性质来讲，要防止滥用权力，就必须以权力制约权力。孟德斯鸠的三权分立学说，对美国的宪政体制产生了深远影响。

在组织形式上，分权制衡模式主要有议会制、总统制、混合制三种形式。

（1）议会制。

议会制是指政府由在议会中拥有多数席位的政党组成的一种体制，政府对议会负责。在议会制下，国家元首不掌握实权，内阁是中央政府的核心。② 当议会通过了对内阁的不信任案后，内阁必须集体辞职，或提请国家元首解散议会，重新进行选举，由新议会决定内阁的去留。实行议会制的国家有英国、德国、意大利、芬兰、希腊、加拿大、澳大利亚、新西兰、以色列、日本、印度、泰国、马来西亚、新加坡等。

以英国为例，政府首脑为内阁首相，按照惯例，首相由大选中获得下议院多数席位的政党领袖担任。内阁由首相个人遴选的大臣组成，首相根据政治利害关系和实际需要，挑选若干大臣组成内阁。③ 入阁的大臣即为阁员，他们对首相负责，阁员之间负连带责任。内阁首相提出辞职时，内阁全体成员须一同辞职。英国政府的内阁成员在 20 人左右，由首相、外交大臣、国防大臣、财政大臣、内政大臣、司法大臣、枢密院大臣、掌玺大臣等组成。

（2）总统制。

总统制是由选民选举产生总统，以总统为首的行政机关独立于立法机关的一种体制。

---

① 波里比阿．罗马帝国的崛起．北京：社会科学文献出版社，2013：403－410.

② 议会制有议会君主制和议会共和制两种类型，两者的区别在于国家元首不同，前者为世袭的君主，后者由选举产生国家元首。两者也有共性，即国家元首都不掌握实权。

③ 曹沛霖．西方政治制度．北京：高等教育出版社，2000：312.

在总统制下，总统既是国家元首又是政府首脑，拥有相当大的政策制定和执行权。总统组建内阁，由高级官员（通常为各部部长）组成，内阁不是决策机构，而是总统的集体顾问，内阁发挥作用的大小取决于总统个人的态度。总统直接对选民负责，不对议会负责。行政机关接受总统领导，执行总统的决策。议会掌握立法权，并对选民负责，对总统具有监督权、制约权。总体而言，议会对总统和政府的制衡作用比议会制下议会的作用要小，不论议会支持与否，总统都可在法定期限内任职，除非由于违法而被弹劾。实行总统制的国家有美国、巴西、阿根廷、南非、印度尼西亚、韩国、菲律宾等。

美国是最为典型的总统制国家，实行三权分立、相互制衡的原则。其总统有权签署或有条件地否决国会决议的法案，有权推荐联邦各级法院的法官；国会有权审议总统与外国缔结的条约、批准总统对高级官员的提名，审议政府提交的工作计划和财政预算；法官有权审查总统和国会的行为是否违反宪法。① 总统对国会的决议享有否决权，国会要使总统的否决无效，需要参众两院超过 2/3 的多数票。从实际情况来看，国会对总统的否决进行否决的可能性较小。曾任美国助理国务卿的希尔斯曼认为，总统的权力比所有参与政策制定工作的人的权力加在一起还要大。②

（3）混合制。

混合制也称“半总统半议会制”，总统由公民投票选举产生，具有法定的任期。总统掌握着国家最高行政权力，但不直接领导政府，而是由总理领导政府工作。总理由总统任命，需要获得议会中的多数票支持。总统根据总理提名任命部长，组成政府（内阁），总统主持内阁会议，掌握最高决策权。总理领导政府，处理日常事务，确保法律和总统决策得到执行。实行混合制的国家有法国、俄罗斯、奥地利、波兰、乌克兰、白俄罗斯、哈萨克斯坦、乌兹别克斯坦等。

以法国为例。法国宪法赋予总统的权力有③：任命总理和政府其他成员；主持内阁会议；任命国家文职人员和军职人员；签署法令，颁布法律；总统为军队的最高统帅，主持最高国防会议和国防委员会；有权解散国民议会，有权要求举行全民公决。法国内阁会议不采取投票表决的方式，会议决议须经总统签署才能生效，但是总统对决议不负政治责任，如果受到国民议会问责，由副总理和有关部长承担责任。可见，总统在内阁会议中具有超然的地位。对于议会通过的法律，总统有权要求议会重新审议。总统还有权就修改宪法、批准条约及法律草案等重大议题提交全民公决。可见，法国总统拥有的权力要大于美国总统。

2. 议行融合模式

卢梭在《社会契约论》中最早阐述了议行融合的思想，提出“制定法律的人要比任何人都更清楚，法律应该怎样执行和怎样解释。因此看来人们所能有的最好的体制，似乎莫

① 杨光斌．政治学导论．3 版．北京：中国人民大学出版社，2007：160.
② 希尔斯曼．美国是如何治理的．北京：商务印书馆，1988：107.
③ 吴大英，沈蕴芳．西方国家政府制度比较研究．北京：社会科学文献出版社，1995.

过于能把行政权和立法权结合在一起的体制了”①。马克思批判了西方议会民主制，认为其本质是“有产者的统治”，是清谈馆，不能反映人民意志。马克思吸收了卢梭的思想，在总结巴黎公社实践的基础上，明确提出“议行合一”的学说。1871 年，法国巴黎工人起义后，建立了巴黎公社，由各区选举产生代表组成公社委员会，行使全部权力。公社委员会有权通过一切法令、决定一切重大问题，同时直接行使行政权和审判权。马克思总结这一经验，提出“公社不应当是议会式的，而应当是同时兼管行政和立法的工作机关”，“一切有关社会生活事务的创议权都留归公社”②。

议行融合模式的典型代表有中国的人民代表大会制度、苏联时期的苏维埃制。

（1）中国的人民代表大会制度。

新中国成立后，借鉴苏联经验，建立了人民代表大会制度。在这一制度下，人民代表大会作为国家权力机关，制定基本法律，选举产生行政机关、司法机关。根据宪法，我国立法机关与同级行政机关、司法机关之间是主从关系，前者有权监督后者，后者则无权监督或制约前者。其中，全国人大及其常委会处于最高层次。在实际政策运作中，行政机关的政策议程设置能力强于立法机关，在政策制定中的影响力更为显著。全国人大及其常委会审议的法案和议案，大多由行政机关提出，全国人大工作具有为政策合法化履行法律手续的特征。

在中国政治制度下，全面理解议行融合模式，还需要将党政关系纳入分析。在中国共产党的领导下，中共中央是最高决策机关，国家立法机关、行政机关、司法机关都要接受党的领导，负责在各自的职能领域执行党的路线、方针和政策。

（2）苏联时期的苏维埃制。

在列宁的领导下，俄国十月革命后建立了社会主义政权，将巴黎公社时期的“议行合一”原则付诸实践。列宁继承了马克思的学说，主张废除立法与行政分立原则，“把国家的立法工作和行政工作结合起来。把管理和立法合在一起”③。根据苏联 1924 年的宪法，全俄苏维埃代表大会是国家最高权力机关，全俄苏维埃代表大会闭会期间，由中央执行委员会履行职责，由其组织人民委员会管理国家事务。由于中央执行委员会在运行中存在一些问题，苏联于 1936 年对宪法进行了修正，由最高苏维埃主席团取代了中央执行委员会，由部长会议取代了人民委员会，并取消了“常设权力机关成员必须在管理机关工作”的规定。这意味着议行融合模式有所变化，立法和行政有所分离。需要说明的是，苏联的立法机关和行政机关都是在苏联共产党领导下开展工作，苏共最高权力机关掌握着立法和行政的最终决定权。

2.3.2　纵向权力结构

纵向权力结构是指一个国家不同层级政府之间的关系。根据中央（联邦）政府与地方

① 卢梭．社会契约论．北京：商务印书馆，1982：87

② 马克思，恩格斯．马克思恩格斯全集：第 17 卷．北京：人民出版社，1963：358，646.

③ 列宁．列宁全集：第 34 卷．2 版增订版．北京：人民出版社，2017：67.

（州）政府的权力配置，各国政府的纵向权力结构可分为联邦制和单一制两类。

1. 联邦制

联邦制由联邦宪法明确规定联邦政府与各成员单位之间的权力划分，成员单位的权力不是来自联邦政府，而是由联邦宪法赋予的。在联邦制度下，联邦和各成员单位分别设有立法机关、行政机关和司法机关，分别有自己的宪法、法律体系，彼此不存在隶属关系。各成员单位在联邦宪法规定的权力范围内，自主制定公共政策，除非违反联邦宪法，否则联邦政府无权干涉。因此，联邦制下的政府权力不是铁板一块，不存在一种能够整合一切资源的政府权力，权力格局呈现出分散化、多中心的特征。各成员单位的政府不是地方政府，例如美国各州政府不是地方政府，州之下的市、县、镇政府才称为地方政府。

当今世界共有 20 多个联邦制国家，如美国、俄罗斯、加拿大、澳大利亚、巴西、阿根廷、墨西哥、印度、巴基斯坦、尼日利亚、缅甸等。很多联邦制国家疆域辽阔，地区间差异较大，具有多个种族，使用多种语言。

与联邦制密切相关的一个概念是联邦主义，是指通过自下而上的途径联合起来形成更高层级治理机构的一种政治思想。联邦主义要求国家或地区在宪制上分享主权，国家治理既要保障统一，也要建立多层次的代议制平台，让各层次的公共事务分别在相应平台上进行审议决策，以更好地实现自治。涉及不同层级政府的公共事务，则通过政府间协商达成协议，各方都要遵守协议。在现实中，有些联邦制国家遵照上述原则，也有的国家并未做到，只是一种名义上的联邦制。

2. 单一制

单一制国家制定统一的宪法、法律和政策体系，地方政府依法运行并接受中央政府的领导和监督。中央政府统一行使国家主权，代表国家进行外交活动，全国建立统一的立法、行政和司法机关，中央政府依法对地方政府行使领导权，地方政府不得违抗中央制定的法令。

当今世界上，大多数国家实行单一制。单一制可分为中央集权型和地方分权型两类。前者以法国为典型，后者以英国为代表。法国中央政府掌握着总体控制权，设定公共政策的基本框架，规定地方政府须提供的公共服务内容。地方行政首长具有双重身份，既要代表国家执行中央政府决策，又要对地方议会和居民负责，承担地方公共事务管理责任，中央和上级政府有权撤销地方政府的行政命令。英国奉行“议会至上”原则，地方政府受同级议会领导，中央政府可通过行政手段控制地方政府，但介入程度比法国要浅得多。

中国政府权力的纵向划分实行单一制，宪法规定，中央和地方的国家机构职权的划分，遵循在中央的统一领导下，充分发挥地方的主动性、积极性的原则。中央党政机关统一领导地方各级政府工作，包括立法、行政、司法、干部管理、意识形态等。改革开放以来，随着中央实行“放权”改革，地方政府获得了较大的自主权。中央政府对不同地方实行不同战略，包括经济特区、沿海开放、西部大开发、重振东北老工业基地、中部崛起等战略，分别赋予各地区优惠政策，地方政府的权力配置出现差异化，形成了非均衡分权格局。[①]

随着香港、澳门回归祖国，在“一国两制”下，实行“港人治港”、“澳人治澳”、高度自治，中国政府间关系增添了新内容。除外交和国防事务由中央政府统一管理外，特别行政区享有相对高度自治的行政管理权、立法权、独立的司法权和终审权。尽管如此，特别行政区隶属于中央政府，属于地方行政区域，并不具有联邦制国家中成员单位的地位。特别行政区的行政长官在当地通过选举产生后，须报请中央政府任命。

2.4　政策过程

2.4.1　常见的几种划分

一项公共政策的“生命周期”需要经历若干个阶段。每个阶段和下一个阶段相连接，形成周期性循环，其中没有明确的起点和终点。解析政策过程，有利于提高政府获取信息的质量，寻求更好的治理。

20 世纪 70 年代，加里·布鲁尔将政策过程划分为六个阶段，分别是议程发起（initiation）、方案评估（estimation）、方案选择（selection）、政策执行（implementation）、政策评估（evaluation）、政策终结（termination）。[②] 此后，很多政策学者都对政策过程进行了阶段划分，形成了“五阶段论”“六阶段论”等划分方式（见表 2-1）。

表 2-1　政策过程的阶段划分

政策学者	阶段划分
布鲁尔	六阶段：议程发起—方案评估—方案选择—政策执行—政策评估—政策终结
琼斯	五阶段：问题设定—政策发展—政策执行—政策评估—政策终结
安德森	五阶段：问题设定—政策形成—政策采纳—政策实施—政策评估
斯图尔特等	六阶段：议程设置—政策制定—政策实施—政策评估—政策变迁—政策终止

资料来源：JONES C. An introduction to the study of public policy. 3rd ed. Belmont，Calif.：Wadsworth，1984；ANDERSON J E. Public policy making. New Holt：Rinehart & Winston，1979；斯图尔特，赫奇，莱斯特．公共政策导论：第 3 版．北京：中国人民大学出版社，2011：8-9.

威廉·邓恩提出，政策过程由相互依赖的一系列活动组成，它们按照时间排列，形成议程建立（agenda setting）、政策形成（policy formulation）、政策采纳（policy adaption）、政策执行（policy implementation）、政策评价（policy evaluation）、政策调整（policy adjustment）、政策延续（policy succession）、政策终结（policy termination）等阶段（见图 2-1）。上述过程的每个阶段都会出现反馈的情况，使政策过程从后一阶段返回前一阶段。同时，政策过程也可能出现“短路”的情况，导致有的阶段被跳过。

① 杨宏山．当代中国政治关系．北京：中国社会科学出版社，2002：230.

② BREWER G. The policy sciences emerge：to nurture and structure a discipline. Policy Sciences，1974，5（3）：239-244.

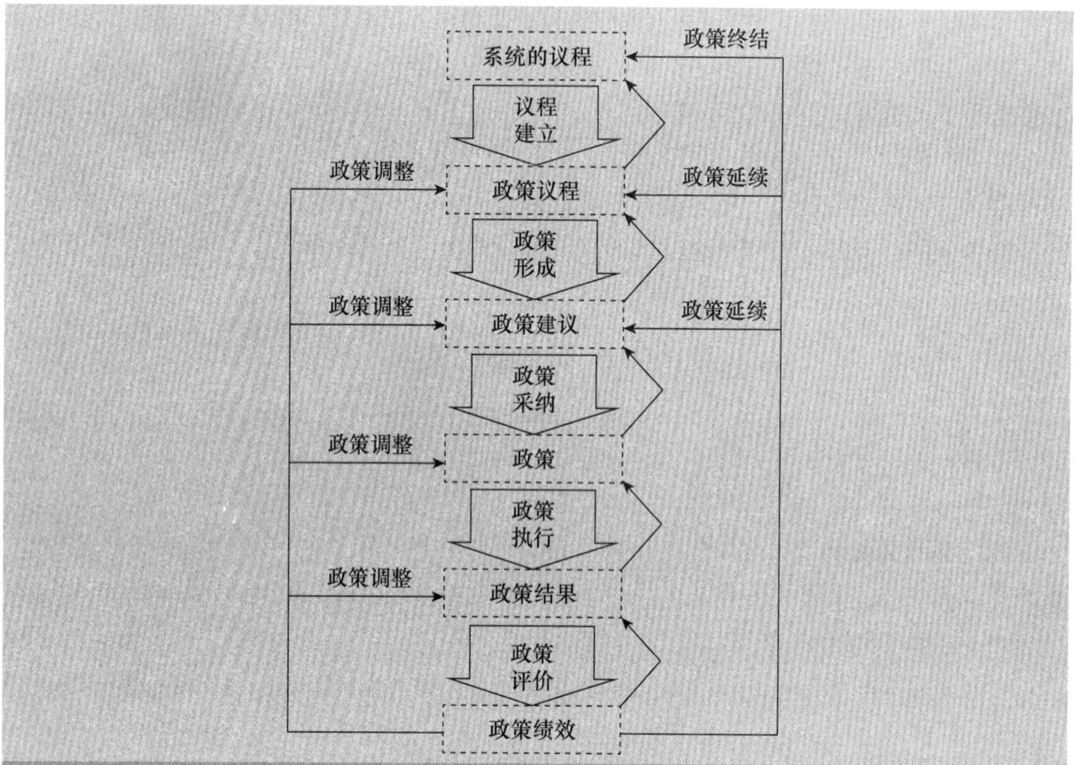

图 2-1　邓恩政策过程的主要阶段

资料来源：邓恩．公共政策分析导论：第 4 版．北京：中国人民大学出版社，2011：32.

2.4.2　政策过程的阶段

政策过程的完整生命周期可分解为以下十个阶段（见图 2-2）：

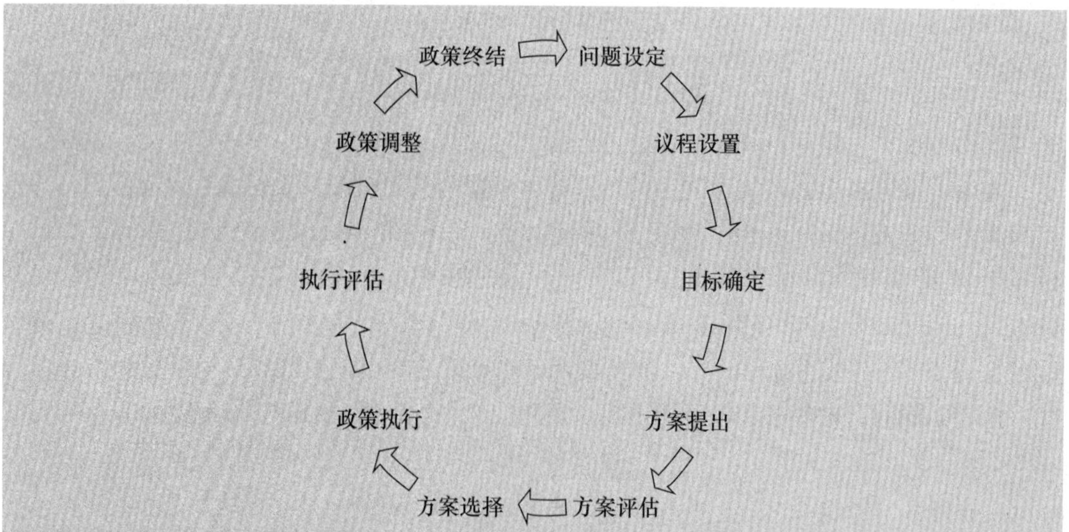

图 2-2　政策过程的完整生命周期

1. 问题设定

社会运行中难免会遇到各种问题，对公共和个人权益造成损害。在现实中，往往是旧问题尚未解决，新问题又接踵而至。由于政府的精力和能力有限，并非所有的社会问题都能引起关注。只有引起政府重视，并着手解决的社会问题才能转化为政策问题。这就是说，政策问题是从大量社会问题中筛选出来的。哪些社会问题能成为政策问题呢？这取决于政府的行动偏好、问题属性、严重程度、公众参与状况等变量。

2. 议程设置

这是社会问题转化为政策问题的关键环节。政策议程分为公众议程、政府议程两种形式。公众议程是公众参与的过程，即社会问题引起公众关注，他们提出政策诉求，要求政府采取措施予以解决。政府议程是社会问题引起了决策者关注，并将其列入议事日程。

3. 目标确定

经由一定的审议过程，相关行动者在讨论磋商的基础上，就政策目标达成一致。确定政策目标需要进行调查分析，只有收集了信息和数据，对问题做出诊断，做出了事实判断，才能确定政策目标和治理方案。

4. 方案提出

在确定了政策目标以后，接下来的工作是研究政策方案。通常的做法是提出若干个备选方案，并对每个备选方案予以详细阐述。

5. 方案评估

对备选方案的利弊得失进行全面评估，对技术可行性、经济可行性、政治可行性和行政可行性进行分析论证。方案评估也称为前评估，它主要是对备选方案的后果进行预测。

6. 方案选择

根据政策方案评估的结果，从备选方案中择优确定正式方案。在对政策方案做出选择后，还要经由政策合法化程序，使政策方案成为具有权威性的公共政策。所谓政策合法化，就是使政策获得社会公众的自愿认同、服从和支持，从而获得正当性和权威性，减少执行成本。

7. 政策执行

政策方案一经采纳就要进入执行阶段。执行是把方案内容转化为结果的过程。执行者需动用各种资源，建立必要的组织机构，利用多种政策工具和手段，使政策从观念转化为实际结果。

8. 执行评估

执行评估也称为后评估，通过收集相关信息和数据，对政策执行的实际结果进行客观评估。

9. 政策调整

通过对政策执行的过程和结果进行评估，如果发现某些内容不宜继续执行，就要做出政策调整。渐进决策理论认为，世界上没有一劳永逸的公共政策，各种政策都是经过不断调整而逐渐完善的。

10. 政策终结

如果一项政策实施已经实现了预期目标，或者经过评估发现政策实施并不成功，就需要用新政策取代旧政策。政策创新意味着旧政策走向终结，政策过程进入新的循环周期。

上述十个阶段并非单向的垂直递进系统，而是多向的综合反馈系统。在政策系统运转的过程中，当某一个阶段出现问题时，政策过程可能退回到前一个阶段，甚至直接返回起点。在遇到特殊或紧急情况时，政策过程也可能跨越某个阶段。

2.5 政策工具

本章前几节阐述了政策系统的构成要素，讨论了行动主体、政府体制、政策过程。本节介绍政策工具的相关知识。政策工具是政策内容的构成要素，政策制定不仅需要确定政策目标，也要选择合适的政策工具。

2.5.1 政策工具的含义

政策工具（policy tools），也称政策手段、政府工具，是指为实现政策目标而采用的机制、手段、方法与技术。拉斯韦尔将公共政策界定为一种含有目标、价值与策略的大型计划。[①] 这里的“策略”就是政策工具，它是达成政策目标的一系列技术和手段。

在政策制定中，开发和选择政策工具的重要性在于：第一，政策工具是实现政策目标的基本途径，直接关系到政策执行的成效。实现政策目标，不仅需要权威和财政支持，合适的政策工具也是必不可少的。第二，有效的政策安排要求目标与工具相匹配。在设计政策方案时，政策专家需要从政府的工具箱中选出几种可用的工具。[②] 政策工具的设计不是一项普通工作，而是需要发挥政策分析师的作用，为政策制定提供智力支持。

克里斯托弗·胡德提出，政策执行就是工具选择的管理过程。[③] 政府制定一项新政策，出台新项目或新计划，在确定政策目标的同时，也要考虑可用的政策手段，需要进行成本-收益分析，对结果进行预评估。奥斯本指出，政府失败的主要之处，不在目的而在于手段。[④]

在政策实施中，常见的政策工具有使用者付费、管制、放松管制、合同外包、政府补助、凭单制、绩效管理、流程再造、公私合作、志愿服务等。深化对政策工具的认知，有必要对政策工具进行分类，明确政策工具的不同属性。

---

① LASSWELL H D，KAPLAN A. Power and society. New Haven：Yale University Press，1970：71.

② 豪利特，拉米什．公共政策研究：政策循环与政策子系统．北京：生活·读书·新知三联书店，2006：273.

③ HOOD C C. The tools of government. Chatham：Chatham House，1986：4.

④ 奥斯本，盖布勒．改革政府：企业精神如何改革着公营部门．上海：上海译文出版社，1996：8.

20世纪60年代，德国经济学家基尔申（Kirschen）就对政策工具进行了探索，他和同事们调查研究了贯彻经济政策的一系列手段，总结出了64种，但并没有系统地阐述这些手段，也没有建立政策工具的理论体系。①

随后，一些公共政策学者对政策工具进行了二分法。比如，洛维将政策工具分为规制性工具与非规制性工具②；萨拉蒙进一步区分了支出性工具与非支出性工具③。

施奈德、英格拉姆将政策工具分为四类，分别是：激励型工具、提高能力型工具、象征和劝告型工具、学习型工具。④

近年来，国内学者也在探讨政策工具的分类。有研究者将政策工具分为管制类工具、激励类工具、信息传递类工具。⑤

随着研究的推进，一些研究者提出政策工具分析的新方法，即根据政策工具的强制程度进行分类。⑥ 其中，自律是强制程度最低的政策，“全民所有”是强制程度最高的政策。

2.5.2 政策工具的分类

1. 根据政府介入度分类

根据政府在物品和服务提供中的介入度，可以将政策工具分为三种类型，分别是自愿型工具（voluntary instruments）、强制型工具（compulsory instruments）、混合型工具（mixed instruments）。⑦每类政策工具可进一步分为若干具体形式（见图2-3）。

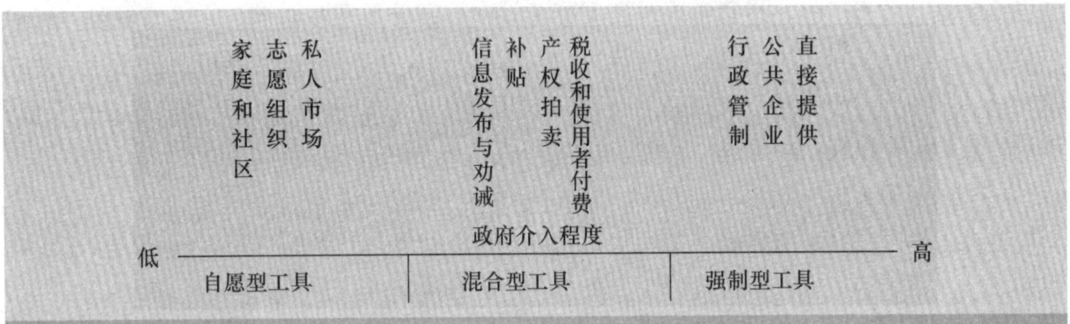

图2-3 根据政府介入度分类的政策工具图谱

资料来源：豪利特，拉米什．公共政策研究：政策循环与政策子系统．北京：生活·读书·新知三联书店，2006：144.

---

① KIRSCHEN E S. Economic policy in our time. Chicago：Rand Mcnally，1964.

② LOWI T J. Four systems of policy，politics and choice. Public Administration Review，1972，32（4）：298-310.

③ SALAMON L M. Rethinking public management：third-party government and the changing forms of government action. Public Policy，1981，29（3）：255-275.

④ SCHNEIDER A L，INGRAM H. Behavioral assumption of policy tools. Journal of Politics，1990，52（2）：510-529.

⑤ 顾建光，吴明华．公共政策工具论视角述论．科学学研究，2007（1）．

⑥ DOERN G B，PHIDD R W. Canadian public policy：ideas，structure，process. 2nd ed. Toronto：Nelson Canada，1992：96-98.

⑦ 豪利特，拉米什．公共政策研究：政策循环与政策子系统．北京：生活·读书·新知三联书店，2006：143-169.

（1）自愿型工具。

自愿型工具由公众自愿提供所需的物品或服务，达到期望的政策目标。这类工具由企业、家庭或社区提供服务，不受或少受政府影响，是基层治理常用的政策手段。对于一些公共问题，政府有意识地不采取措施，引导市场、家庭、社区发挥作用，有利于增进个人、家庭与社区的联系。一般而言，自由主义价值观盛行的国家更乐于采用自愿型工具。对于政府来讲，自愿型工具利用社会资源提供服务，公共部门的支出较少。自愿型工具可进一步分为家庭和社区、志愿组织、私人市场三种形式。

1）家庭和社区。在任何社会中，家庭、亲友、邻里都会提供大量物品和服务，例如提供残疾人照料、老人护理、儿童看护服务。政府可发出倡议，进行典型案例宣讲，引导家庭、社区提供这类服务。家庭和社区提供服务，可贴近现实，提升针对性，也可节约政府资金。缺点是行动分散，无法解决复杂问题，也难以实现规模经济。另外，需求者难以获得同等水平的服务保障。

2）志愿组织。这类组织不受国家强制力约束，不以营利为目的，致力于提供社会援助，并因自身奉献和事迹而获得满足感，如志愿者协会、互助协会、公益性社团等。志愿组织具有较高的灵活性和回应性，可促进社会团结、提高自治能力。在很多时候，志愿服务也存在供给不足的问题，对于解决复杂经济社会问题的作用较为有限。

3）私人市场。市场是广泛采用且很有争议的自愿型工具。对于私人物品供给来讲，市场机制具有效率优势，有利于提升资源配置效率。市场不是万能的，它也有缺陷，存在失灵的问题。市场只能满足具有支付能力的人群的需求。单纯依靠市场机制，不能有效提供纯公共服务和物品。对于收费高速公路等俱乐部产品，如果缺少政策支持和监管措施，市场化供给也会出现问题。

（2）强制型工具。

这类工具由政府采取强制措施，直接作用于目标群体，后者的选择权很小，甚至没有回旋余地。强制型工具包括行政管制、公共企业、直接提供三种形式。

1）行政管制。政府制定规则，对经济社会活动进行监管。政府管制发生于政治、经济、社会、文化、环境等各个领域，管制的形式多样，包括制定标准，发布特许、禁令、指示等，比较适用于应对危机状态，可快速做出反应。与补贴和税收相比，行政管制的政府成本较低，但也有缺点：较为刻板，缺少灵活性，可能会抑制创新和技术进步，导致经济低效率。

2）公共企业。组建政府控制的国有企业、公营企业或控股企业来完成目标任务。公共企业的政府产权可能是100%，也可能低于50%，但政府具有控制权，可发挥支配性作用。公共企业的产品（服务）在市场上销售，使用者需要付费，销售收入与生产成本要平衡。在私人企业不愿意投入、社会具有需求的领域，公共企业是一种有效率的政策工具。公共企业也有缺陷：这类企业的成本约束相对较小，即使亏损也难以破产，企业可利用垄断地位将成本负担转嫁到消费者身上。

3）直接提供。这是指由政府直接向社会提供物品和服务。在国防、外交、消防、道路建设、公立教育、社会保险、土地管理、地质勘测、公园养护等领域，普遍由政府直接介入，提供公共物品或公共服务。直接提供可减少讨论、谈判环节，无须反复讨价还价。直接提供也有缺点：缺乏灵活性，公共机构缺乏竞争，没有足够的成本意识，容易造成浪费、政治干预。

（3）混合型工具。

这类工具兼有自愿型工具和强制型工具的特征，政府介入私人企业的决策过程，同时又允许其拥有自主权。根据政府的介入度，可进一步分为信息发布与劝诫、补贴、产权拍卖、税收和使用者付费等形式。

1）信息发布与劝诫。信息发布是较为温和的工具，通过信息传播途径，希望个人和组织遵照政府建议做出选择。例如，政府可发布健康、统计、旅游信息，帮助公众做出正确判断，采取避险措施。劝诫即说服教育，希望个人或组织按照政府意愿调整行为。与信息发布相比，政府在劝诫中的介入程度要高一些。信息发布意在提供信息，而劝诫则希望改变目标群体的偏好或行动。不过，两者都不涉及强制措施。

2）补贴。这是指政府向个人、公司或组织提供某种形式的财产转移。补贴的具体形式有赠款、税收减免、凭单等。赠款表现为提供资金援助，通常提供给生产者，帮助其更好地组织研发和生产；税收减免的具体方式有延期缴税、减征税收、降低税率、部分免税等，结果是政府放弃了部分税收收入；凭单是标有货币面额的纸质凭证，由政府提供给消费者，消费者凭票证购买相应的物品或服务。补贴易于实施，有利于激励创新。其缺点是：需要财政资金，确定补贴额度的信息搜寻成本较高。

3）产权拍卖。通过产权拍卖方式，在本来没有市场的领域建立市场，让价格机制发挥作用。拍卖的资源包括水资源、矿产、建筑、牧场、渔场等，潜在购买者中的出价高者获得产权。产权拍卖比较容易实施，可形成新的政府收入。其缺点是：根据对方的支付能力来配置资源，真正需要者可能得不到支持。

延伸阅读

上海车牌拍卖的政策效应

上海车牌拍卖政策可追溯到 20 世纪 80 年代，中间经历过几次大大小小的调整。1986 年该政策出台时，车牌拍卖只适用于私车牌照，实行 10 元起价的有底价、不公开的拍卖。1998 年初，为刺激沪产轿车的销售，上海市推出针对桑塔纳轿车的私车牌照，这种牌照 2 万元起拍，只能用于购买沪产轿车；而购买非沪产车，则须 10 万元起拍。此举遭到以湖北为主的汽车工业大省的强力反击。2000 年 1 月，上海取消了这种带有地方保护色彩的牌照拍卖政策，改为国产生活小轿车上牌额度无底价、公开拍卖政策，每月组织一次拍卖。2004 年 9 月，上海市将公车牌照也纳入进来，与私车牌照一起拍卖。

车牌拍卖政策给地方政府带来了可观的财政收入，可以筹集一定资金用于交通基础设施建设。随着家庭收入的提高，汽车销售总量无疑会增加。通过控制车牌投放的额度，车牌拍卖使车牌的中标价上涨。车牌拍卖也有负面效应：一方面，车牌拍卖导致成交价格不断上涨（见表2-2），给购车者带来了经济负担，抑制了私人购买汽车的需求，不利于消费驱动型经济增长。另一方面，车牌拍卖扭曲了市场主体行为，给交通管理也带来了不少压力，高昂的上牌费使部分上海车主寻求其他途径获取车牌，异地上牌成为一种选择。自2000年上海全面实行私车牌照拍卖政策后，异地上牌已逐渐形成产业链，一些代理商为购车者提供上牌、年检、审证“一条龙”服务。

表2-2　上海车牌拍卖平均成交价格

年份	2002	2003	2004	2005	2006	2007	2008	2009	2010	2011	2012
平均成交价格（元）	20 956	34 336	32 572	33 899	38 347	46 973	31 628	32 008	38 945	48 563	61 827

为了抑制成交价格上涨及应对社会批评，上海市于2008年修订了车牌拍卖政策，出台了新规则。新规则取消了现场拍卖，竞买人通过网络和电话途径参与拍卖。每场投标拍卖会的持续时间为90分钟，前60分钟为“首次出价时段”，后30分钟为“修改出价时段”。竞买人须在首次出价时，通过投标方式成功出价。如竞买人未在“首次出价时段”出价成功，则不能参加该场拍卖会。在“首次出价时段”出价成功的竞买人，可在“修改出价时段”选择一次或者两次修改其出价，但修改出价只能在系统确定的目前最低成交价的上下浮动区间进行。出价结束后，按竞买人竞投的最终出价由高到低依次成交，最终出价相同时，先出价者优先成交。

新规则在实行初期对于降低成交价格起到了一定的作用，但从后续的成交价格来看，涨价仍是基本趋势。从经济学的角度来看，成交价格的不断上涨也反映了城市居民对汽车消费需求的不断增加。

资料来源：侯幸，彭时平，马烨．北京上牌摇号与上海车牌拍卖政策的消费者成本比较．中国软科学，2013（11）；刘德吉．上海车牌拍卖的政策效应分析．产业与科技论坛，2008（1）．

4）税收和使用者付费。税收是政府获取财政收入的主要手段，也可以作为一种政策工具，引导政府期望的行为，限制不期望的行为。例如，通过征收高额消费税，可间接地限制某些物品或服务（烟、酒、博彩等）的消费。使用者付费是政策管制和市场化工具的结合体，这种政策工具不限制某种物品或服务的使用，但设定收费标准，运用市场机制来调节消费。使用者付费广泛运用于机场、高速公路等市政设施，以及自来水、电力、燃气等公用事业。

2. 根据个人受影响程度分类

在行为主义研究看来，改变个人行为是解决社会问题的重要途径。根据个人受影响程度，政策工具可分为“胡萝卜型”工具、“鞭子型”工具、“布道型”工具、“助推型”工具四种类型。[1]

(1)"胡萝卜型"工具。

"胡萝卜型"工具也称激励型工具，是指通过激励方式来改变公民的行为，政府可通过奖励方式，鼓励公民采取政府期待的行为。"胡萝卜型"工具经常应用于产业政策领域。例如，政府提供财政补贴、税收优惠，促进产业结构升级。有研究发现，政府提供经济激励可刺激新能源汽车产业发展，提高新能源汽车的市场占有率。

(2)"鞭子型"工具。

"鞭子型"工具也称禁止型工具，是指政府通过禁令规定哪些行为属于违法行为，从而打击此类行为，降低其发生率。"鞭子型"工具经常应用于政治、经济、文化、社会、生态等监管领域，通过对违规者进行处罚，促使组织和个人改变行为方式。

(3)"布道型"工具。

"布道型"工具也称信息传播型工具，是指通过扩大信息传播，让公民意识到政府期待的行为，从而促进这类行为的出现。"布道型"工具通过政策宣传方式，引导公民遵守法律法规、行政规章、社会规约，养成良好的行为习惯。

(4)"助推型"工具。

"助推型"工具也称协助型工具，是指在不明显改变公民偏好的前提下，通过改变细小的环境元素和选项，引导公民选择政府期待的行为。"助推型"工具既不同于命令，也不同于说服。它不是依靠经济刺激或禁令，而是对个人的选择框架做出调整，从而带来行为的改变。例如，在人行道边标示每步消耗的热量，会助推人们选择步行；在公共场所张贴提示图案，有利于更好地维护环境。

延伸阅读

助推对个体行为选择的影响

随着商业社会的快速发展，商业广告和促销充斥着人们的生活，人的非理性和冲动性使得人们在进行健康选择和消费决策时，时常会有超出理性的行为。那么，有没有方法既尊重人们选择的自由，也能帮助人们做出更明智的选择呢？2017 年诺贝尔经济学奖获得者理查德·塞勒（Richard Thaler）指出，助推（nudge）能够帮助人们做出更有利的选择。[2] 根据塞勒的界定，助推意指在不禁止任何选项或不显著改变经济激励的选择体系中，以一种易操作的方式改变人们的行为。助推能够将负面作用降到最小，具有低成本、易操作的特点。

---

① TUMMERS L. Public policy and behavior change. Public Administration Review，2019，79（6）：925 - 930.

② THALER R H，SUNSTEIN C R. Nudge：improving decisions about health，wealth，and happiness. New Haven：Yale University Press，2008.

助推尊重个人的选择自主权，它不采取命令或指示方式，不需要很强的财务激励或处罚。将健康食品放在超市货架上与人们视线齐平的地方是助推方式，而禁止销售垃圾食品则不属于助推方式。助推的目的在于改变人们的行为，在保持自由的前提下，促使人们做出更好的行为决策。例如，零售商通过改变产品的呈现方式，可促进健康产品的销售；在道路周边张贴提示语，可促进司机的安全文明驾驶行为。

助推不限制个人的选择自由，通过对微观环境做出容易操作的改变，就能影响很多人的行为选择。心理学和行为经济学研究发现，消费者决策时会利用存在的任何可获得的信息，助推通过提供直觉思维，触发个人的自动认知过程，从而引起行为的改变。助推的替代选项不会产生更多的成本。

当前，政府治理也注重将助推应用于政策实施，鼓励可持续和负责任的个人决策。助推包含五个要素，即助推者、环境、干预策略、被助推者、预期效果。助推者对环境施以微小的干预策略，以改变被助推者的行为决策，从而实现预期的促进个人和社会健康发展的目标。干预策略是公开透明的，充分保证被助推者选择的自由，不依赖于改变物质的或非物质的激励。

根据手段和策略的差异性，助推分为启动型助推、显著型助推、默认型助推和社会型助推四种类型。这里以食品消费领域为例，介绍常用的助推策略。

（1）启动型助推。这类助推使物品更具有可接近性。环境中的可见性、可及性、可得性设计，能够影响人们对健康食品的选择行为。有研究表明，在销售场所食品摆放的位置信息，是塑造可见性的有效线索。当不健康食品与消费者越接近时，被食用的可能性和数量就会越大。

（2）显著型助推。通过标签信息塑造显著性，从而影响人们的行为选择。学者们常常运用不同颜色的标签，检验其对消费者选择行为的影响。例如，告知顾客食品的健康程度，绿色代表健康，黄色代表可摄入，红色代表建议尽量减少摄入。研究发现，有红色标签的食品和饮料的销售额降低，有绿色标签的食品和饮料的销售额大幅增加。结果表明，颜色标签能够有效的促进人们选择健康食品。

（3）默认型助推。该类助推通过设置默认选项影响人们的行为。一般而言，健康的默认选项能够促进健康食品的选择。例如，当对用餐期间的饮料选择进行默认设置后，消费者对默认饮料的消费量会增加。该策略能够减少人们决策时的精力投入，但因人们只有选择退出机制才能不受默认选项的制约，所以这种默认选项也受到异议。

（4）社会型助推 。通过传递他人行为规范而影响人们的选择。社会规范是干预人们消费行为的一种有效方式。公众具有相信权威的倾向，会从有身份的消费者那里获取信息，并且会受到这些信息的影响。在集体主义文化情境下，消费者更可能服从于领导者的意愿，产生从众行为，从而更容易受到社会型助推的影响。

资料来源：周延风，张婷．助推理论及其应用研究述评与未来展望．财经论丛，2019（10）．

2.5.3　政策工具选择

在确定了政策目标后，政策分析需要探寻将政策目标转化为实际结果的途径和方式，设计出一种或几种政策工具。学者们针对政策工具的选择开展研究，提出了多种分析思路。概括而言，可分为三种分析路径。

1. 经济学路径

从经济学的视角，政策工具的选择可看作政策目标与特定工具之间的技术性配对。经济学家倾向于把政策工具的选择看作一种技术性操作。① 不同学派对政策工具的偏好具有差异性。新古典经济学派偏好自愿型工具，认为过多使用强制型工具会扭曲市场功能。比较而言，福利经济学派对国家干预更为宽容，更偏好运用强制型工具和混合型工具，主张政府积极介入，纠正市场失灵。

经济学家主张首先评估备选政策工具的影响，估算各自的成本与收益，在比较分析的基础上，选择更为有效的政策工具。以提供居民负担得起的住房为例，政策制定者需要寻找实现这一目标的可行性方案，可供考虑的方案有：提供公共住房；对市场上的租赁房进行租金控制；为私人开发商提供补贴；改变区域规划安排，建造低收入者可负担的住房；提供住房租赁补贴，例如提供补助券；不采取行动。② 上述政策工具会影响住房开发和租赁市场，各有利弊。从经济学角度来看，选择方案时须进行成本-收益分析，考虑不同方案的效果和可能带来的影响。

概括而言，从经济学视角来看，设计和选择政策工具的基本流程包括以下环节：

（1）识别可用的政策工具。

政策工具有多种形式，政府可让家庭、社区和市场发挥作用，政府也可通过管制、税收、补贴手段发挥作用；政府可购买私人物品或服务，还可以直接组织生产，提供物品和服务。

（2）利益相关者分析。

在考虑一种政策工具时，必须要问两个基本问题：谁会受到影响？他们将会如何回应？任何一种政策工具在改变社会行为时，利益相关者都会做出反应。政策制定者须识别受到影响的利益相关者，预判他们可能的行动策略。

（3）成本-收益分析。

一项新工具带来新的分配效应，对不同群体产生差异化影响。选择政策工具需要考虑多种可能的选项，对各种选项进行成本和收益评估，既包括对投入和产出进行估值，也包括对投入和效果进行分析。为了改善低收入群体的生存状况，一项政策工具可能会造成社会总成本超过总收益的情况，但对于实现政策目标来讲，仍可能具有显著效果。从这个意义上讲，成本-收益分析也包括对政治形势的评估。

---

① 豪利特，拉米什．公共政策研究：政策循环与政策子系统．北京：生活•读书•新知三联书店，2006：274.

② 韦兰．公共政策导论．上海：格致出版社，2014：382.

（4）做出工具选择。

识别可用的政策工具，进行利益相关者分析、成本-收益分析，目的在于选出最优工具。如果政策目标具体且清晰，具有客观的评估指标，那么选择最优方案则较为容易。如果政策目标多元化，最优选择则不容易判断，而且经济上最优在政治上未必可行。① 在实际中，政策工具选择难免会牵涉到政治因素，与决策者的偏好密切相关。

2. 政治学路径

在政治学家看来，不同政策工具之间存在可替代性，应该将研究重点放在政治力量的博弈上，各方博弈的格局决定了政策工具的选择。布鲁斯·多尔恩提出，在西方社会中，政府倾向于使用强制性较弱的政策工具，除非受到某种力量的推动。② 他提出，政策工具使用的一个典型模式是：政府在政策制定时采取最低限度的行动，比如劝诫，如果不起作用，就会采取直接行动。在现实中，一些公共企业由于效率低下，政府采取产权拍卖的手段，引入市场机制，弱化了强制性。

胡德认为对政策工具的选择并不是技术性的操作，而是“信仰和政治上的事物”，随着时间发展而不断变化，在本质上具有偶然性。③ 胡德提出，在政策工具选择的驱动因素中，还存在可确认的力量，选择取决于资源约束、政治压力、法律约束、目标群体的状况，以及从过去工具的失败中得到的教训。④ 他认为，如果受影响的目标群体的规模庞大且组织良好，政府会趋向于使用被动（自愿型）而非主动（强制型）的工具；如果政府想要重新分配资源，就会使用强制型工具。⑤ 此外，他认为技术进步也会影响政策工具的选择，逐渐弱化旧工具的使用，开发出新的政策工具。

总之，在政治学家看来，政策工具选择涉及的变量很多，并不是单纯的技术比较过程。⑥ 概括而言，影响政策工具选择的因素主要包括：

（1）政策问题的紧迫程度。

对于应急性质的政策问题，在内外部压力和时间压力下，决策者倾向于采用效率更高的强制性手段，尽可能在较短时间内化解风险。

（2）国家治理的风格。

其包括国家治理的意识形态偏好以及社会组织的发育状况。一般而言，个人主义导向的国家更偏向于自愿型工具，集体主义导向的国家更偏向于强制型工具；社会组织良好的国家更偏向于自治型、市场化的政策工具，社会组织发育不健全的国家更偏向于行政化的

---

① 韦兰．公共政策导论．上海：格致出版社，2014：401.

② DOERN G B. The nature of scientific and technological controversy in federal policy formation. Ottawa：Scientice Council of Canada，1981.

③ HOOD C C. The tools of government. Chatham：Chatham House，1986：9.

④ 同③118－120，141－143.

⑤ 同③138－139.

⑥ LINDER S H，PETERS B G. Instruments of government：perceptions and contexts. Journal of Public Policy，1989，9（1）：35－38.

政策工具。

（3）执行机构的组织和资源状况。

建立了完备的组织体系、自身的资源状况良好、具有很强的执行力的执行机构，会倾向于强介入，更多采用行政化的政策工具。相反，执行机构的组织体系不健全，自身拥有资源有限，需要依赖市场和社会机制动员资源，则会更多地采用自愿型、混合型工具。

（4）决策者的专业背景、认知和偏好。

在政策工具的选择中，决策者具有自主权。决策者的专业背景、对政策问题及解决方案的认知，以及价值偏好，都会影响政策工具的选择。

（5）目标群体既往的合作与抗争情况。

政策工具需要作用于目标群体，目标群体既往对于一项相似政策工具的合作及抗争情况，会影响政策工具的选择。如果目标群体对某项政策工具持强烈的抵抗态度，在既往的博弈中采取不合作行为，也会影响到相关的新的政策工具选择。

3. 综合路径

豪利特、拉米什将经济学路径与政治学路径综合起来，提出了政策工具选择的综合框架。他们根据国家能力、政策子系统的复杂程度，将政策工具分为四种类型：市场型工具、自愿型工具、强制型工具、混合型工具（见表 2－3）。其中，国家能力是指国家影响社会行动者的组织能力，政策子系统的复杂程度是指公共政策过程中面对的行动者的类型、规模和组织性。[①]

表 2－3　政策工具选择的综合框架

		政策子系统的复杂程度	
		高	低
国家能力	强	市场型工具	强制型工具
	弱	自愿型工具	混合型工具

资料来源：豪利特，拉米什．公共政策研究：政策循环与政策子系统．北京：生活·读书·新知三联书店，2006：281. 有修正。

其中，在国家能力强的领域，政府可运用市场型工具、强制型工具。市场型工具的资源配置效率较高，但存在市场失灵的问题，需要国家介入进行规制。对于国家能力弱的领域，需要使用激励、宣传等混合型工具，或依靠自愿型工具，发挥家庭、社区的作用，采取非强制性手段。

对于高度复杂的政策子系统来讲，政策决策涉及的行动主体众多、彼此之间激烈博弈、利益冲突较大时，采用市场型工具、自愿型工具较为稳妥，这样可以更好地协调多方主体及利益关系。当政策子系统的行动者规模不大、同质性较强时，政府可选择强制型工具、混合型工具，更多地介入政策的实施。

① 豪利特，拉米什．公共政策研究：政策循环与政策子系统．北京：生活·读书·新知三联书店，2006：281.

本章小结

政策系统由政策主体、政策客体、政策环境、政策过程、政策内容等要素组成。在不同的制度安排下，各类行动主体的地位及作用差异较大。政府的横向权力结构有分权制衡和议行融合两种类型，纵向权力结构可分为联邦制和单一制两种制度安排。

政策过程由相互依赖的一系列活动组成，它们按照时间排列而成，包括问题设定、议程设置、目标确定、方案提出、方案评估、方案选择、政策执行、执行评估、政策调整、政策终结等阶段。当某一个阶段出现问题时，政策过程有可能退回到前一个阶段，甚至直接返回起点。在遇到特殊或紧急情况时，政策过程也可能跳越某个阶段。

政策工具是为实现政策目标而采用的机制、手段、方法与技术，也称政策手段、政府工具。根据政府介入程度，政策工具可分为自愿型工具、强制型工具、混合型工具三种类型。根据个人受影响程度，政策工具可分为“胡萝卜型”工具、“鞭子型”工具、“布道型”工具、“助推型”工具四种类型。对于政策工具的选择，经济学侧重于成本-收益分析；在政治学家看来，政策工具的选择不是单纯的技术分析过程，涉及的因素主要包括政策问题的紧迫程度，国家治理的风格，执行机构的组织和资源状况，决策者的专业背景、认知和偏好，目标群体既往的合作与抗争情况。

关键术语

政策主体　政策环境　政策过程　政策工具

复习思考题

1. 简述政策系统的组成要素。
2. 阐述政策主体的分类。
3. 简述国家纵向权力结构的两种类型。
4. 简述国家横向权力结构的两种类型。
5. 简述政策过程的几种常见划分方法。
6. 根据政府的介入程度，政策工具分为哪些类型？
7. 根据个人受影响程度，政策工具分为哪些类型？
8. 简述政策工具选择的经济学路径。
9. 从政治学视角来看，影响政策工具选择的关键因素有哪些？

第3章

政策模型

政策科学研究提炼出的理论模型，为理解复杂的政策活动提供了简化的解释性框架。理论模型不是现实世界，而是对现实的简化、抽象表达。好的理论模型有助于增进认知，更好地理解政策过程中的某些现象。本章对理论模型进行分类，介绍政策模型的建构与发展，讲解具有广泛影响的经典政策模型，介绍理解中国政策系统的知识建构。

3.1 理论模型的类型与功能

3.1.1 什么是理论模型

模型是学术研究中的一个常用概念，学者们常通过一些模型来表达客观世界的本质特征。模型是对现实世界某个方面的简单化、序列化和抽象表达，它不同于事物的原型，模型有意忽略了事物的次要特征，着力于展现其中的关键要素及其相互关系，凸显事物的根本特征。

模型分为具体模型和抽象模型。具体模型是对原型的微型化、简单化处理，如示意沙盘、汽车模型、建筑模型、规划模型等。这些模型使人一眼看去就会联想到真实事物的形状、结构、色彩、空间布局等。抽象模型主要通过语言、图表、数字等抽象的概念和符号来表达，致力于反映事物的内在联系和特征。

理论模型属于抽象模型的范畴。米尔顿·弗里德曼提出："一个理论去解释一个已知现象领域所需的最初知识越少，这个理论就越'简单'；如果某一理论预测的结果越精确、能够预测的范围越广，并且能为未来的研究提出一些建议，那么该理论就越有'成就'。"①

① RIEDMAN F M. The methodology of positive economics：essays in positive economics. Chicago：University of Chicago Press，1953：10.

在社会科学文献中，理论模型由一组概念构成，能够解释或预测某一现象。一组概念是“因”，某一现象是“果”，即理论模型涉及的一组概念之间存在因果关系。① 理论模型可用数学公式表示，例如，$Y=F(X_1, X_2, \cdots, X_n)$，其中 X 表示自变量，Y 表示因变量，n 为自变量的数量，即多个自变量的互动导致因变量的发生。理论模型也可以用概念、图表、示意图来表述，例如，管理学的木桶理论、社会学的橄榄型结构理论，它们就是通过在语言阐述中加上隐喻来提出一种理论的。

3.1.2 理论模型的类型

1. 功能分类法

根据模型的目的导向，理论模型可分为描述性模型和规范性模型两种类型。

（1）描述性模型。

描述性模型（descriptive model）是从客观事实中提取出自变量和因变量，目的在于解释或预测事物发生的原因和后果。描述性模型基于对政治、经济、社会、文化、自然等领域的事件、现象、问题的观察，识别关键变量，提出理论假说。一个假说是指两个或多个变量之间未经测试或证实的相互关系。② 描述性模型既要提出自变量与因变量，并在两者之间建立因果关系，也要通过实证检验，证实假说的正确性。因果关系要求自变量在前，因变量在后，而且的确是自变量导致因变量的发生。在公共政策文献中，描述性模型占据主要地位。

在理论建构的方式上，描述性模型要经历从个别到一般、从特殊到普遍的发展过程，在研究方法上主要采取归纳推理。西方社会科学所讲的“扎根理论”（grounded theory）研究方法，就属于这一建构方式。它强调学者大脑中对某问题事先没有理论假说，通过收集和分析资料建立理论模型。③ 描述性模型在观察和思考的基础上提出理论假说，收集相关数据，用统计分析、典型案例分析、历史事件分析等方法检验自变量与因变量之间的相关性，分析其因果关系，验证理论假说的正确性。

（2）规范性模型。

规范性模型（normative model）基于某种假定或价值诉求，提出一种系统的理论解释，它不仅要解释和预测，还追求为最有效地实现某些效用（价值）提出建议。④ 规范性模型常用的建构方法是演绎推理法，即从高度抽象的原则出发，分析实现某一价值目标的具体手段和要求。这里列举几个政策分析中常用的规范性模型，如有助于降低大气中 $PM_{2.5}$ 浓度的交通管制模型、有助于增加可负担住房供给的土地利用规划模型、有助于精准扶贫的政策工具选择模型等。

---

① 张梦中，霍哲．理论的建立与发展．中国行政管理，2001（12）.

② FORCESE D P，RICHER S. Social research methods. Princeton：Prentice-Hall，1973：40.

③ GLASER B，STRAUSS A. The discovery of grounded theory. Chicago：Aldine，1967.

④ 邓恩．公共政策分析导论：第 4 版．北京：中国人民大学出版社，2011：62.

规范性模型建立在价值判断的基础之上，在理论建构前首先确定相应的价值导向和准则，然后再依据这些准则来分析“应该怎样安排”，识别可行的政策工具。规范性模型不坚持价值中立，在演绎推理中要求逻辑过程自洽。规范性模型也存在缺陷：当价值偏好发生变化，所建构的模型体系就会轰然倒塌，随之而来的就是要重构理论模型。

2. 形式分类法

根据表达的形式，理论模型可分为概念性模型、符号性模型和程序性模型。

（1）概念性模型。

概念性模型也称“话语模型”，它用日常交流的语言来表达，用以揭示事物或现象在某个方面的本质特征。专家在与外行的沟通中，使用概念性模型往往更容易交流，而且成本也比较低。概念性模型也有局限性，即提出的行为预测和建议的理由可能是隐含的或不明确的。政策分析中常提到的“用脚投票”理论、“有限政府”理论就属于概念性模型。

（2）符号性模型。

符号性模型使用数学符号、特殊符号、示意图等来描述事物的特征，展现关键变量之间的关系。使用数学、统计学、逻辑学的方法，可以从符号中获得解释、预测，或寻求最佳解决途径的方法。爱因斯坦提出的著名质能方程 $E=mc^2$，就是用数学模型进行表达。其中，E 表示能量，m 代表质量，c 表示光速。符号性模型对于外行来讲很难理解，对专业人员来讲也可能存在误解。

（3）程序性模型。

程序性模型反映了事物演化过程中变量之间的动态关系。它通过模型来模拟或探究数据之间的可能关系，从而寻求最佳解决方案。这些关系由于不能取得可靠的数据而不能被充分地描述。程序性模型也利用符号进行表达，主要差别在于程序性模型只是模拟这种关系，而符号性模型要使用真实的数据来估计变量之间的关系。① 通常所讲的决策树模型就属于程序性模型，其优点是可以创造性地模拟和研究，缺点在于经常难以找到证明模型的数据或证据。

3.1.3　理论模型的作用

作为人为构建的一个简单化系统，理论模型具有以下作用：

第一，理论模型具有概念化和分类作用。每一门科学都是对现实及客观世界的抽象和提炼，都是由若干概念构建起来的，这些概念构成科学家使用的专门词汇。② 科学研究的一项主要任务是提出新的概念，发展新的分类系统，并经受经验的检验。③ 每一学科的众多理论都是对概念进行发展并重新组合的产物。

第二，理论模型具有帮助认知的作用。理论模型对所研究的现象或事实进行压缩，突

① 邓恩．公共政策分析导论：第 4 版．北京：中国人民大学出版社，2011：64.

② 张梦中，霍哲．理论的建立与发展．中国行政管理，2001（12）.

③ 毛寿龙．西方公共政策的理论发展及其对本土化研究的启示．江苏社会科学，2004（1）.

出事物的重要方面，而不是所有内容。① 这样，理论模型可以帮助人们区分本质特征和非本质特征，识别重要因素或变量之间的关系。社会生活中每个人都会本能地使用模型来做出决策。有研究者指出，“在人的头脑中，并不存在一座城市、一个政府或国家，只存在他选定用来代表实物世界的概念和关系。头脑影像是一个模型，我们所有的决策都是以模型为基础”②。

第三，理论模型具有解释的作用。科学研究需要从纷繁复杂的现实世界中总结、提炼带有规律性的关系，即理论模型。随着经验总结的不断积累，理论的适用性会达到一个更广泛的层次。例如掌握了牛顿的三大定律，就可以对物质之间相互作用的各种状况和现象做出解释。

第四，理论模型可以预测未来。理论不仅有总结功能，还有预测作用。如果我们通过研究某一现象发现一个规律，就可以将这个规律运用于类似情形的分析。当然，社会科学的规律具有时空限制性。在一个地区、一定时期内提炼出的理论，应用于其他地区和时期时需要十分谨慎。

第五，理论模型还可指出知识的空白之处。既然理论有解释现象和预测未来的功能，那么在复杂的现实中，理论也会感知已有认知的局限性。通过发现理论存在的悖论可提出新的假设，通过检验新假设可修补、完善现有理论，甚至提出新的理论。

3.2 政策模型的建构与评估

3.2.1 政策模型的建构

政策模型，即政策分析的理论模型，是研究者在观察公共政策活动的过程和现象中，经提炼得出的描述、解释或预测系统。理论来源于实践，源于对客观世界的认知和提炼。提出一个政策理论模型，需要具有事实依据，能够被重复检验，不断被证据所证实。弗瑟斯和瑞奇尔指出：“在某种意义上，一个理论是一个被检测过的模型。”③

公共政策研究是对政策过程、政策系统、政策内容的具体分析。提高政策分析能力不仅要关注具体研究领域，还需要使用相关理论模型。人们的决策都是以模型为基础。政策模型经过了从个别到一般、从特殊到普遍、从具体到抽象的过程，提炼出一般性理论，它可帮助分析者更好地理解政策现象，准确把握有关变量之间的因果关系。邓恩指出，政策模型的使用不是一个选择的问题，每个政策分析者都会使用模型。④ 如果没有理论模型，

① GOOFE W J，HATT P K. Methods in social research. New York：McGraw-Hill Book Company，1952：9-12.
② FORRESTER J W. Counter-intuitive behavior of social systems. Technological Review，1971，73 (3).
③ FORCESE D P，RICHER S. Social research methods. Princeton：Prentice-Hall，1973：44.
④ 邓恩．公共政策分析导论：第 4 版．北京：中国人民大学出版社，2011：61.

就不能确定政策分析的前提和变量，政策工具的设计和选择就无从谈起。

建构一个政策模型的基本步骤包括以下几个方面：

1. 选定问题

政策模型是人为建构的，目的在于增进对复杂、凌乱的政策系统的理解。建构政策模型首先需要有疑问，可以是现象，也可以是过程或结果；然后提出明确的、可处理的具体问题。一个理论模型不可能解决所有的公共政策问题，只能关注某一个方面的问题。例如，政策议程是如何设定的、政策决策是怎么应用知识的、政策工具包括哪些类型、如何合理选择政策工具等。在学习政策模型时，我们可以看到，有的理论模型比其他模型的适用性更广，但没有任何模型能够解释清楚政策过程的所有问题。模型建构需要谨慎，避免用一个模型来解决太多的问题。①

2. 明确目的

政策模型是对政策问题的情形和发展趋势的简化表达，是为特定的目的而建构的，它可用来描述、认知和解释问题，也可用来预测问题的情势，还可用来提供价值导向和规范约束。发展一个模型需要明确建立模型的目的：是提供解释还是进行预测，是描述性的还是规范性的。目的引导着模型建构的观察取向，也决定着模型的适用性。

3. 观察现象

观察、研究与问题相关的现象或局面，包括过程和结果的事实。为增进对问题和现象的理解，需要阅读关于某一问题、现象的已有文献。文献记录了已有的研究成果，提供了已有的观察、认知和理论模型。通过积累这些材料可从已有解释中获得启迪。通过整合多种解释会产生新的认知，从而有意识地观察现象。

4. 识别变量

通过观察现象，需要从诸多影响因素中找到与问题、现象密切相关的主要变量。与一种问题或现象具有联系的因素非常多，理论建构不可能对所有的因素都进行分析，研究者需要具有一种直觉敏锐性，能够从诸多因素中识别关键变量。

5. 建构关系

在关键变量之间建立相互作用的关系模式，构建一种内在的逻辑联系性。这是建构模型过程中最具创造性的环节，它要求研究者既要有想象力，又要讲究逻辑性、实证性，使理论模型具有合理性，在现实中得到检验。

6. 简化模型

理论模型由一组变量及相互之间的关系模式组成。好的理论模型要求尽可能减少变量，简化相互关系的结构，提升解释能力。建构了政策模型后，还需要追求一种形式上的“美”，即进行简化处理，以便于表达和交流。模型也要在实践中接受检验，如果不能解释现象，就需要予以修正。

---

① 斯图尔特，赫奇，莱斯特．公共政策导论：第 3 版．北京：中国人民大学出版社，2011：51.

3.2.2 模型建构的逻辑

建构一个理论模型，其逻辑过程可分为演绎、归纳、溯因三种基本形式。它们分别对应不同的认识论。① 其中，演绎推理源于唯理主义，归纳推理从经验主义出发，溯因推理源于实用主义。三者分别具有各自的研究路径和认知贡献。

1. 演绎推理

在演绎推理看来，世界上存在一些无须感觉检验的先验知识，借助这些知识，通过演绎推理可以获取其他知识。在这一观点看来，知识的生产是基于某些理论，演绎出有待检验的假设或推论，再收集数据检验假设，由结果反过来验证假设的真伪。如果假设获得证实，则增强了理论效度，强化了理论；如果证伪了理论，则需要修正理论，提出新的理论命题或逻辑基点。一般而言，理论是通过推理与思辨而得出，基本做法是从文献中发现对某一现象存在不同的解释，然后辨析其中的矛盾或局限性，进而提出新解释。当存在多种解释时，需要从中选择更有解释力的学说。

2. 归纳推理

归纳推理认为世界上不存在任何先验知识，知识的唯一来源是由感觉而形成的经验，获取知识有赖于通过归纳推理的方法。在政策科学研究中，归纳推理是一种常见的分析方法。在很多社会科学学者看来，只有归纳推理才是真正有价值的理论建构方式。归纳推理的基本逻辑是：理论建构应当尽可能放弃已有概念和预设，观察并收集真实世界的原始数据，通过数据处理从中发现关联性，从数据和证据中产生理论。具体而言，归纳推理先对经验事实进行归纳，然后再完成创造性一跳，经过提炼获得理论。归纳推理的基本方法有扎根理论法、案例研究法、比较研究法。

3. 溯因推理

溯因推理是从令人吃惊的反常结果中推导原因的一种推理方法。溯因推理强调在理论与实践之间进行反复对话，寻找最为恰当的理论解释。这个过程既可以探寻更有效的解决问题之道，也可以促使研究者提出新的理论解释。有观点将溯因推理的理论建构策略描述为“识别谜”和“破解谜”的过程，其逻辑起点是提出令人诧异的事实，提出令人不解的谜团。“识别谜”和“破解谜”是连续的循环过程。溯因推理的基本过程是：问题陈述→思想试验→选择最佳解释。其中，“问题陈述”是指需要关注的反常现象；“思想试验”是指提出新解释，通过试验进行检验；“选择最佳解释”则是对各种试验及结果进行比较，从各种解释中选择最满意的解释。

3.2.3 政策模型的评估

如何评估一个理论模型呢？我们应当运用什么标准来评估？怎样判断一个理论是否有

① 白胜．国外管理理论建构研究述评：三种逻辑推理的视角．科技进步与对策，2017（4）．

效？对于同一问题领域，如何评估不同的理论模型？实践是检验真理的唯一标准。在实践中，具体有哪些检验政策模型的指标呢？

戴伊提出了政策模型评估的六项标准①：（1）模型是否理顺和简化了政治生活；（2）模型是否确定了政策领域的最重要方面；（3）模型是否与现实相符合；（4）模型的表达方式是否通俗易懂；（5）模型是否直截了当；（6）模型是否具有解释力。

概括而言，我们可以通过以下几个标准来评估一个政策模型：

1. 模型的解释和预测能力

一个有效的政策理论应当能够解释政治和政策现象。"解释"有两层含义：一是能够增进对所研究现象的理解，这意味着理论模型被暂时接受；二是能够在测试以及未来的实践中得到检验。如果一个假说受到研究结果的支持，则可以说理论模型能够解释相关现象。相反，如果一个假说不能得到检验、被证明不成立，那么，该理论就失去了解释力。社会科学事件发展的预测能力依赖于已被实践检验成立的理论模式。如果某个自变量的出现被证明会导致一种结果，那么出现了同样的情景，就可以据此做出预判。不过，由于人的能动性，社会科学理论的预测能力至今尚不能与自然科学理论相比拟。

2. 模型的适用范围

如果两个理论都能解释同一现象，对两者进行评价，就需要比较谁能够解释更多的现象、有更广的适用范围。一般而言，适用面广的理论更为有效。比方说，渔叉可捕鱼，渔网也能捕鱼，两者相比，渔网的适用性显然更宽，也更为有效。

3. 模型的简洁程度

简洁的模型解释现象时不需要太多的前提和命题。如果我们假设物品属性主要受消费是否具有竞争性、收益是否具有排他性两个因素影响，假设这个理论能够解释社会生活中绝大多数物品的属性，那么基于这两个要素进行物品分类的理论，就比那些需要 3～5 个自变量去解释物品属性的理论简洁得多。在政策科学中，有限理性模型、渐进决策模型就较为简洁，多源流分析框架则较为复杂。由于人类社会的复杂性，提出简洁且有解释力的政策模型往往难度更大。

4. 模型的追问能力

一个好的理论模型能够引导人们提出新的问题，启发人们开展新的探索，发现新的知识和规律。蒂博特提出的"用脚投票"理论引发了大量的跟进研究，在对话的基础上，不断提出新问题，这表明该理论的追问能力很强。同样，罗尔斯在 20 世纪 70 年代提出正义理论的两个原则，在全球范围内形成大量跟进研究，这表明这一原创理论的成就巨大。

---

① DYE T R. Understanding public policy. 8th ed. NJ：Prentice Hall，1995：40－41.

3.3 经典政策理论模型

在政策科学研究中，学者们运用政治学、管理学、经济学等多学科知识，对政策过程和政策系统进行研究，提出了众多理论模型。决策在政策过程中居于核心地位，为帮助大家了解政策模型的内容，更好地理解模型在政策分析中的作用，这里介绍决策理论的几个经典模型。

3.3.1 理性决策模型

理性决策模型也称“完全理性决策模型”（comprehensive rationality model），它以“经济人”假设为前提，认为决策者应具有完全理性，以最优决策为目标追求，全面收集决策所需要的知识和信息，了解社会群体的各种价值偏好，研究各种可能的方案，通过分析排出优先次序，追求效果最大化，从中做出最优选择。理性决策的基本步骤包括：（1）认定政策问题；（2）收集尽可能完备的事实和信息；（3）确定决策目标；（4）考虑所有可能的政策方案；（5）分析备选方案，评估并排列次序；（6）选择最优方案。在这一理论看来，全面收集事实信息和进行政策分析，能够形成最佳方案，找到最优解决办法。

理性决策模型植根于理性主义，信奉一切社会问题都存在一个最佳方案，要求收集与问题相关的各方面信息，分析每一个方案的可能结果，预测方案的成本收益和期望值，计算净预期值，在比较中寻求最佳方案，实现收益与成本之比最大化。在实践中，很多决策者倾向于通过理性途径制定政策。在问题复杂、信息匮乏、时间紧迫、社会关注、各方游说、利益冲突的情况下，理性决策模式并不具有可行性。赫伯特·西蒙指出，由于种种条件的限制，决策者的理性是有限的，无论是个人还是群体，大多数决策都致力于寻找满意的方案，而不是追求最优的方案。

理性决策模型的缺点在于：第一，并非所有决策都能获得充分信息，很多决策只能在信息不充分情况下做出；第二，他过于相信人类的理性认识，政策分析不可能穷尽所有备选方案；第三，理性决策需要花费大量时间，成本过于昂贵；第四，在决策过程中，事实和价值不能截然分开。

延伸阅读

阿罗不可能定理

阿罗不可能定理由诺贝尔奖获得者肯尼思·阿罗（Kenneth Arrow）提出，他证明在民主社会中，决策者不可能满足完全理性理论的条件。阿罗的一个结论是：个人选择不可能通过多数投票的程序变成集体决定从而产生一个对所有人都是最佳的方案。

这种不可能性也称“投票人悖论”，即不可能以个人的选择集合为基础来形成一个包括传递性偏好的集体决定。

为了说明投票人悖论，假设为了解决能源危机，由布朗、琼斯、史密斯三人组成一个委员会，就从太阳能（A）、煤（B）、核能（C）三种方案中选择一种来进行投票（见表3-1）。布朗为能源权利组织的领导人，优先考虑居民使用能源的安全性，倾向于太阳能（A）—煤（B）—核能（C）的顺序。琼斯是煤炭业的代表，她的排序是煤（B）—核能（C）—太阳能（A），认为煤在技术上是最可行的。史密斯是核工业的代表，认为核能最有效率，太阳能虽不如煤的效率高，但对环境的影响较小，所以倾向于核能（C）—太阳能（A）—煤（B）的顺序。

表3-1 投票人悖论

委员会成员	偏好
布朗	太阳能（A）—煤（B）—核能（C）
琼斯	煤（B）—核能（C）—太阳能（A）
史密斯	核能（C）—太阳能（A）—煤（B）
多数人	太阳能（A）—煤（B） 煤（B）—核能（C） 核能（C）—太阳能（A）

从每个人的角度来看，三种选择都是合理且具有传递性的。然而，这个委员会试图通过投票表决原则进行决策就会遇到悖论：当要求委员会在太阳能与赞成煤和煤之间做出选择时，赞成太阳能与赞成煤的比例是2∶1。同样，在煤和核能之间做出选择时，赞成煤与赞成核能的比例是2∶1。现在，如果我们在集体偏好中使用传递性原则就会发现：A优于B，B优于C，则A优于C。但这并非真实的偏好，因为琼斯、史密斯都明确表示C优于A。由此可见，个人的偏好是传递的，但个人的偏好是循环的，无法对各方案形成一致性的排序。

这个案例表明，多数原则并不必然产生理性的集体选择。阿罗不可能定理表明，不可能运用民主程序来达成有传递性的集体决定。为了避开偏好循环的困境，在实践中可以让决策者先协商，达成一致再决策；也可以改变规则，使少数服从多数原则能够发挥作用。

资料来源：ARROW K. Social choice and individual value. New York：Wiley，1963；邓恩．公共政策分析导论：第2版．北京：中国人民大学出版社，2002：301-303.

3.3.2 有限理性模型

有限理性模型（bounded rationality model）的提出源于对理性决策模型的批评，著名管理学家赫伯特·西蒙在其中做出了突出贡献。有限理性模型认为，个人受知识、能力、精力、心理、信息等因素的影响，不可能达到理性决策模型提出的要求，决策行为实际上是有限理性的产物。在此过程中，管理者追求“满意”而不是“最优”。根据有限理性模型，决策的基本步骤包括：（1）发现并确定问题；（2）分析问题的产生原因；（3）提出解决问题的备选方案；(4) 评估备选方案；(5) 做出次优选择。

1947 年，西蒙的《管理行为》一书出版，对社会产生了很大影响。该书提出“管理就是决策”这一命题，集中讨论了组织中的决策问题，指出决策行为是管理的核心。西蒙在该书中批评道，“经济学家不合理地赋予经济人无所不知的理性”，然而，这种假定个人具有巨大的智力，可以知道所有的备选方案，可进行无限复杂的运算，“与现实中人的真实或可能行为之间几乎没有多大关系”①。西蒙指出，“有限理性”不仅是一个假设，还是“有大量证据支持决策的有限理性和追求满意的概念”②。

有限理性模型既是对理性决策模型的批判，也是对后者的修正。按照理性决策模型，决策者需要完全了解并预测每一个方案的结果。西蒙指出，在现实中，不论是个人还是多个行为主体组成的组织，只具有有限理性，不会考虑所有的可能方案，只会考虑可能方案的一部分，从中选择满意的方案。由于有限认知，决策者对真实情况的了解总是不完整的、零碎的，不仅没有办法考虑所有的方案，对备选方案的分析实际上也是有限的。因此，不论是个人还是组织机构的决策都是有限理性下的决策，决策者追求的并不是结果最大化，而是满意原则。

西蒙的有限理性模型矫正了人们对决策过程的流行性理解。在该模型中，决策者不是要穷尽所有的选择方案，而是采用相对简单的经验法则。考察实践中的决策过程可以看到，公共决策并不是追求成本收益最大化，而是在追求令人满意的标准。西蒙对有限理性决策模型的建构感到十分满意。他很自信地指出，“我们对管理人决策过程的描绘，与我们对自身判断过程的内省式了解非常一致”，“这种理论还通过了一种更加严格的检验，它符合心理学家和组织与管理研究人员对人类决策过程进行观察所得到的大量结果”③。

3.3.3 渐进决策模型

在理性决策模型的基础上，美国学者查尔斯·林德布洛姆提出了渐进决策模型（incremental decision-making model)。1959 年，林德布洛姆发表了《渐进调适的科学》一文，提出了渐进决策的概念。④ 与西蒙一样，林德布洛姆对理性主义模型持批评态度，认为完全理性只是一种理想，在现实中是不存在的，决策是根据以往的经验对现有方案进行渐进调适。⑤ 决策者需要根据环境的变化情况，不断地对以往的政策进行局部调整、补充和修正，逐渐把一项旧政策转变为一项新政策。渐进决策模型具有以下特征：(1) 决策者以现行政策为基础，着眼于发现现行政策存在的问题和缺陷；(2) 决策者通常只考虑数量有限的备选方案；(3) 备选方案立足于对现行政策进行修改与补充，以适应环境变化，弥

① 西蒙．管理行为．北京：机械工业出版社，2013：77.
② 同①103.
③ 同①103.
④ LINDBLOM C E. The science of “muddling through”. Public Administration Review，1959，19 (2)：79－88.
⑤ 林德布洛姆．政策制定过程．北京：华夏出版社，1988：5.

补政策缺陷，而不是全盘代替现行方案。

渐进决策模型把决策看作一个循序渐进的过程，其中既有政策设计，又有讨价还价、相互妥协，最终达成的决策在实践中具有可行性。渐进决策模型遵循按部就班、修修补补、稳中求变的原则。① 根据林德布洛姆的总结，渐进决策模型由以下过程组成②：(1) 分析关注少数比较熟悉的政策方案，它们与现实方案具有细小差别；(2) 更多关注经验层面；(3) 更多关注补救缺陷；(4) 分析是一个不断试错的过程；(5) 分析只能发现某一个方案的部分结果，而不是全部可能结果；(6) 很多参与者（党派）的存在使分析工作碎片化。

在渐进决策模型的视角下，政策过程是一个不断学习和试验、不断反馈和调整的过程。这一决策路径缩减了政策调整的幅度，降低了综合评估的系统性要求。在林德布洛姆看来，公共政策是一个惯性很大的系统，越是严重的错误越难以完全纠正。在政策制定时步子迈得小一些，发现了问题就能及时纠正，这样做可能会避免在决策层内部引起紧张和冲突。

在渐进决策模型看来，政策决策不是追求完美无缺，而是致力于解决现实问题，政策制定提出的目标和手段不是一揽子的整体设计，而是在反省中逐渐调整，在试错中不断优化。渐进决策模型与有限理性模型有异曲同工之处，给我们的启示是，政策决策是对现行政策存在问题的修正和补充，而不是对目标和工具的全面替换。

渐进决策模型比较符合现实情况，它准确地描述了政治过程的真实状况，揭示了政策制定的运作过程。渐进决策在政治上比较可行，决策者既可有所作为，也可缓和矛盾冲突。渐进决策模型也有局限性：作为多元利益博弈和妥协的结果，渐进决策必然反映强势群体的利益，弱势群体的利益诉求难以充分体现；渐进主义缺少明确的组织创新和变革方向，难以推动重大的根本性改革。

3.3.4 混合扫描模型

在对理性决策模型的批评中，一些研究者认为理性决策模型并非一无是处，决策过程既要具有宏观视野，也要扎根现实，进行深入、细致的观察和分析，试图将理性决策模型与渐进决策模型集合起来。美国学者埃齐奥尼提出的混合扫描模型（mixed scanning model）就体现了这一研究路径，它试图以理性主义的政策视野和愿景追求，加上渐进主义的落脚点，形成政策焦点，更好地解决政策问题。1967年，埃齐奥尼发表了《混合扫描：决策的第三种路径》一文，提出决策可分为基本决策和渐进决策两类。基本决策是基本方向的规划设计，需要运用理性决策模型加以分析；渐进决策是对基本决策的聚焦和细化。一个好的决策既要审视和评估整体情况，也要将注意力集中在选择出的政策方案上，形成政策焦点。③

埃齐奥尼以摄像机拍照为例来说明这一模型。它就相当于运用两部摄像机来观察、记

---

① 陈庆云．公共政策分析．北京：北京大学出版社，2006：333.

② LINDBLOM C E. Still muddling，not yet through. Public Administration Review，1979，39：517－526.

③ ETZIONI A E. The mixed scanning：a "third" approach of decision making. Public Administration Review，1967，27（5）：385－392.

录一个事物，第一部摄像机负责观察全部空间，第二部摄像机对选定的空间进行深入、细致的观察，不再观察已为第一部摄像机所观察的其他区域。混合扫描模型要求决策者将这两部摄像机结合起来使用。有的阶段采取理性主义模型，有的阶段聚焦选定的区域，采取渐进主义模型。

混合扫描模型要求根据具体情境来决定扫描的层次。决策者的能力强，可扫描更大的空间；决策者的能力弱，则扫描的空间就小一些。在剧烈变迁的环境下，可集中资源进行高层次扫描；在要求稳定的状态下，则侧重于局部扫描，避免过大的政策变迁。埃齐奥尼提出，在面对与过去环境截然不同的情境时，提出一项全新的政策是完全可能的。混合扫描模型既具有描述性模型的特点，也具有规范性模型的特质。

混合扫描模型提出决策过程不仅要关注微观和局部，对细节进行渐进修补，也要把握宏观环境的总体状况，有条件时启动大规模的政策规划、调整。混合扫描模型提升了理论解释的适用性，可同时解释常态环境和特殊时刻的决策现象。混合扫描模型的局限性在于，其在理论的追问能力上表现平平，后续研究并没有多大进展。

3.3.5 垃圾桶决策模型

这一模型最早由组织理论学者詹姆斯·马奇等人于 1972 年提出，他们认为组织决策过程十分复杂，存在一种“有组织的混乱状态”①，政策过程不仅缺乏理性，甚至连有限理性都不能保障。他们提出，决策者在应对复杂问题时往往会采取拖延策略，尽量回避直接矛盾，只有在面临紧迫的时间压力时，才会做出决策。决策者对备选方案的选择，不是理性分析的结果，而是具有个人的偏好性。

垃圾桶决策模型（garbage can model）认为，理性决策模型描绘的连贯有序决策是不真实的，渐进决策模型描绘的渐进调适也同样不真实，这两种方法都错误地认为在决策中具有太多的确定性和理性。实际上，决策过程面临各种不确定性：问题的变化性、参与者的流动性、偏好的变化性、技术和方法的不确定性等。组织内部具有不同的解决思路，每个参与人员都有个人偏好，各种利益相互作用，导致复杂问题面临决策难题，最终决策往往是在时间压力下做出的选择。②

垃圾桶决策模型反映了组织决策存在模糊性、时限性、随意性的特征。该模型认为，在面对一项政策问题时，各方参与者都会给出解决方案，政策议程就像一个垃圾桶，最终决策是在时间压力下进行选择的结果。根据垃圾桶决策模型，组织的决策过程存在大量的非理性因素，参与者会不断提出问题并提供解决方案，相当于将各种方案扔进了一个垃圾桶。当机会耦合时，参与者提出的方案可能会成为最终决策。

垃圾桶决策模型剖析了决策过程中存在的多种不确定性：（1）问题与目标的模糊性。

---

① COHEN M，MARCH J，OLSON J. A garbage-can model of organizational choice. Administrative Science Quarterly，1972，17（1）：1－25.

② 周雪光．组织社会学十讲．北京：社会科学文献出版社，2003：307－308.

决策参与者对问题的理解、优先目标的偏好并不一致，甚至互相冲突，个人的偏好也会变化。(2) 方案和手段的不确定性。在讨论过程中，参与者都试图施加影响力，提出不同的解决方案。(3) 参与者的流动性。不断有参与者加入或退出。

詹姆斯·马奇提出，最终决策取决于问题 (problem)、解决方案 (solution)、决策参与者 (participant)、决策机会 (opportunity) 四个因素的耦合。这四个因素就像四股源流，有时候各自流动，有时又汇合在一起。当这四个因素耦合时，政策之窗就会打开，决策才可能出现。垃圾桶决策模型将非理性因素引入决策分析，强调了时间压力、注意力、个人偏好等通常不为人们注意的因素对决策的影响，为理解政策制定提供了新的视角。

3.4　中国政策过程的解释模型

政策科学是个舶来品，伴随着改革开放，国外的研究成果被引入国内。西方政策理论模型大多建立在西方政治系统之上，其政治体制、政治文化和政策环境与中国存在巨大差异。基于其他国家背景提出的政策模型在观察和分析中国的现实时，常常与现实有反差，还可能遗漏关键要素。理解中国政策系统，既要掌握一般性的政策理论，也要学习基于本土环境提出的解释模型。

3.4.1　国外学者的研究

我国学界对中国政策过程的研究起步比较晚，直到20世纪90年代后期才有少量文献问世。20世纪50年代以来，由于外交、对外贸易等政策制定的需要，国外学者开始研究中国的政策系统和政策过程。其中，美国学者的研究最多，其成果的影响也最大。20世纪50—60年代，哈佛大学、斯坦福大学、哥伦比亚大学、密歇根大学、华盛顿大学等成立了中国问题研究中心，涌现出一批对中国问题研究的专家，提出了解释中国政策过程的一些理论模型。

由于意识形态和政治体制的巨大差异，国外学者对中国政策过程的研究难免带有一定的偏见和误解，但其理论建构的演变趋势在一定程度上折射出中国政策决策机制的变迁。美国学界对中国政策过程的理论解释经历了从精英决策到派系决策，再到官僚组织决策的理论发展。①

1. 精英决策模型

20世纪50—60年代，美国学者对中国的研究大多强调高层政治精英在决策中的决定性作用。② 在精英决策模型下，重大政策由高层领导人根据对国家利益的判断和价值取向

① 薛澜，陈玲．中国公共政策过程的研究：西方学者的视角及其启示．中国行政管理，2005 (7).

② KLEIN D W. Sources for elites studies and biographical materials on China//SCALAPINO R (ed.). Elites in the People's Republic of China. Seattle: University of Washington Press, 1962; BARNETT A D. Cadres, bureaucracy and political power in communist China. New York: Columbia University Press, 1967.

来制定。高层领导人掌握着重大政策制定权，可以有计划地推进重大政策实施，并通过大规模政治动员，调动各方面的资源，在全国范围内执行政策。

精英决策模型对于理解中国政策过程具有一定的解释力。改革开放以来，在中国政策决策中，尽管参与决策的主体已从少数权威扩展到更大的政策共同体，但政治精英在决策中的主导权仍十分显著，它深刻地影响着中国各个领域和层次的决策过程。政治精英在政策过程中的作用也受到个人精力、兴趣、信息来源、专业技能的限制。詹姆斯·汤森指出，政治精英的个人时间、精力和兴趣偏好是有限的，政治精英很难对一项政策过程保持长期的关注。政治精英的信息来源通常要经过行政机构的重重过滤，也会存在选择性误差或信息失真的现象。

2. 派系决策模型

安德鲁·纳森提出“派系”（faction）这一概念①，用以解释中国政治精英的冲突和合作模式。所谓派系，就是通过个人关系组织起来的庇护与恩惠网络，派系外在于正式组织，却又依赖于正式组织获取资源。由于“派系”一词在汉语中带有贬义，邹谠用相对中性的“非正式团体”概念作为分析中国政治的基本单元。② 邹谠认为，由于关系网络错综复杂，各方为了互惠互利有意维持权力的平衡局面，非正式团体在中国政策运作的各个层次都发挥了重要作用。

派系研究用权力斗争模型来解释中国政策过程，把官员的职位变迁和政府机构的变动视为权力斗争的表征和结果。官员的职位变迁引发所在部门或地区的实力变化，改变了官员在政策过程中的发言权和利益得失。权力斗争模型的显著缺点在于不可验证性。即便在政策过程中存在权力斗争，也多发生于非正式层面，难以用证据证明其与政策过程的因果关系。因此，权力斗争模型很难摆脱“猜测臆断”的质疑。另外，派系研究对中国政策过程中官僚组织的作用重视不够，存在以偏概全的问题。

3. 官僚组织决策模型

20 世纪 80 年代后期，美国学者开始关注中国政策制定的制度层面，出现了一些研究官僚部门及其行为模式的研究成果，李侃如（Kenneth Liebethal）、兰普顿(D. M. Lampton)③、奥克森伯格（Michel Oksenberg）等人的贡献突出。官僚组织决策模型提出，高层精英与官僚部门通过频繁互动共同决定了政策的出台。由于高层精英没有充足的时间、兴趣和知识来管理具体政策，多数政策方案都是行政部门的官僚提出的，他们负责进行可行性研究、协调共识、分配资金和资源、解释和澄清政策内容。

官僚组织决策模型分析了中国政策过程中的讨价还价、各自为政、竞争性说服等现

① NATHAN A. A factionalism model for CCP politics. The China Quarterly，1973，53：34－66.

② TSOU T. Prolegomenon to the study of the informal groups in CCP politics. The China Quarterly，1976，65：98－114.

③ LIEBERTHAL K G，LAMPTON D M. Bureaucracy，politics and decision making in post-Mao China. California：University of California Press，1992.

象。各个部门具有各自的使命、资源、人员和偏好，因而权力相对分散，决策过程缓慢，政策协调充满讨价还价，出台的政策相对模糊和笼统，从而在政策执行方面具有更大的灵活性和自主权。在这样的政策系统中，政策过程表现出杂乱、拖沓和渐变的特征。

官僚组织决策模型剖析了中国政策过程中官僚机构的自主性。需要说明的是，中国行政组织体系与西方国家具有显著差异，用官僚组织模型来分析中国政府运作具有一定局限性。首先，中国政府实行议行融合体制，在中国共产党的领导下，政府既负责重大决策的制定，又负责政策执行，在决策过程中发挥着重要作用。其次，中国政府结构中"条条"与"块块"职能互相交错、关系复杂。

4. 政策规划模型

德国学者韩博天（Sebastian Heilmann）、美国政策研究者奥利弗·梅尔顿（Oliver Melton）对中国中长期规划过程进行研究，提出了政策规划模型，认为规划是中国政策过程的核心机制，"规划过程超出了一个政策文本或一个封闭的政策过程，是中央和地方多层次、多主体之间通过各种互动模式，不断协商、起草、试验、评估、调整政策的循环过程"①。这一模型提出，中国政府通过规划手段，使各个层级、各个领域的政策主体相互连接成为一个庞大的网络，输出大量政策文本，引导或干预经济社会活动。

中长期规划是中国政府治理的主要手段之一，它包括总体规划、专项规划和区域性规划。一种观点认为，中长期规划无力应对复杂多变的经济社会状况，对经济社会发展没有实质影响，不过是政府所做的表面功夫。韩博天、梅尔顿批评了这一看法，提出中国的新型规划体系提供了政策发展的优先顺序，既为发展提供规划，也为保持控制力提供保障。规划依附于相应的行政层级体系运行，规划目标与党的干部考核制度相结合，当事官员的仕途与是否完成规划设定的目标具有关联性。

韩博天、梅尔顿认为，中国的规划体系与其他东亚发展中国家的政策过程具有本质区别，超越了现有西方主流的解释框架。规划不是一个阶段性工作，而是循环往复的过程，规划包含评估和调整机制，决策者可据此调整优先顺序。政策规划模型也有局限性，规划与落实之间存在鸿沟，这些规划在多大程度上得到落实，两位研究者并未提供实证分析的数据。

5. 政策试验模型

德国学者韩博天基于对中国改革经验的观察，提出"分级制政策试验"（experimentation under hierarchy）概念，指出中国改革取得成功的关键在于分散试验与中央干预相结合，中央与地方通过持续互动，将地方积累的成功经验纳入国家政策。② 韩博天提出，中国政府经常运用"政策试点"的方法，允许地方政府探索解决问题的新方法，成功的地方经验则会引起上级关注，形成自下而上的政策学习，形成"由点到面"的政策变迁。大规模的政策试验是中国国家治理的独特之处，在统一领导体制下，中央政府提供选择性激

① 韩博天，梅尔顿．规划：中国政策过程的核心机制．开放时代，2013（6）.

② 韩博天．中国经济腾飞中的分级制政策试验．开放时代，2008（5）.

励，调动地方政府开展政策试验的积极性。

在西方政府实践中，政策试验通常是在正式法规内加入试验性条款，在小范围内探索性尝试，或者是在联邦体制下，把州和地方积累的经验注入联邦政策系统。在西方制度环境下，组织大规模的政策试验首先要解决合法性问题，需要获得议会或行政授权，其中伴随着大量的讨价还价，启动这一议程并不容易。在分权体制下，对于地方决策者来讲，通过试验方式制定政策还面临着许多质疑，存在一定的政治风险，因此，西方体制下政策试验的规模要小得多。

然而，中国改革伴随着大规模的政策试验，为了提升决策的科学性和适用性，政策试验已经成为推进改革的重要途径，从中央到地方、从政府到社会，人们对政策试验秉持更为积极的态度，源源不断地将地方经验纳入国家政策体系。可以说，通过试验推进改革已经成为中国国家治理的一项重要制度安排，包括政社合作型试验、权威倡导型试验、技术检验型试验等多种形式。大规模的政策试验刺激了政策学习，提高了政策创新和适应能力，促进了政策变迁，加快了治理转型的步伐。①

3.4.2 国内学者的研究

近年来，国内政策学者扎根中国土壤，观察中国制度环境下的政策过程，构建了一些本土化的理论模型。这里介绍几个代表性理论。

1. 共识决策模型

薛澜等学者对中国公共政策制定过程进行研究，分析了政策共同体、思想库和利益相关者的行为和作用，提出了共识决策模型。② 该模型认为，在中国政治体制下，政策参与者之间以达成共识为目标诉求，共识决策包含有限理性决策和渐进决策的内容，比如提出的政策方案是有限的，各种备选方案的取长补短以折中、协商和渐进为基本特征。

在共识决策模型看来，中国的政治制度环境是形成共识决策的重要变量。一方面，民主集中制原则强调民主和集中的辩证统一关系，在实践中体现为充分尊重集体讨论的首长决策机制；另一方面，党政合一的政府体制强化了“共识”目标，中国执政党采取委员会制的集体领导制度，从中央到地方，党的各级委员会实行集体领导和个人分工负责相结合的制度，各级党委负责重大政策制定，自然地，政策决策就会以凝聚共识为目标。

共识决策的具体方式有圈阅、会议、协调、动员、听证等多种方式。为了在部门间集聚共识，还会建立多层次的论证和反馈机制，构建机构化的政策共同体，在上下级政府、部门之间展开充分的讨论。在讨论中，参与政策制定的行动主体之间就争议进行磋商，能够折中则相互妥协，不能折中则调整语言表述，使政策内容趋向模糊，寻找各方都能接受的表述。

---

① 韩博天．中国经济腾飞中的分级制政策试验．开放时代，2008（5）.

② 陈玲，赵静，薛澜．择优还是折衷：转型期中国政策过程的一个解释框架和共识决策模型．管理世界，2010（8）.

共识决策模型展示了中国制度环境下政策决策的基本流程和显著特征，对于理解中国政策决策过程具有启发性。共识决策模型也存在局限性：第一，共识决策缺少制度化的意见分歧解决机制，不同部门之间的意见分歧没有一种清晰的审议程序和裁决机制。实际上，高层政治权威总是扮演着最终裁决者的角色。第二，共识决策过程很难保障各方参与者具有平等的意见表达渠道。由于意见表达渠道的畅通情况不一样，使得各种政策意见未能充分展开辩论，共识主要表现为有限参与者之间的共识。

2. "群众路线"模型

一些研究者通过考察中国执政党在政策制定中的群众路线，分析了政府与群众的互动机制，提出了"群众路线"模型。宁骚从政策过程的视角理解党的群众路线，认为中国政策过程在认识上经历了从"形而下"到"形而上"，再从"形而上"到"形而下"的过程，在操作中遵循"从群众中来，到群众中去"的原则，他进而提出了"上下来去"这一概念，用以表述群众路线的运作机制。① 王绍光提出，与通常所讲的公共参与模式不同，中国政策过程存在一种逆向参与模式，即决策者主动走出去，深入人民，而不是坐等群众前来参与。②

"群众路线"这一概念来自中国共产党的历史文献。大革命失败后，中共领导人总结经验教训，提出了"群众路线"这个概念。1928 年，李立三在与江浙地区党的负责人谈话时指出，在总的争取群众路线之下，需要竭最大的努力到下层群众中去。次年，毛泽东在起草的文件中也使用了"群众路线"的概念。此后，毛泽东在一系列文章中反复阐发了深入群众、尊重群众、依靠群众、动员群众、关心群众的重要意义，使群众路线的内涵逐步丰富起来。1943 年 6 月，毛泽东在《关于领导方法的若干问题》中较为系统地概括了群众路线的思想，他提出："在我党的一切实际工作中，凡属正确的领导，必须是从群众中来，到群众中去。这就是说，将群众的意见（分散的无系统的意见）集中起来（经过研究，化为集中的系统的意见），又到群众中去宣传解释，化为群众的意见，使群众坚持下去，见之于行动，并在群众行动中考验这些意见是否正确。然后再从群众中集中起来，再到群众中坚持下去。如此无限循环，一次比一次地更正确、更生动、更丰富。"③

"群众路线"模型认为，当代中国政策过程的基本领导方法是"一切为了群众，一切依靠群众，从群众中来，到群众中去"，这一方法发端于中国革命的实践探索。新中国成立以来，群众路线成为执政党的基本路线之一。它要求领导干部要经常下基层，深入群众之中，与群众打成一片，了解真正的民意，倾听群众的呼声。毛泽东把群众路线视为党的建设的基本经验。改革开放以来，"群众路线"又有了新的内涵，新的政策思路形成后，先在少数地区进行试点，总结经验后，再出台正式的新政策，在全国范围内实施。

---

① 宁骚．公共政策学．北京：高等教育出版社，2003：287－290；宁骚．中国公共政策为什么成功：基于中国经验的政策过程模型构建与阐释．新视野，2012（1）．

② 王绍光．不应淡忘的公共决策参与模式：群众路线．民主与科学，2010（1）．

③ 毛泽东．毛泽东选集：第 3 卷．2 版．北京：人民出版社，1991：899．

“群众路线”模型从中国执政党的话语体系中提炼出一个政策模型，在构建本土化的政策理论方面做出了积极努力和开拓性探索。这个模型也具有局限性。如果将本土化概念转化为抽象的一般性语言，可以看到，其他国家的政策系统也存在相似的运作过程。对政策问题的认知，都要经历从具体到一般、从具象到抽象的过程。政策制定以后，都要通过宣传解释，将抽象的政策内容转化为群众可理解的行动方案，在实践中检验公共政策的实际效果。

3. “学习-适应”分析模型

王绍光从政策议程的视角提出了“学习-适应”分析模型，以此来解释 20 世纪 80 年代以来中国取得巨大成就的内在原因。他提出，理解改革开放以来的“中国模式”，可从“适应能力”和“学习模式”两个变量入手。[①] 适应能力是指面对环境变化等因素造成的种种不确定性时，一个制度在发现和纠正现有缺陷、接受新信息、学习新知识、尝试新方法、应对新挑战、改进制度运作方面的能力。学习模式是指有意利用某时、某地有关政策或制度的经验教训来调整此时、此地的政策或制度。影响一种治理适应能力的因素有很多，王绍光认为，学习能力发挥着最基础性的作用。

政府治理需要面对各种复杂局面，要应对未知环境、不确定性、价值和利益冲突等问题。包括决策者、政策研究者和专家在内，所有人都只具备有限理性，不可能预见一切可能出现的局面，无法遇见各种可能的后果，无力做出最佳抉择。根据渐进决策理论，决策者往往是优先解决最迫切的议题，比较有限的备选方案，而不是寻找最佳方案。

这一分析模型认为，改革开放以来中国政治的学习模式发生了很大变化。王绍光以农村合作医疗体制的变迁为例，发现改革开放以来中国不仅向实践学习，还通过政策试验进行学习，不仅注重本土实践，也注重吸取其他国家实践中的经验和教训。20 世纪 80 年代以后，小范围进行的干预性试验也成为重要的学习源，旨在通过试验发现有效的政策目标和工具。另外，学习的推动者还包括政策倡导者，比如中央政府、地方政府、国际组织、国内外学术机构等，它们在政策变迁中发挥的作用越来越大。

“学习-适应”分析模型为划分政治体制提供了新的标准。该研究指出，除了传统的政体类型划分外，世界上的政治体制也可以按学习模式、适应能力来划分。这一分析模型认为，相较于是否实行竞争性选举，学习模式的优劣、适应能力的强弱对治理结果的影响更为显著。适应能力也许比其他能力更重要，不具备适应能力，富国可以变为穷国，强国可以变为弱国；具备适应能力，贫穷、落后的国家也可以逐步走向繁荣昌盛的康庄大道。

4. “路径-激励”分析模型

基于中国政府运行的制度环境，杨宏山分析了单一制与联邦制的环境差异性，根据政策路径的明晰度、激励的强度两个自变量，构建了政策执行的“路径-激励”分析模型。[②]

---

① 王绍光．学习机制与适应能力：中国农村合作医疗体制变迁的启示．中国社会科学，2008（6）．

② 杨宏山．政策执行的路径-激励分析框架：以住房保障政策为例．政治学研究，2014（1）．

其中，政策路径是指将政策内容转化为实际结果的途径，一项政策有可能详细规定政策路径，也可能予以模糊处理。激励机制是指中央政府对地方政府实施政策激励，包括正向政策激励和负向政策激励。

根据政策路径的明晰性和自上而下的激励强度，可将政策执行方式划分为四种类型：（1）全面执行。当政策路径的明晰性高、激励性强时，地方政府有很高的积极性，将其纳入常态管理，认真全面执行政策。（2）试验执行。当政策明晰性低、激励性强时，地方政府会创造条件开展政策试验。（3）变通执行。当政策明晰性高、激励性弱时，地方政府会对政策做变通处理。（4）象征执行。当政策明晰性低、激励性弱时，地方政府则会做表面文章。

“路径-激励”分析模型对于理解中国地方政府的多样化执行模式具有一定的解释力，为预测特定政策的实施结果提供了分析视角。如果政策路径不明晰、政策实施的预期收益低，地方政府就会采取象征性策略。这一理论模型也存在局限性：对于同一项政策，在同样的激励强度下，地方政府的政策执行结果存在差异性。地方政府的内在动机和学习能力的差异性，会影响到对政策意图的理解，影响到政策工具的开发应用，进而影响政策执行结果。

经过20多年的努力，国内学者的公共政策理论研究取得了一些成就，本土化的公共政策理论建设还有漫长的征程。政策理论不仅要源于实践，也要指导实践，重塑政策流程，提升公共治理质量。构建本土化的公共政策理论，需要关注中国政策运作的真实过程，识别关键变量，提炼理论框架，并在实证研究中检验和发展理论，提高理论的解释力和预测力。

本章小结

理论模型是对现实世界某个方面的简化、抽象表达，它由一组概念构成，能够解释或预测某一现象。根据目的的差异性，理论模型可分为描述性模型和规范性模型两种类型；根据表达形式的差异性，理论模型可分为概念性模型、符号性模型、程序性模型。

构建一个政策模型的基本步骤包括选定问题、明确目的、观察现象、识别变量、建构关系、简化模型等环节。政策模型具有好坏之分，好的模型更具解释力、预测力，具有更广的适用范围，具有简洁性和追问能力。

本章介绍了公共政策的一些理论模型，例如理性决策模型、有限理性模型、渐进决策模型、混合扫描模型、垃圾桶决策模型等。随着对中国研究的深入，国外学者提出了解释中国政策过程的一些理论模型，如精英决策模型、派系决策模型、官僚组织决策模型、政策规划模型、政策试验模型。随着本土研究的兴起，国内学者提出了一些本土化的政策模型，如共识决策模型、“群众路线”模型、“学习-适应”分析模型、“路径-激励”分析模型等。

关键术语

理论模型　政策模型　理性决策模型　有限理性模型　渐进决策模型　混合扫描模型　垃圾桶决策模型

复习思考题

1. 什么是理论模型？它具有哪些类型？
2. 简述理论模型的作用。
3. 简述建构政策模型的基本过程。
4. 简述理论模型建构的三种逻辑推理。
5. 评估政策模型有哪些标准？
6. 从理性视角提出的经典政策模型主要有哪些？
7. 简述渐进决策模型的内容。
8. 简述垃圾桶决策模型的内容。
9. 简述国外学者解析中国政策过程的代表性理论模型。
10. 阐述中国学者提出的有影响力的本土化政策模型。

第 4 章

政策议程

议程设置是政策过程的起点，是社会问题转化为政策问题的关键步骤。社会面临的问题很多，并非所有的社会问题都会引起政策行动者的关注，往往只有一部分问题会得到真正重视，进入政府的政策议程。了解政策问题构建中的影响因素，学习政策议程的触发机制，掌握政策议程的相关理论，可以更好地理解政策过程的发端，提升政策分析的影响力。

4.1 政策问题的含义

4.1.1 什么是政策问题

政策过程是以政策问题（policy problem）为导向的过程，社会运行中总是存在着这样那样的问题，有些问题并没有引起关注，有些问题则会引起公众或有影响力人物的关注，从而转化成政策问题。

对于政策问题的定义，政策学者们从不同的视角进行了界定。

安德森从社会需求的角度将政策问题界定为“造成人们产生需求或不满，必须给予满足或加以纠正的状况和局面”①。他认为，寻求解决问题的活动可由受状况影响的人直接提出，也可以由别人以他们的名义提出。

邓恩从目标导向的视角，将政策问题界定为“没有实现的需要、价值或改进机会”②。他提出，政策分析不仅要知道问题的前因方面的信息，也要知道有助于问题解决的价值导

① ANDERSON J. Public policy making：an introduction. Boston：Houghton Mifflin，1990：78－79.

② 邓恩 . 公共政策分析导论：第 4 版 . 北京：中国人民大学出版社，2011：50.

向方面的信息。

社会中的问题有很多，并非所有的社会问题都会引起社会关注，往往只有一部分会得到真正重视，转化为政策问题，进入政府的政策议程。另外，民众不关注的一些问题，在有影响力的人物的倡议下，也可能成为政府关注的优先问题。鉴于此，我们将政策问题界定为社会公众或一部分有影响力的人物认为某种社会状况不可取或不理想，应该引起关注并设法加以改变的社会问题。

4.1.2 政策问题的特征

有一种观点认为，政策问题具有客观性，其提出是基于特定情境下可以观察到的客观事实。这一看法面临的挑战是，在很多政策领域，具有利害关系的群体常常对客观情况具有不同的认识，对政府是否应该采取行动具有不同的态度和判断，甚至形成对抗性的看法。政策问题具有以下特征①：

1. 相互依存性（interdependence）

政策问题并不是孤立存在的，而是相互联系、相互影响的。某一领域的政策问题经常与其他问题相联系。对于相互关联、不可分割的若干问题，有时候作为一组问题予以考虑和解决比只解决其中的一个问题更容易。

2. 主观性（subjectivity）

政策问题是思想作用于环境的产物，是个人心智的产物，是从问题情境中抽取出的要素。政策问题不同于客观事实，它们是思维的产物，是通过判断将经验进行转化的结果。对于同一个现象，个人在价值观的指导下可能会做出不同的解释和判断。

3. 人工性（artificiality）

政策问题的提出、存在和改变不是自然状态的产物，而是社会有选择地确定、解释和评估的结果。只有当社会共同体希望改变某些问题状态时才可能提出政策问题。政策问题的提出不能脱离特定情境下的社会选择。

4. 动态性（dynamics）

政策问题及解决方案不是静止的，而是经常处于变动之中的。随着情境的变化，对特定问题的理解和界定也会发生变化。如果不能根据情境变化更新对问题的分析，原来有效的解决方案可能会失效。

4.1.3 政策问题的构建

政策问题来源于社会问题，是在对社会问题进行选择、解释和评估的基础上人为构建出来的议题。社会问题只有经过一定的问题提出和构建过程，才能转化为政策问题。那么，哪些因素会影响这一转化过程呢？经济、政治和意识形态等因素都会影响政策问题的

---

① 邓恩．公共政策分析导论：第2版．北京：中国人民大学出版社，2002：159-160.

构建。

首先，经济和技术水平影响着政策问题的构建。公共政策的提出是社会发展到一定水平的产物。在相同发展水平的社会中，政府面临的社会问题具有相似性。一些研究者认为，与政治、文化等因素相比，经济发展水平对构建政策问题的影响更为显著，国家的经济结构决定了政府所采取的政策类型。莎尔坎斯基甚至断言："较高的经济发展水平通常与较高水平的支出、较高的教育服务产出、较好的福利和健康水平相联系。"①

其次，政治结构和行动主体之间的博弈影响着政策问题的构建。在一定的政治结构下，政治权力在纵向和横向的分配、主要政党的力量对比、党派之间的竞争程度、政治家的权威性，以及其他力量之间的角力，都会影响并左右政策问题的构建。在竞争性选举制度下，政策议题的提出常常注重时机的选择。在临近选举时，政府提出的政策问题一般以不产生严重分歧为导向；那些易引起争议的政策议题，通常会选择在非选举窗口的时候提出。②

最后，意识形态影响政策问题的构建。政策问题是思想观念作用于环境的产物，人们的意识形态和价值观念对政策问题的构建具有显著影响。思想观念提供了一套认知和解释系统，它对于判断哪些现象存在问题、什么行为应当鼓励、什么行为应受处罚具有引导作用。不同的价值观对同一个现象具有不同的认知，从而形成不同的理解和诠释，提出的政策问题也不相同，甚至截然相反。

4.1.4　政策问题的分类

政府要应对的政策问题数量庞大、领域广泛，进行合理分类有助于深化认知，有针对性地改进政策议程。这里介绍几种常见的分类方法。

1. 问题领域分类法

根据政策问题的发生领域和成因，可将政策问题分为分配型问题、再分配型问题、监管型问题、自治型问题四类。

（1）分配型问题。这类问题是指在物品和资源、劳动和服务、权利和义务分配过程中出现的社会问题。社会交往不可避免地会涉及物质、资源、服务、权利和义务的分配，一种分配规则产生的结果，人们可能会自愿接受，也可能会不满。分配型问题的提出，源于对初次分配的规则及结果的顾虑，着力于改变初次分配存在的某些不公平状况。

（2）再分配型问题。这类问题关注某一特定群体的权益状况，致力于改变部分而不是全体成员的收益。再分配问题的提出和构建需要基于某种价值体系或思想观念。分析者在运用某些理论来诠释社会问题的成因时，需要运用一定的方法和技巧，提出问题并陈述其

---

① SHARKANSKY I. Constraints on innovation in policy making：economic development and political routine//MARINI F（ed.）. Toward a new public administration：the Minnowbrook perspective. Scranton：Chandler，1971：263.

② 豪利特，拉米什. 公共政策研究：政策循环与政策子系统. 北京：生活·读书·新知三联书店，2006：185.

导致的结果。

（3）监管型问题。这是针对管制的规则、标准及结果提出的问题。公共治理离不开必要的政府监管，监管需要成本，其收益会随着情境演化而发生变化。提出监管性问题，既要分析特定规则之下行动主体的博弈，对博弈的结果进行评估，也要分析情境变迁导致的监管收益变化。

（4）自治型问题。这是针对社会行动体自主治理中的不确定性、风险性提出的问题。自主治理是与政府治理、市场化治理不同的第三种治理机制，它在广泛的领域中发挥作用，具有不确定性、潜在风险等特点。随着风险的加大，有必要引起关注、提出政策议题。

2. 问题结构分类法

邓恩根据政策问题的结构，提出了一种新的划分方法，将政策问题分为结构优良、结构适中和结构不良三种类型。①

（1）结构优良的政策问题。这类问题涉及的决策人员对政策目标反映的效用（价值）具有一致的看法，在少数几个方案中进行政策选择，每种选择的结果或者具有确定性，或者不确定的风险较小，成本收益可由计算机辅助计算。

（2）结构适中的政策问题。这类问题涉及一位或数位决策人员，政策目标反映的效用（价值）具有一致性，备选方案是有限的；然而，每个备选方案的结果都具有不确定性，无法进行精确计算。

（3）结构不良的政策问题。这类问题涉及的决策者数量很多，各自的政策目标存在冲突，各自追求的效用（价值）不一致，无法用统一的形式进行排序。在这种情况下，政策备选方案具有多种可能性，无法逐一列出，不可能对每一种方案的结果和不确定性进行估计。可见，结构不良的政策问题是无法选择最优方案的。

在政策过程中，政策问题有相当一部分属于结构不良型，它们涉及多个政策主体，彼此的目标导向并不一致，利益诉求也不相容，甚至存在对立。在现实中，由于资源、时间和精力的限制，政策制定者往往无力考虑所有的可能方案，这就需要更多地发挥头脑风暴和有限理性的作用，提出有限的解决方案并进行比较择优。

3. 问题层次分类法

根据涉及议题的层次性，可将政策问题分为宪政性问题、集体选择性问题、操作性问题。②

（1）宪政性问题。宪政性问题是行动者所考虑的最高层次的政策问题，具有根本性、全局性的特点，也可称为“元问题”。对宪政性问题的回答直接影响着低层次问题的构建。宪政性问题涉及国家治理的基本路线、方针和政策，地方政府也可提出宪政性问题，但这

① 邓恩．公共政策分析导论：第2版．北京：中国人民大学出版社，2002：163-164.

② 这一分析受到奥斯特罗姆制度分析与发展（IAD）框架的启发。在该框架中，规则被分为操作的、集体选择的和宪政的三个层次。参见：奥斯特罗姆．制度性的理性选择：对制度分析和发展框架的评估//萨巴蒂尔．政策过程理论．北京：生活·读书·新知三联书店，2004：45-91；奥斯特罗姆．公共事物的治理之道．上海：上海三联书店，2000：84-86.

类问题的官方议程设置门槛很高，地方政府没有自主权。

（2）集体选择性问题。集体选择性问题属于次要层次的问题，它涉及公共治理的各个领域。这方面的问题提出后，须通过一定的集体审议和选择过程才能纳入政策议程。集体选择性问题须经由一定程序才能纳入正式的政策议程，解决方案须经由集体审议机制才能出台。

（3）操作性问题。操作性问题是指在日常运作中发现的具体问题，涉及计划、组织、指挥、人事、财务、福利、时间、地点、程序、规范等各方面的具体安排，这些问题容易被发现，也可及时做出调整。

4.2　政策议程的设置

4.2.1　政策议程的含义

当某个社会问题引起公众或有影响力人物的关注，要求政府采取措施予以解决时，政策议程就会启动。所谓政策议程（policy agenda），简言之，即社会问题引起高度关注，动议者向政府提出政策诉求，要求纳入政策讨论并采取行动解决问题的过程。政策议程是“公众参与和精英决策之间的桥梁”①，一个问题引起越多的人关注，就越有可能进入政府政策议程。

社会问题可能通过法定的正式程序引起关注，转化为政策问题，也可能通过非正式途径引起决策者关注，纳入官方政策议程。例如，在权威体制下，一些利益团体经常通过私人关系进行游说活动，接触政策共同体中的关键人物，争取将自身关注的议题纳入政策议程。

政策议程可分为公众议程和政府议程。公众议程（public agenda）也称“非正式议程”“系统议程”，是指某一社会问题引起公众关注，他们向政府部门提出政策诉求，要求采取措施解决问题的议论过程。公众议程是公众参与讨论的过程，是社会问题被识别、引起一部分人注意，进而扩展到广泛关注和讨论的过程。在传统上，公众议程的构建有赖于媒体、集会、沙龙、演讲、讲座等途径。在互联网时代，公众议程的构建更为方便，微博、微信等即时交流工具都可用于设置公共议程。社会问题能不能引发持续而广泛的关注，取决于特定的情境、对问题的敏感性以及公众的兴趣投向。

政府议程（governmental agenda）也称“正式议程”“官方议程”“机构议程”，是指社会问题已经引起政府机构或决策者的关注，被纳入政府议事日程。政府议程具有正式的程序安排，注重行动导向，要求在一定期限内提出解决方案并采取行动。一般情况下，社会问题是先引起部分人关注，启动公众议程，成为公众讨论的政策问题，然后，才会引起政府决策者的关注，进入政府议程。决策者也可能直接提出政策问题，不经过公众议程，直接将其纳入政府议程。

---

① COBB R W，ELDER C D. The politics of agenda-building. Journal of Politics，1971，33（4）：892－915.

社会问题进入政府议程，既要具备一定条件，也要注重问题的构建和表述方式。一般而言，社会问题如果具有明确性、社会意义、时间相关性、复杂性等特征，就更容易引起公众关注，也就更可能进入正式的机构议程。① 明确性是指社会问题界定的具体程度，问题界定得越宽泛，就越有可能进入机构议程。例如，相比界定为“儿童因煤气中毒死亡”的问题，将其界定为“农村留守儿童意外死亡”的问题更容易引起社会关注。社会意义是指社会问题的影响面，如果将问题界定为仅与提出者有关，其影响面就会很有限，而将其界定为具有广泛意义的社会问题（如将“有毒塑胶跑道”问题与“青少年健康”联系起来），则更容易引起关注。时间相关性是指问题是短期内偶发的，还是长期存在且利益攸关的，如果问题应对超出了当前意义，对未来几代人都有影响，关注度就会更高。复杂性涉及一个问题与其他问题的关联性，复杂性低的问题更容易进入正式的议程。政策问题的表达方式也会影响其进入正式议程。如果某个问题分析报告的内容冗长、语言晦涩、重点不聚焦或者语言过于偏激，则不容易引起决策者兴趣，其进入正式议程也会遇到阻碍。

一些研究还提出，如果社会问题的解决思路与政治系统的主导价值相偏离，或违背了国家治理的政治原则，就难以进入正式的决策议程。② 不合乎社会中主导性价值规范的要求，通常难以进入政策议程。

除了社会问题的特性外，政府系统的特性也会影响政策议程的设置。政府的开放程度对政策议程设置具有显著影响。政府决策过程不透明，公众不了解政府运作的议程安排，没有便捷的沟通渠道，也就无法将提出的问题输送给正式的审议系统。如果政府运作较为开放，公众与政府的沟通渠道畅通，公众议程就更容易进入官方议程。

4.2.2 政策议程的主导力量

在政策问题提出、政策议程设置中，政治领袖、行政部门、利益集团、智库机构、专家学者、大众传媒、社会团体、公民个人等行动主体都希望发挥作用。在政策议程设置中，是否存在主导性的行动主体？哪方的作用更显著？学界存在精英论和多元论两种代表性看法。

精英论者认为，政策议程中存在主导力量，在任何时候都是精英群体（包括商业、军事和政治精英）左右着政策议程的设置。有研究者分析了美国在不同时期的政策议程设定，提出在内战后相当一段时期，商业精英主导着议程设置；在“新政”时期，政治家起主导作用；在 20 世纪 50 年代，军队的精英起主导作用。③ 马克思主义认为，资本主义国家的政策议程受资本家主导，他们通过金钱收买、向政治系统输送代理人等途径，支配着政府决策。弗洛伊德·亨特对 20 世纪 60 年代亚特兰大市的统治权力进行研究，发现城市

① 斯图尔特，赫奇，莱斯特．公共政策导论：第 3 版．北京：中国人民大学出版社，2011：62.

② BACHRACH P，BARATZ M S. Power and poverty. New York：Oxford University Press，1970：54；林水波，张世贤．公共政策．台北：五南图书出版公司，1997：129－134.

③ MILLS C W. The power elite. New York：Oxford University Press，1956.

权力受制于有影响力的工商业精英。①

多元论者认为，政策议程设置是多元力量相互作用的结果。罗伯特·达尔是这一观点的代表性学者。② 他认为，在竞争性民主和代议制下，领导层是高度流动的，精英和平民之间不存在一成不变的鸿沟；社会成员可通过结社活动参加能够代表自身利益诉求的利益团体，社会中有多个政治力量，形成多种权力中心，它们分别开展活动支持或反对某方面的议题进入政策议程。

这两种理论分别提出了各自的证据。需要说明的是，多元论主要依赖于美国的政治环境。在欧洲国家，这一理论的影响力要小得多。对于威权国家来讲，多元论的解释力则大打折扣。

观察中国政策议程的设置可以看到，政治领导人和行政部门的作用十分明显。政治领导人可根据自身判断提出某个政策问题，要求政府将其纳入政策议程、列为优先考虑事项、提出应对方案。政治领导人对社会问题的认知受到其受教育程度、经历和价值观的影响。

4.2.3　政策议程的触发机制

社会问题要成为政府着手解决的政策问题，需要具有一定的催化剂，这些催化剂构成了政策议程的触发机制，在社会问题转化为政策问题过程中发挥着关键作用。格斯顿分析了议程设置的触发机制，提出触发机制就是一个重要事件把日常问题转化为一种普遍共有的、消极的公众反应，进而形成了要求变革的政治压力。③

安德森总结了在现实中推动政策议程设置的四种触发机制，分别是领导指示、危机事件、抗议活动、媒体曝光。④

1. 领导指示

政治领导人在政策议程设置中扮演着重要角色，他们拥有法定权威，可主动提出政策问题或对有关问题的分析报告做出批示，要求政府部门进行研究并提出解决方案，也有权决定是否将公众关心的问题纳入官方政策议程。现代国家的政治领导人一般由选举或任命产生，在各种政策主体中的影响力最为凸显。行政部门、专家学者、利益集团、大众传媒提出的政策问题，都要经过政治领导人的同意才能纳入官方政策议程。

2. 危机事件

突发性的危机事件引起公众广泛关注，进而聚焦事件背后的问题，往往会促使政府立即将该问题纳入政策议程。这些问题可能之前一直存在，也引起了公众讨论，但没有形成持续关注，未对政府构成压力。危机事件发生后，由于造成了严重损失，在媒体关注下，

---

① HUNTER F. Community power structure: a study of decision makers. Chapel Hill: University of North Carolina Press, 1953.

② DAHL R A. Who governs? democracy and power in an American city. New Haven: Yale University Press, 1961.

③ 格斯顿．公共政策的制定：程序和原理．重庆：重庆出版社，2001：23－25.

④ 安德森．公共决策．北京：华夏出版社，1990：72－75.

事件及背后的问题被广泛报道。在这种情况下，决策者更深切地意识到问题的严重性，为了维护政府公信力，须采取行动化解问题。

3. 抗议活动

抗议活动分为集体性抗争和个人性抗争。集体性抗争更容易触发政策议程，包括有序的集会、游行、示威、静坐等，也包括骚乱、围堵、攻击等暴力行为。大规模的抗议行动容易引起骚乱，导致危机局面，需要政府迅速采取应急行动。政府也要正视集体性抗争的正当利益诉求，及时予以回应。

4. 媒体曝光

大众传媒也被称为现代社会的“第四种权力”，它们通过报道和传播社会问题揭发“黑幕”，将社会问题转化为政策问题，吸引公众关注。被媒体曝光的社会问题往往更容易纳入政府议程。

延伸阅读

总理帮助农民工讨回欠薪

2003 年 10 月 24 日，国务院总理温家宝到重庆调研，在云阳县人和镇龙泉村与乡亲们进行交谈。农妇熊德明向总理反映说，村里大多数劳力都在云阳新县城搞建筑，一年收入有 5 000～6 000 元。但是在修建新县城中心广场阶梯的过程中，包工头拖欠农民的工钱一直不给，她爱人的工钱已被拖欠一年了。温家宝总理听后当即指示地方政府要解决好拖欠民工工资问题。

熊德明后来接受媒体采访说：“温总理来到我们村的时候，我不知道该不该把家里遇到的这点儿事告诉他。总理工作那么忙，我真怕打扰了他。但看着总理慈祥的笑容，听着他再三鼓励我们的话，一个大胆的念头闪过我的脑海——说吧！”

温家宝总理走后，当晚 11 点 15 分，熊德明家里就收到了这笔被拖欠近一年的工钱。当拿着早该属于自己的工钱时，熊德明的丈夫激动得哭了。云阳县委书记说：“温总理离开云阳的当晚 7 点半，县委、县政府立即召开紧急会议，对落实总理指示、追缴工钱进行安排。8 点半，副县长连夜带队赶赴人和镇核查情况，并找到了拖欠民工工资的老板，责令其发还民工工钱。”

原来，拖欠工钱的是云阳县的一家建筑公司，该公司在 2001 年 8 月经公开招标承建了云阳新县城广场阶梯第二标段工程，标的额为 70 多万元。2002 年底，工程通过竣工验收，云阳县新城管委会为其结算了工程款，但建筑公司却拖欠约 10 名民工 3.64 万元工钱，目的是将工程款转用于其他承包工程。

查明原因后，县委当即责成这家公司负责人将拖欠的 2 240 元工钱连夜送到村民熊德明家中，其他被拖欠民工的工资也随后全部返还。

在处理熊德明反映欠薪事件的同时，云阳县对参与新县城建设的 30 家建筑商逐一进行审查，要求限期解决拖欠民工工资问题，并出台规定："一年内若两次拖欠民工工资，建筑商将被'红牌'逐出云阳县建筑市场。"

熊德明对国家总理说了一句大实话，引发了全社会对欠薪问题的关注。在温家宝总理的过问下，有关部门对民工被拖欠工资问题进行了专项调查，发现欠薪现象并不是孤立案件，尤其是在建筑、餐饮、制衣、制鞋等劳动密集型企业中，这种现象具有一定的普遍性。2004年，国务院出台专项行动计划，决定用三年时间基本解决建设领域拖欠工程款和民工工资问题。2004年国务院工作报告指出："当前要抓紧解决克扣和拖欠农民工工资问题。……要从政府投资的工程做起，同时督促各类企业加快清欠。对拖欠民工工资拒不支付的企业和经营者，要坚决依法查处。要建立健全及时支付民工工资的机制，从源头上防止新的拖欠。"

温家宝总理亲自处理这起欠薪事件，不仅帮助熊德明一家讨回了欠薪，还直接触发了民工欠薪的政策议程。国务院启动三年行动计划后，经过努力，截至2007年3月，基本结清了建设领域拖欠工程款和民工工资的历史旧账，各地偿还拖欠工程款1 834亿元，占历史拖欠的98.6%，其中清付民工工资330亿元。①

资料来源：根据人民网、凤凰网的新闻报道整理。

4.2.4 政策议程的分类

在前文中，我们根据政策议程的行动主体的差异性，将政策议程简单地划分为公众议程和政府议程。公众议程由社会成员提出政策问题，是一个自由讨论的议程，期望政府能有所回应。政府议程是政府内部的机构及其成员提出的议程，具有一定的程序要求，比公众议程要正规，也称正式议程。政府机构包括立法、行政和司法机关，一旦它们认为需要对某个问题做出反应，就会启动政府议程。

由于媒体在公众议程设置中的影响力较大，有研究者提出应将媒体议程看作一个独立的议程，将政策议程划分为传媒议程、公众议程、政府议程。② 传媒议程通过媒体报道和讨论的议题，可以引导民众将关注点放在某些议题上；公众议程聚焦于民众广泛关注的社会问题；政府议程关注于决策者认为重要的问题。传媒议程影响公众议程的手段很多，要推动某个议题，媒体可对该方面的问题进行反复报道，可将相关报道放在引人注目的位置，互联网媒体还可针对特定群体定向推送相关信息。近年来，关于传媒议程与政府议程关系的探讨已成为热点话题。

根据政策议程是否公开，可分为公开议程和封闭议程。公开议程讨论的问题对社会开放，公众可以参与进来发表意见和看法。封闭议程并不对外开放。政府在讨论国防、战

① 2007年政府工作报告．人民日报，2007-03-18.

② DEARING J W，ROGERS E M. Agenda-setting. Thousand Oaks，CA：Sage Publications，1996.

争、对外宣传、统战、干部人事等涉密问题时，都会采取封闭讨论的议程安排。公众议程并非都是完全公开的，一些利益集团为了影响政策决策，争取对自身有利的政策方案，在构建政策问题时，也可能采取封闭议程的内部操作形式。

科布等研究者对政策议程进行了进一步细分，他们根据问题提出者的身份，将政策议程划分为外部建议模式、动员模式和内部建议模式。①

外部建议模式（outside initiation model）是指由政府系统之外的个人或团体提出政策问题，经阐释和扩散，引起社会关注。它首先进入公众议程，在公共讨论中形成一种政治压力，将其传递给政府系统，然后再进入正式的官方议程。在西方行政体制下，外部建议模式较为常见。外部建议模式提出的议题和思路在进入政府议程后，负责的机构会权衡多方利益诉求，重新设计备选方案。

动员模式（mobilization model）是指由政治领导人提出政策问题后，直接进入官方议程并通过自上而下的运作，推动设置公众议程。在此模式下，政策问题的提出者具有很高的威信，对政府系统以及广大公众具有很强的动员能力。在官方审议的同时，动员模式也可能通过征求意见、听证、发布会等途径，主动设置公众议程，寻求公众的理解和支持，并集聚民智、集思广益，广泛吸收有益意见。动员模式广泛运用于传统政府和威权政府，其领导人具有很大的权威，政策问题通常由官方提出，通过自上而下的途径进行审议。

内部建议模式（inside initiation model）是指由政府系统内部的人员或部门针对其负责的公共事务提出政策问题，在得到上司或关键领导人同意后，进入正式议程。在此模式下，政策议程可能会排除公众参与，仅限于政府内部的单位或接近决策者的群体参与，也可能在官方议程提出备选方案后，将其提交给公众议程，以争取社会支持。

需要说明的是，上述三种模式是对议程设置过程的模式化分类，每一种模式并不仅仅对应一种政治制度。既不能将外部建议模式匹配于民主制度，也不能将动员模式匹配于威权制度。在现实中，每一个国家都具有多种政策议程设置方式。在美国政策议程设置中，既有外部建议模式、内部建议模式，也有动员模式，例如美国前总统奥巴马推动的“平价医疗法案”“跨太平洋伙伴关系协定”，就采取了动员模式。

4.3 政策议程的理论

4.3.1 政策议程的阶段划分

社会问题进入正式的官方议程，须经过一定的发展阶段。戴维斯将政策议程的过程分

① COBB R，ROSS J，ROSS M H. Agenda-building as a comparative political process. The American Political Science Review，1976，70（1）：126－138.

为三个阶段[①]：（1）提出。在提出阶段，某一个公共问题引起了某些人的关注，他们提出问题，要求政府采取行动。（2）扩散。在这一阶段，问题引起了广泛关注，很多个体和社群认为需要采取行动来应对这一问题。（3）处理。在处理阶段，问题成为正式议程的事项。戴维斯认为，问题的类型是影响其能否进入正式议程的重要决定因素。基于对美国政策议程的观察，他指出，很多问题是在政府系统内部提出的，而不是经公众议程之后才进入正式议程。

纳尔逊提出了新的阶段划分方法，她将政策议程分为四个阶段，分别是[②]：（1）问题的认可（issue recognition）。在这一阶段，问题受到关注并认为政府有必要采取行动。（2）问题的采纳（issue adoption）。在此阶段，政府决定是否对公共问题做出反应。（3）问题的优先化（issue prioritization）。如果政府决定采纳某个议题，就要重新安排议程，将新问题考虑在内。（4）问题的维持（issue maintenance）。在这一阶段，针对问题提出具体建议（方案），供决策者考虑，只要建议或方案还在考虑之中，问题就维持在议程中。

纳尔逊提出的政策议程第一个阶段，与戴维斯提出的初始议程基本吻合，两者的区别在于之后的划分。纳尔逊提出，一个问题在纳入正式议程之后，政府需要重新安排议程，确定问题的处理顺序，列入优先事项会被优先考虑，不被优先考虑的事项则排不上日程，或者只是进行象征性的讨论。

4.3.2 多源流分析模型

在政策议程研究领域影响最为广泛的理论建构，当属约翰·金登的多源流分析模型（multi-stream agenda-setting model）。在一段时间内，是什么因素促使政府关注某个问题并采取行动呢？约翰·金登在垃圾桶决策模型的基础上提出了多源流分析模型。

1. 多源流分析模型的内容

约翰·金登在《议程、备选方案与公共政策：第2版》一书中，继承了垃圾桶决策模型的非理性主义分析方法，提出影响政策议程的三大源流，即问题流（problem stream）、政策流（policy stream）、政治流（political stream）。[③] 他认为，政策议程制定是这三大源流共同作用的结果。这三个源流彼此独立，具有各自的运作机制。当这三股力量汇合在一起时，政策制定的机会之窗就会打开。

其中，问题流涉及对需要处理的问题的界定。它包括问题是如何被认知的，以及客观情形是如何被界定的。[④] 客观世界只有现象和情形，问题是人为感知的结果，它包括觉察、判断、阐释等认知过程。人们认识到存在的问题后，常常通过一些数字或指标来展现

① DAVIES J C. How does the agenda get set//Edwin Haefele (ed.). The governance of common property resource. Baltimore: John Hopkins University Press, 1974: 61.

② NELSON B J. Making an issue of child abuse. Chicago: University of Chicago Press, 1984: 22-23.

③ 金登．议程、备选方案与公共政策：第2版．北京：中国人民大学出版社，2004.

④ 同③.

问题，如发病率、死亡率、就业率、基尼系数、产值增长率、出口增长率、物价上涨率等。一些重大事件、危机事件也会导致决策者关注某个问题。此外，政府项目在运行中反馈的信息也能让人意识到存在的问题。

政策流涉及解决问题的技术可行性、解决方案的预算可行性、公众的接受性、与主导价值观的协调性等内容[①]，它与政策讨论、设计和分析的过程密切相关。政策流需要发挥专业分析人员的作用，他们针对问题提出建议和方案，备选方案不是一次就能完成的，而是需要不断讨论和修改的。为此，政策流要召开讨论会、听证会，邀请专家、意见领袖和公众参与进来，探讨方案是否可行、是否与主流价值观冲突、如何完善等。这个过程也是试图“软化”议案的反对者、争取各种支持的过程。在不断地讨论和观点碰撞中，政策方案会被不断修改，逐渐走向成熟。

政治流是指影响问题解决的政治因素，包括国民情绪、利益集团之间的竞争、政府的变更、重大人事调整、舆论焦点的变化等。[②] 国民情绪的变化使某些议题受到关注并被纳入官方政策议程，甚至置于优先地位。一般来讲，与国民情绪相一致的议题更容易得到支持。政治流中各种力量发生的变化，会影响政策议程的设置。从政治的视角来看，议程设置并不是依靠科学分析和理性说服来推动的，而是通过妥协和讨价还价来实现的。

金登提出，当这三大源流汇合在一起时，政策决策的机会之窗就会打开。图 4－1 展示了多源流分析模型的基本框架。“政策之窗”是推动政策制定的难得机会，它具有稍纵即逝的特征，如果不能把握住机会，参与者就只能等待下次的开启。格斯顿指出，“政策之窗”的触发机制之一是发生重大事件，通过这类事件把日常问题转化成一种普遍关注。[③] 问题流、政治流的一系列事件经常发挥着催化剂的作用，成为打开“政策之窗”的触发机制。例如，食品安全问题事件的曝光可能会触发食品安全监管问题的官方议程。

一些“政策之窗”的开启可以预测，有些则不可预测。参与者要把握住机会，还需要在政策流中做好准备。缺乏政策分析和方案设计的政策问题，往往难以排上正式的官方决策议程。打开“政策之窗”还需要发挥政策企业家的作用。政策企业家是特定政策的倡导者，他们愿意投入时间、精力、声誉和资金，促进某一政策主张落到实处，以实现预期收益。成功的政策企业家不仅具有超出常人的政治技能、坚忍不拔的意志，还具有敏锐的触觉，能够极为准确地觉察“政策之窗”，并且在恰当的时机采取行动，促进三大源流汇合。[④] 很多政策企业家还要花费精力撰写报告、起草议案、游说重要人物，将问题和解决办法相匹配。

---

① 金登．议程、备选方案与公共政策：第 2 版．北京：中国人民大学出版社，2004：165.
② 同①184.
③ 格斯顿．公共政策的制定：程序和原理．重庆：重庆出版社，2001：23，25.
④ 同①226－231.

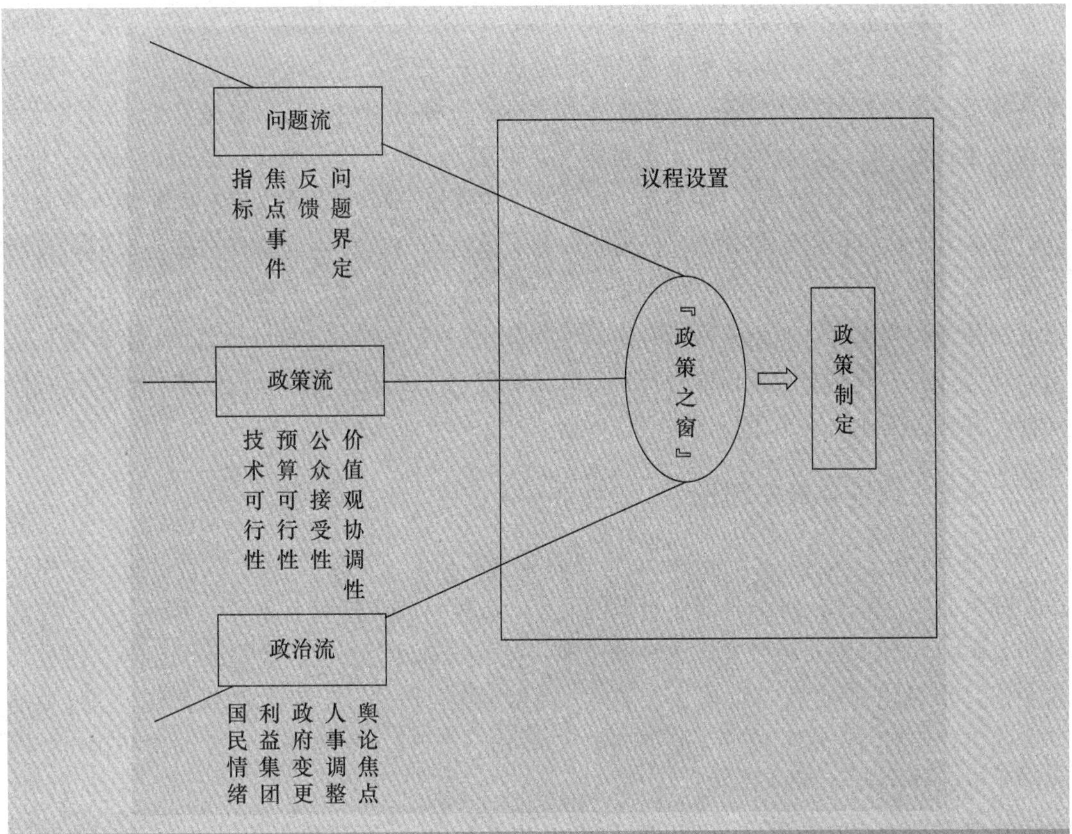

图 4-1　多源流分析模型的基本框架

资料来源：金登．议程、备选方案与公共政策：第 2 版．北京：中国人民大学出版社，2004：244-245.

2. 多源流分析模型的贡献与不足

多源流分析模型的贡献在于：

第一，阐述了偶发因素在政策议程中的作用。金登指出，在政策议程的设置过程中，问题流和政策流的形成都具有不确定性，其发展具有偶然性，这比较符合现实中的政策议程。认识到这种偶然性，有助于深化对政策议程的认识，也可人为地构建问题、创造条件，推动政策议程建立。

第二，拓展了政策议程中行动主体的范围。寡头统治理论认为政策制定由立法部门、行政机关以及特殊的利益集团组成的“铁三角”把持。① 金登提出，政策议程中发挥作用的，不仅包括民选官员、委任官员、利益集团，还包括多方面的政策企业家，如研究机构、大众媒体、竞选者、政党和公共舆论，他认为这种网络状的政策主体影响了整个政策过程。

① 道格拉斯·凯特提出，美国的政策制定由国会的专门委员会、中层行政部门、实力雄厚的特殊利益集团组成的紧密联盟控制，特殊利益集团非常擅长和参议院、众议院的专门委员会、政府部门相应的机构打交道。参见：CATER D. Power in Washington. New York：Random House，1964.

第三，具有较强的解释力。该理论提出后，不少研究者运用多源流分析框架探究具体领域的政策制定过程，不断拓展其适用范围。我国一些学者运用这一理论模型分析中国制度环境下政策议程的复杂过程，他们的工作证明这一模型在中国也具有解释力。多源流分析模型不仅可用于政策议程分析，也可用于政策制定、执行和扩散分析。[①]

多源流分析模型也存在一些不足：一方面，多源流分析将政策议程看作充满不确定性的过程，对于政策议程中主导力量的分析不够，这会导致该理论的解释力较强，但对议程发展的预测性不够。另一方面，该理论认为三大源流彼此独立，然而在政策制定中，这三大源流往往相互影响，正是这种相互影响使得政策过程具有一定的可预测性。萨巴蒂尔认为，在金登的分析模型中，政策分析者的政治态度过于冷漠。实际上，政策分析者也有倾向性，并致力于在政治流之间构建倡议联盟。[②]

4.3.3 政策企业家理论

政策企业家（policy entrepreneur）是政策议程研究中的一个重要概念。企业家和企业家精神的概念源于经济学对产业组织的研究，政策学者将其引入政策议程研究中，借此解释有影响力的个人如何促进公共政策过程，包括推动议程设置、推进政策创新、促成政策变迁。20 世纪 80 年代，政策学者在这方面做了大量研究，形成了很多文献，经过政策学者的研究积累，形成了政策企业家理论。政策企业家被视为解释公共政策变迁和政策创新的关键变量。[③]

1. 政策企业家的作用

政策企业家也称“政治企业家”（political entrepreneur）、“行政企业家”（administrative entrepreneur）、“议题企业家”（issue entrepreneur），是指那些在政策问题进入议程过程中具有重要影响的政策倡导者，他们愿意投入时间和精力（有时甚至是金钱和个人的声誉）提出政策问题及解决办法，促成重要人物关注该问题，并使公共问题与其解决方案相结合。[④] 政策企业家具有创新精神，他们致力于打破现有政策平衡，“兜售”新的政策理念，并力图将其变成新的决策方案。

政策企业家既可能是赢得选举的政治人物，也可能是行政官员，还可以是特定政策利益集团或某研究机构的专业人员。政策企业家具有以下特征：（1）愿意并能够承担风险责任。他们对共同体具有使命感，关心某些政策议题，并愿意为之做出贡献。（2）具备判断和引领政治风向的能力。他们能够认清当前形势下的政治运行逻辑并很好地利用它，借此促成重大政策改变。（3）拥有良好的管理和领导潜能。他们善于运用专业知识和各种策

---

① 曾令发．政策溪流：议程设立的多源流分析．理论探讨，2007（3）．

② SABATIER P A. Toward better theories of the policy process. Political Science and Politics，1991，24（2）：151.

③ WEISSERT C S. Political entrepreneurs，policy opportunists，and legislative effectiveness. American Politics Research，1991，19（2）：262－274.

④ 金登．议程、备选方案与公共政策：第 2 版．北京：中国人民大学出版社，2004：226.

略。(4) 具有坚持不懈的精神。他们积极推广新方案，极力促成政策变化。

有的政策企业家在政府内部任职，有的在政府系统之外活动。按照是否担任领导者角色、是否由选举产生的标准，政府内部的政策企业家可分为官僚型政策企业家、行政首长型政策企业家、政治家型政策企业家。一般而言，在政府任职的政策企业家对政策议程的影响更为直接，尤其是政治家和行政首长，他们往往具有决定性影响。

在政策议程构建方面，政策企业家根据自身的认知和判断，提出新问题，提供数据和证据支持，告知某一问题的严重性，需要紧急采取行动，并通过各种途径进行阐释。政府外部的政策企业家经常依靠媒体推动政策议题，吸引公众的注意力，保持对特定问题的关注度。政府内部的政策企业家则会依托职务权威和组织化的力量构建政策网络，通过动员、报告、演讲、说服等方式，争取其他行动者认同某一政策理念或方案。

在政策创新方面，政策企业家被描述为“多元意见的整合者”“政策方案的兜售家”“政策之窗的打开者”等角色。他们具有专业的知识素养、较高的社会地位，善于建立并维系倡议联盟，能够以敏锐的洞察力抓住稍纵即逝的政策机会。为了让新理念进入政策议程，政策企业家需要采取策略性行动，解决集体行动的难题，让参与者认可新方案。政策企业家采用的策略主要有①：找出潜在的竞争者，借助舆论削弱反对者的声音；将政策问题和方案与主流价值体系联系起来，增强政策创新的正当性；在保障核心理念不受侵蚀的前提下，同参与者达成交易，构建议题联盟，争取其他行动者的支持；开展政策试验，提供证据和数据，展现政策方案的可行性、有效性，回应外界提出的质疑。

2. 政策企业家理论的贡献和不足

政策企业家理论的贡献在于：(1) 它展现了有影响力的个人在推动议程设置、政策创新、政策变迁方面的突出作用。在政策议程中，各方主体都在发挥作用，但各自的影响力差异很大。政策企业家理论突显了特殊人物发挥的关键作用。(2) 这一理论对政策企业家的行动策略进行研究，增进了政治竞争中策略性行为的认知。(3) 政策企业家理论对于理解中国特色的政策创新路径具有较强的解释力。改革开放以来，中国政策制定的一个重要特点是开展政策试验，取得经验后，再在全国范围内推广。在此过程中，具有企业家精神的改革者发挥了重要作用，这个群体包括中央层面的政策推动者以及地方层面的政策响应者。

政策企业家理论也存在不足：一方面，这一理论的结构模型尚不清晰。已有文献大多数是案例研究，采取了事件历史分析法，在抽象的理论模型构建上还须努力。哪些是独立变量、哪些是干预变量、哪些是因变量、彼此之间是怎样的逻辑关系等，有待进一步厘清。另一方面，对政策企业家的行为动机和结果的研究也有待深化。在经济活动中，企业家精神对于推进组织再造、提升组织绩效发挥了重要作用。政策议程中的企业家精神的动机何在？发挥了怎样的作用？一些研究者提出，政策企业家善于利用机会实现自身利益，

① 朱亚鹏．政策过程中的政策企业家：发展与评述．中山大学学报，2012 (2)：156-164.

但这与民主治理的精神相背离。制度环境如何影响政策企业家的活动？民主治理是否应当鼓励政策企业家的行为？对这些问题的回答，有待进一步深入研究。

4.4 议程设置的中国模式

4.4.1 中国政治结构的解释

当代中国政治制度是在实践探索中不断发展和完善的。它包括人民代表大会制度、中国共产党领导的多党合作和政治协商制度、民族区域自治制度、基层群众自治制度等一系列政治制度。在政治权力的配置上，中国实行议行融合体制。这体现在三个方面：首先，在政党和政权的关系上，国家治理坚持中国共产党的领导，党的领导包括政治、思想和组织的领导；其次，党的建设坚持民主集中制，党的各级委员会实行集体领导和个人分工负责相结合的原则；最后，国家机构实行民主集中制的原则，人民代表大会由选举产生，国家行政机关、监察机关、审判机关、检察机关由人民代表大会选举产生，对它负责，受它监督。

1. 国外学者的解释

理解中国政治制度的基本结构，有必要对其特征进行提炼和抽象概括，提出合理的理论框架。这一框架要想具有解释力，能够在实际运作中经受得住考验，就必须准确界定中国共产党在国家治理中的核心领导地位。在这一制度安排下，党的领导不仅是对政府的领导，更是对国家治理所有方面的领导。

国外学者对改革开放以来中国政治制度的界定，普遍采用“威权主义”（authoritarianism）解释或“政党-国家”（party-state）框架（简称“党国体制”）。这两种理论的缺陷是解释中国政治制度的“分辨率”较低。按照对“威权主义”的界定，伊朗、拉美地区的很多国家也是威权制度，但中国与它们的差异很大。① 而且，改革开放以来，中国政治制度发生了很大变化，仍归为威权主义体制显然无法区分改革开放前后的变化。为了解释中国体制出现的新变化，尤其是提高理论的适应力，国外的一些学者对威权主义理论进行了某种程度的修正，在其之前加上了限定语，提出“碎片式威权主义”“有韧性的威权主义”等。②

2. 中国政治结构的新解释

为了概括中国政治制度的基本结构，有研究者提出了“六权分工”的分析框架，即中

---

① 王绍光．中国・政道．北京：中国人民大学出版社，2014：29－31.

② LIEBERTHAL K，OKSENBERG M. Policy making in China：leaders，structure，and processes. Princeton：Princeton University Press，1988；SHAMBAUGH D. China's communist party：atrophy and adaptation. California：University of California Press，2009.

共中央的领导权、全国人大的立法权、国务院的行政权、人民政协的协商权、最高人民法院和最高人民检察院的司法权、中央军委的军事权六项国家权力的分工体制。[1] 这一框架认为，“六权分工”不是将权力彻底分开，而是基于职能分工，彼此之间既有分工又有统合。不同于权力分立，“六权分工”框架认为党的领导权并不外在于国家权力，而是作为核心组成部分内在于国家权力。这一框架具有一定的解释力，但没有区分党组织和国家机关的性质，未能反映中国宪法制度的核心逻辑。如果不区分两者的性质，将党的权力等同于国家权力，则难以解释党组织经过严格的考评程序产生的领导人为什么还需要通过选举或委任程序才能上任。

2016 年 11 月，国家启动监察体制改革，目前已在北京市、山西省、浙江省设立监察委员会，监察委员会和党的纪律检查委员会合署办公。2018 年机构改革创设了国家监察委员会，在中共中央领导下统一负责反腐败工作，实现对公职人员监察全面覆盖，包括党政机关、国有企事业单位、官办社会组织等体制内单位的工作人员。这一改革到位后，中共中央直接领导的权力体系包括七大系统，从而形成“一元领导、七权分工”的格局。

中国政治体制的最本质特征是中国共产党的领导[2]，在各类组织机构中，党组织居于领导核心地位，发挥着总揽全局、协调各方的作用。各级党委实行集体领导和个人分工负责体制。重大决策由集体做出决定，党委成员根据分工原则，分别担负着党组织、立法、行政、司法、政协、军事、监察等权力系统的运行职责。党中央居于权力分工的顶层，对国家各方面的发展起到引领作用，对七大权力具有支配和统合的功能。七大权力机关在党的领导下，基于职能分工的原则，分别依法履行职责。其中，“一元领导”即中共中央统一领导国家各方面的工作，负责制定基本路线、方针和政策，做出最高决策，并动员资源保障政策目标的实现。中共中央实行集体领导制度，重大问题由委员会集体讨论做出决定，委员会成员根据集体的决定，在各自负责的系统执行决策部署。中国共产党在国家机关、人民团体、经济社会组织的领导机关中设立党组，发挥领导核心的作用。党组负责贯彻执行党的政策，讨论和决定本单位的重大问题，完成党和国家交给的任务。

“七权分工”是指党组织、立法机关、行政机关、司法机关、协商机关、军事机关、监察机关（纪检机关）按照分工原则，分别履行各自的职能。在中央层面，党组织包括中央书记处及其领导的各个工作机关；立法机关包括全国人大及其常委会、专门委员会；行政机关包括国务院下设的组成部门、直属机构、直属事业单位、办事机构；司法机关包括最高人民法院、最高人民检察院；协商机关包括全国政协机关、民主党派机关、人民团体机关；军事机关包括中央军委、国防部的组织体系。

4.4.2 议程设置的几种模式

任何社会都面临着各式各样的挑战，然而，政府应对挑战的资源是有限的。在制定公

---

① 鄢一龙．六权分工：中国政治体制概括新探．清华大学学报（哲学社会科学版），2017（1）．

② 习近平．近平著作选读：第一卷．北京：人民出版社，2023：6．

共政策时，政府往往要有所取舍，确定优先处理哪些挑战。根据议程提出者的身份与民众参与的程度，可区分出中国政策议程设置的六种模式（见表 4－1）。

表 4－1　中国政策议程设置的六种模式

		议程提出者		
		决策者	智囊	民众
民众参与程度	低	关门模式	内参模式	上书模式
	高	动员模式	借力模式	外压模式

资料来源：王绍光．中国公共政策议程设置的模式．中国社会科学，2006（5）．

1. 关门模式

关门模式是最为传统的一种议程设置模式，政策议程的提出者是决策者自身，公众并不参与其中，决策者在决定议事日程时没给公众参与留下空间，或者认为没必要争取大众的支持。在传统社会里，老百姓没有什么政治参与意识，政策议程设置主要采取关门模式。在当代中国，这种议程设置模式也没有完全消失。其基本特征是，决策者下决心出台某一政策，直接提出议题，不经由公众讨论，不考虑决策圈子之外的不同意见，也不太努力争取民众的支持。在国防、外交等高度敏感、涉密较多的领域，关门模式是政策议程的一种常见模式。

2. 动员模式

这一模式的议程由决策者提出。与关门模式不同的是，在动员模式里，确定一项议程后，决策者会千方百计地引起民众对该议程的兴趣，争取他们对该议程的支持。先有官方议程，后有公众议程。从关门模式转向动员模式具有一定的前提条件：首先，当民众的参与意识增强、参与要求较为强烈、对关门模式的正当性提出质疑时，就需要增进政府和民众之间的互动；其次，议程提出的方案在执行中需要得到民众的支持和合作；最后，决策者缺乏实施政策议程所必需的资源。在这些情况下，决策者希望通过某种方式，动员民众参与议程设置，以减少执行面临的障碍。同时，他们又不希望或不放心民众主动参与议程设置。

在新中国历史上，一些重大、战略性决策的议程设置就采取了动员模式，如“大跃进”、人民公社化运动等。在改革开放后，一些工作部署也采取了动员模式，如扫黄、扫盲、打黑、家庭联产承包责任制、“五讲四美”活动、下岗分流、安全生产月等。动员模式一般包括五个阶段：(1) 发出文件、提出要求。文件既可以采取红头文件的形式，也可以采取报纸社论、评论员文章的形式。(2) 层层传达、广泛宣传。传达往往是先党内、后党外，先干部、后群众，要求做到家喻户晓、妇幼皆知。(3) 认真学习、深刻领会。学习的内容包括文件、社论、辅导材料之类，目的是理解中央精神，明确要求。(4) 树立典型、以点带面。典型既可以是正面典型，也可以是反面典型。(5) 统一思想、贯彻落实。最后要达到的目标是形成共识，从而全面贯彻落实新政策。

3. 内参模式

内参模式的政策议程不是由决策者提出，而是由接近权力核心的官方智库（智囊）提出。在国家层面上，官方智库包括中共中央党史和文献研究院、国务院研究室、国务院发展研究中心、国务院参事室、中国社会科学院、中共中央党校（国家行政学院）等。[①] 官方智库通过各种渠道向决策者提出建议，希望能纳入决策议程。官方智库往往不会努力争取民众的支持，而是更看重决策者的赏识。官方智库有时甚至不希望所讨论的问题被公众议程关注，担心议案"曝光"可能招致反对，最终不受重视。在内参模式中，只有智囊与决策者的互动，没有民众与决策者的互动。

新中国成立初期，政治领袖对重要议题具有极强的支配性，但也存在内参模式。那时的内参模式主要与国家安全领域相关，内参主要不是来自研究机构，而是来自参谋和情报收集机构，参与方式主要是个别智囊的作品，而不是 智库的成果。改革开放以后，内参模式更为常见。现代国家治理涉及广泛的领域，其复杂性远超个人的判断和能力。这就要求改造传统的"献策"机制，建立智库机构，形成决策咨询群体，提供决策支持。可以预见，在未来的议程设置上，内参模式将会扮演更重要的角色。

4. 借力模式

借力模式也是由官方智库（智囊）提出议程，其与内参模式的区别在于，官方智库（智囊）决定将自己的建议公之于众，希望借助舆论的压力，扫除决策者接受自己建议的障碍。一般而言，政府智囊都希望直接影响决策者，而不是采取迂回的方式，不到关键时刻，政府智囊不希望因诉诸舆论而得罪当权者。这种情形的出现，一个重要原因是智囊深信自己的主张具有强大的民意支撑，而政府内部却存在反对的声音。

5. 上书模式

"上书"是指给决策者写信，提出政策建议。上书模式与内参模式具有相似之处，都是有人向决策者提出政策建议，不同之处在于建言人的身份。在内参模式中，建言人是官方智库（智囊）。在上书模式中，建言人不是专职的官方智囊，他们往往具有知识优势和一定的社会地位，拥有某种"话语权"，了解上书的渠道，提出的建议可能会被重视。

随着政府信息公开的推进，一些法律法规对政府回应公众的信息需求做出了一些规定，并具有时限要求。民众的权利意识也在增强，立场各异的人常通过上书途径表达意见，提出政策诉求。在互联网时代，上书行为还可能转化为公开信，通过网络发布争取舆论支持。为了缓和压力，政府对社会精英和群体性上书的回应性有了很大改变。上书模式在中国政策议程设置中的影响力将会进一步扩大。

6. 外压模式

外压模式是由政府之外的行动者提出议程，它与上书模式的不同在于，外部行动者对决策者施加了压力。在上书模式中，议程的提出者希望通过摆事实、讲道理的方式来影响决策者，将议题纳入官方议程；在外压模式中，议程的提出者虽然也可能采取讲道理的方式，但更注重引导舆论、争取民意支持，目的是对决策者形成压力，迫使他们将新议题纳

---

① 王绍光，樊鹏．政策研究群体与政策制定：以新医改为例．政治学研究，2011（2）．

入正式议程。

外压模式在发起的初始阶段还可以识别议案的倡导者，随着公众关注度的扩大、议案支持者的增加，越来越难分辨谁是倡导者。这时，具有广大民意基础的议案会对决策者构成巨大压力。如果大多数民众都支持新议案，公众议程就可能变为正式的官方议程。外压模式在压力集聚中，突发性的焦点事件可能会起到催化剂的作用，迅速引起整个社会的高度关注，进而迫使决策者调整政策取向。

在当今中国的政策议程设置中，这六种模式并存。在议程设置过程中，随着专家 、媒体、利益相关者和公众发挥的影响力越来越大，内参模式成为常态，上书模式和借力模式时有报道，外压模式频繁出现。[①] 观察公共政策议程的变化，可以发现中国政治的实际运作已经发生显著变化。

本章小结

政策议程设置起步于政策问题的构建，当某个社会问题引起公众或有影响力的人物关注，要求政府采取措施予以解决时，政策议程就会启动。政策议程分为公众议程和政府议程。在政策议程设置中，政治家、行政部门、利益集团、专家学者、政策分析师、大众传媒、社会团体、公民个人都希望发挥作用。哪方发挥的作用更大呢？学界存在争议，形成了精英论和多元论两种理论解释。前者认为议程设置受精英群体支配，后者认为议程设置是多元力量博弈的结果。多元论主要依赖于美国的政治环境支持，对于威权国家来讲，其解释力则大打折扣。

政策议程设置的触发机制主要有领导指示、危机事件、抗议活动、媒体曝光等。根据问题提出者的身份，政策议程可分为外部建议模式、动员模式和内部建议模式。[②] 在政策议程研究领域，金登的多源流分析模型影响最为广泛。此外，政策企业家理论也有一定的影响力。改革开放以来，随着专家 、媒体、利益相关者和公众发挥的影响力越来越大，中国政策议程设置的实际运作发生了很大变化。

关键术语

政策问题　政策议程　多源流分析模型　政策企业家理论

复习思考题

1. 什么是政策问题？它具有哪些特征？

---

① 王绍光．中国公共政策议程设置的模式．中国社会科学，2006（5）．

② COBB R，ROSS J，ROSS M H. Agenda-building as a comparative political process. The American Political Science Review，1976，70（1）：126－138.

2. 简述影响政策问题构建的主要因素。
3. 简述政策问题常见的分类方法。
4. 简述政策议程的含义。
5. 试论关于政策议程设置中主导力量的两种理论解释。
6. 简述政策议程的主要触发机制。
7. 简述政策议程的分类方法。
8. 多源流理论的基本内容是什么？有何优点和不足？
9. 政策企业家理论的基本内容是什么？有何优点和不足？

第 5 章

政策制定

政策制定是政策过程的一个重要阶段，包括对公共政策方案的规划、设计和抉择。政策问题提上正式议程后，决策者需要安排政策学习，增进对政策问题的认知，推进政策规划，提出备选方案，进行评估择优，并经由合法化程序形成具有权威性的公共政策。

5.1 政策制定的程序

党的二十大报告提出："坚持科学决策、民主决策、依法决策，全面落实重大决策程序制度。"公共政策的制定程序肇始于政策问题界定，完成于公共政策出台，包括政策议程设置、政策目标确定、方案规划和设计、方案评估和择优、政策合法化等环节。

5.1.1 政策议程设置

政策议程设置是政策制定的第一个环节，也是最为关键的环节，包括问题界定和议程启动两个步骤。如果不能界定政策问题、无法启动政策议程，就没有政策制定可言。由于资源和时间的限制，政府不可能解决所有的社会问题，只有部分问题会纳入政策议程，在特定的时间内讨论，并提出可能的解决方案。那些不被纳入议程的社会问题，即使真实存在、情形严重、风险很大，也不会引起政府关注。

政策议程的启动分为政府内部启动和外部启动两种情况。内部启动由政府机构控制着问题界定和议题表达，在这种情况下，公众即使没有提出不满意见，政府部门也可能主动提出问题，寻求解决问题的对策。外部启动由媒体或公众发起，将外部压力传给政府，希望政府采取行动，应对社会关切的问题。外部行动者对政策议程的影响存在不确定性，它并不必然导致官方议程的设立。

政府部门和非政府行动者都试图控制政策问题的界定，并通过学习和动员途径，将具有相同偏好和信仰的行动者聚焦起来，形成倡议联盟。[①] 当某一倡议联盟不能对政策议程进行垄断性控制时，其他行动者就会重新界定政策问题，争取各方的理解和支持。

在政策议程设置中，时机的把握具有高度敏感性和智慧性。一个突然的危机可能打破现有的政策议程，提出新的焦点和关注，允许不同的观点和解决方案展开竞争。对于政策共同体来讲，推进政策制定需要把握时机，利用可能出现的“政策窗口”，将关注的问题列入正式的议程。

政策问题被列入政府议程的窗口，主要有四种类型[②]：(1) 惯例窗口。这是一种常态性、周期性的政策窗口，如预算审议、年度会议等。(2) 自主窗口。决策者具有自主权的命令窗口。(3) 随机窗口。这类窗口具有不可预见性，如自然灾害、突发事件等。(4) 外溢窗口。相关问题引起关注而打开的窗口，如铁路安全事故引起民航部门对飞行安全的重视。

政策行动者在启动某一政策议程时，需要把握政策窗口打开的预兆，善于抓住并利用机会。政策窗口的打开常常是短暂的，不会敞开太久，如果错失了窗口，则需要很长时间才能找到新的机会。为了把握难得的政策窗口，政策行动者既要有一定的判断能力，也需要采取策略化行动。例如，通过改变问题的界定方式，可吸引更多公众关注特定政策问题；通过组织集体论坛，可在更大范围内集聚共识；通过与其他行动者组成联盟，可借助他方力量提升议题的控制能力。

5.1.2 政策目标确定

在正式议程启动后，政策制定者需要考虑的首要问题是确定政策目标。政策目标是制定政策时所期望达到的目的、指标和效果。政策目标可分为总体目标、基本目标和具体目标。总体目标是高度抽象的表述，也称“元目标”，用以概括整体性、宏观性的目标定位；基本目标属于中观层面的任务，也称“次目标”，它与一定领域相关联，提出具有明确价值导向的目标诉求，如坚持公平、效率、自由或安全导向；具体目标属于第三层次的任务，往往从基本目标派生出来，表现为具体的指标和效果。

政策目标是政策方案设计的基本依据，也是进行方案评估的对标物。如果目标不明确，政策设计就会失去方向。政策评估要将方案的可能后果、实际后果与初始目标相对比，看看两者之间的差距，进而思考缩小差距的手段和措施。有效的政策目标需要具备以下特征：(1) 明确性。政策目标应尽可能明晰，不能模糊不清，不能存在歧义，必要时可以设置量化指标。(2) 前瞻性。政策目标应着眼于未来，具有一定的挑战性。(3) 可行性。政策目标设定要讲究实际，不能太高也不能太低，目标群体经过努力要能够实现目标。(4) 协调性。对于多目标决策，要排列出优先次序，明确主要目标和次要目标、长远

① 萨巴蒂尔，詹金斯-史密斯．政策变迁与学习：一种倡议联盟途径．北京：北京大学出版社，2011：29.

② 吴逊，饶墨仕，迈克尔·豪利特．公共政策过程：制定、实施与管理．上海：格致出版社，2016：32.

目标和短期目标，各个目标应相互协调，尽可能规避冲突性。

5.1.3 方案规划和设计

确定政策目标之后，需要进行方案规划，设计可能的政策工具，探寻有效的行动路径，这个阶段即为政策方案规划和设计。如果说议程设置是为了界定“问题是什么”，目标确定是为了明确“做什么”，那么政策方案规划则要讨论“怎么做”。根据内容的变化性，政策方案可分为渐进式方案和创制性方案两类。渐进式方案与现行政策的差异性较小，创制性方案的问题解决思路以及政策工具与现行政策相差明显。

政策方案设计可分为两个步骤：第一步是提出解决问题的思路构想，为此，规划者需要运用创造性思维，提出实现政策目标的多种思路，形成具有多种方案的构想，勾勒每种方案的大致轮廓，形成框架性方案；第二步是对框架性方案进行细化设计，对于初步判断具有可行性的方案，需要进一步细化加工，确定方案实施的具体措施、手段和程序，以及在人力、资金、资源保障方面的要求。

政策方案设计一般需要遵循以下原则①：(1) 紧扣政策目标。政策方案设计需要紧紧围绕政策目标，科学设计行动方案。对于目标不甚明确的政策问题，则需要采取渐进决策模式，先确定框架性目标，随着事态发展逐渐深化认知，不断调整政策目标和行动方案。(2) 设计有限方案。在政策制定中，设计备选方案原则上应不少于两套，这样可进行比较和择优。当然，备选方案也不能太多，需要聚集有价值的方案，控制设计与评估成本。(3) 具有创新性。在政策设计中，提出的备选方案应具有新颖性，备选方案应具有明显差异性，这样有利于开拓思维，在比较中完善方案。(4) 具有可行性。设计备选方案要考虑政治、经济、技术上可能遇到的挑战，要切合实际，具有可操作性。

5.1.4 方案评估和择优

设计出备选方案后，接下来要对方案进行评估。政策方案评估既涉及价值和效果评估，也包括风险评估和可行性评估。其中，价值评估主要是分析政策方案的价值导向，评价其与政策目标是否一致。效果评估是对政策方案实施的结果进行分析和预测，分析其具有哪些正面效果、存在什么负面效应。风险评估是分析政策方案实施可能遇到的挑战，存在哪些不确定因素、最坏情形下会出现什么结果。可行性评估是政策方案评估最为重要的任务，涉及政治可行性、经济可行性、技术可行性、行政可行性等方面的分析。②

政策方案评估的方法和技术有很多种。邓恩概括为三种类型③：(1) 趋势推测。这是指根据过去观察到的趋势来推测未来，以归纳逻辑为基础，从个别观察中进行推理，形成一般性的结论或看法。具体方法有时间序列分析、线性趋势估计等。(2) 理论预测。这是

---

① 宁骚．公共政策学．北京：高等教育出版社，2003：340-341.

② 帕顿，沙维奇．政策分析与规划的初步方法．北京：华夏出版社，2001：205-206.

③ 邓恩．公共政策分析导论：第2版．北京：中国人民大学出版社，2002：222-225.

指根据一套规律中的因果关系来预测未来，是一种演绎逻辑方法，从一般规律到具体预测和主张。具体方法有理论图形化、因果模型、回归分析、相关性分析等。（3）判断预测。这是一种以经验和洞察力为基础、而不是以演绎或归纳推理为基础的方法。这些判断通常由专家或有识之士做出，在理论缺乏或政府数据不充分的情况下使用。具体方法有德尔菲法、交叉影响分析、可行性评价等。

对各种备选方案进行科学评估后，决策者就可以通过比较进行择优。政策方案择优也称“政策方案抉择”，即从备选方案中选择或综合出一个最佳方案。政策方案择优的标准，主要有效益（effectiveness）、效率（efficiency）、充分性（adequacy）、公平性（equity）、回应性（responsiveness）和适当性（appropriateness）等。① 这些标准有的可以同时达到，有的难以兼得。当标准之间不能兼容时应该如何权衡，这取决于决策者的个人判断。

在集体决策的情况下，政策方案择优需要对方案选择形成共识，只有这样公共政策才能制定出来。促成共识的途径主要有三种②：（1）交换。交换以利益差别为基础，行动者相互调整立场，以适应对方的某种需求，从而达成各方都能接受的行动方案。（2）说服。力求证明某个方案具有正确性和合理性，要求对方给予理解或提供支持。（3）强制。决策者利用手中掌握的权力、物质和资源，迫使其他方放弃原先所持的立场、价值和态度，服从决策者的意志。

5.1.5　政策合法化

经过评估和择优的政策方案，还需要经过一定的合法化程序才能成为公共政策。政策合法化是公共政策取得法定地位的过程，政策方案只有通过一定的行政或法律程序合法化，才能转化为公共政策，才能具有正当性、公信力和权威性。政策合法化涉及决策主体合法化、决策程序合法化、政策内容合法化三个方面的内容。③ 首先，决策主体须具有法定权力，享有宪法和法律规定的政策制定权；其次，决策程序要符合法定规范，依法履行审查、通过、批准、签署和颁布等程序；最后，政策内容不能与宪法、法律以及其他上位法相冲突。

政策合法化不同于政策法律化，前者的范畴要远远大于后者。政策法律化是指将公共政策转化为正式的法律，它依照立法权限和程序，由立法机关将比较成熟的政策方案上升为法律。法律是公共政策的表现形式之一，具有系统性和稳定性，而公共政策的形式具有多样性，除法律之外，还包括条例、规章、规则、办法、命令、宣布、批示等。不管何种形式，作为一种约束规则或实施机制，公共政策都要经由一定程序才能出台。

一般而言，法律的出台要经过提出议案、审议议案、表决和通过议案、公布议案等程序。在我国，法律草案经表决通过后，还要经国家主席签署才能正式公布。行政机关制定

① 帕顿，沙维奇．政策分析与规划的初步方法．北京：华夏出版社，2001：306.

② 林德布洛姆．政治与市场：世界的政治-经济制度．上海：上海三联书店，1996：14－15.

③ 谢明．公共政策导论．北京：中国人民大学出版社，2015.

的政策方案的合法化程序要简单一些，重要政策方案也要经过上级机构审查、会议审议、行政首长签署等程序，才能最终成为正式政策。

以上阐述了政策制定的主要阶段，这些阶段在实践中并不是完全独立的，经常会联系在一起。同时，这些阶段也不是单向的过程，当某一个环节出现问题，政策制定就会跳回前一个步骤，甚至返回起点，重新开始规划。

5.2 政策规划与学习

政策问题进入正式的官方议程后，就需要开展政策规划，研究和提出解决方案。没有严谨、细致的政策规划，就不能提出系统的政策方案。政策规划可视为一种具有明确目标导向的学习过程，规划者不仅要分析政策问题，还要学习、运用专业化知识，借鉴国内外在相关领域的经验和教训。

5.2.1 政策规划的含义

政策规划（policy formulation）也称“政策论证”，是公共部门为了解决特定的政策问题收集相关信息和资料、开展专项学习、提出解决思路、设计备选方案的过程。政策规划因解决或预防特定问题而展开，是一种前瞻性的规划行为，它与问题的性质和界定密切相关，具有明确的目的和方向。政策规划坚持理性导向，注重组织专项学习，运用相关资料、信息、知识和智慧，提出问题解决的新思路，并通过细化设计，将其转化为可操作的行动方案。

学者们对政策规划具有不同的理解，形成了两种代表性的观点。一种观点持广义的理解，将政策规划界定为政策制定的主要过程，它起始于政策问题的认定，终止于备选方案的抉择。琼斯将政策规划界定为冗长的复杂过程，包括问题界定、考察、提出解决方案、接受或拒绝可选方案。[①] 国内很多学者也持这一看法，将政策规划过程划分为政策目标确立、备选方案设计、政策方案评估、政策方案选择四个环节。[②]

另一种观点持狭义的界定，将政策规划界定为政策方案的构想和设计过程，核心使命在于提出思路、细化政策方案。豪特利、拉米什认为，政策规划就是要搞清楚有哪些可行方案，“政策规划过程包括可选政策方案的甄别，直到只剩下一个或少数几个方案留给决策者进行最后选择”[③]。在狭义的界定中，政策规划只是政策制定的一个具体环节，它发生于政策目标确定之后，其含义基本等同于政策方案的设计。

政策规划是一种常见的政策行为，政府部门的调研、会议、研讨等活动，都可被看作

---

① JONES C O. An introduction to the study of public policy. CA：Brooks/Cole，1984：77.

② 朱春奎．公共政策学．北京：清华大学出版社，2016：60.

③ 豪利特，拉米什．公共政策研究：政策循环与政策子系统．北京：生活·读书·新知三联书店，2006：214.

政策规划的组成部分。在中国政策制定过程中，政策规划的地位十分重要。中央政府制定国民经济和社会发展“五年规划”，对未来五年的全国重大建设项目、生产力布局和经济发展、社会发展、公共服务等做出规划，确定主要领域的发展方向和政策目标。“五年规划”的制定过程包括中期评估（针对上一个“五年规划”）、前期研究、形成思路、建议起草、通过建议、制定纲要、专家论证、听取意见、审议批准、正式公布等环节。除了综合性的“五年规划”外，中央有关部门就重点领域、重大问题制定专项发展规划，如《全国国土规划纲要》《全国土地利用总体规划纲要（2006—2020年）》《“健康中国2030”规划纲要》等。

根据内容的更新程度，政策规划可分为渐进式规划和创制性规划两种类型。渐进式规划属于常规式规划，对现有政策进行局部调整。创制性规划对政策问题进行全新的界定，提出的解决思路具有原创性，设计的政策方案与过去的方案具有显著差异。

5.2.2 政策规划行动者及其联盟

政策规划是多元行动者相互作用的结果。一方面，每个行动者都希望在政策规划中优先考虑自身的价值偏好和利益诉求；另一方面，在政策方案的竞争中，具有相同或相似价值取向、利益要求的组织机构和行动者也会联合起来，建立联盟或网络体系，以争取在方案竞争中具有优势。因此，分析政策规划的行动主体，既要观察个体的影响力，也要观察行动者之间的联盟关系。

1. 政策规划的行动者

政策规划的行动者不仅包括行政、立法、司法等政府机关，还包括政党、社会组织、大众传媒以及公众。一些研究发现，在美国政策制定中，大多数政策建议首先由行政部门提出，而不是由国会提出。在行政部门任职的高级官员长期参与政策制定，他们熟悉特定的政策领域及公共事务，拥有的专门知识比选任官员更丰富，在政策制定中处于有利地位。① 在中国政治制度下，与立法系统相比较，行政系统在政策制定中的主导权更为凸显，人大审议的法律草案大多由行政部门提出。

除了政府机关之外，其他多元主体也都试图影响政策规划。在美国政策制定中，利益集团发挥着重要作用，各种利益集团之间的讨价还价、磋商和妥协，直接影响公共政策的制定。有研究者提出，要想理解美国政治，就需要了解主要利益集团和它们在公共政策中的利害关系。② 美国知识界对利益集团的态度，经历了从贬低到中立或赞扬的变迁。③ 詹姆斯·麦迪逊在《联邦党人文集》中将利益集团称为“派系”或“党争”，认为它们是“为某种共同的感情或利益所驱使而联合起来的一定数量的公民，不论他们占全部公民的多数或少数，他们的利益是同其他公民的权利或社会的长远和集体利益相左的”④。托克

① 斯图尔特，赫奇，莱斯特．公共政策导论：第3版．北京：中国人民大学出版社，2011：78.

② KEY V O. Politics, parties, and pressure groups. 5th ed. New York: T. Y. Growell, 1964: 17.

③ 谭融．美国的利益集团政治理论综述．天津大学学报（社会科学版），2001（1）.

④ 汉密尔顿，杰伊，麦迪逊，等．联邦党人文集．北京：商务印书馆，1997：47.

维尔在《论美国的民主》一书中高度称赞美国人加入协会的倾向，提出“世界上没有哪个国家比美国更加成功地把协会的原则适用于实现众多的目标”，认为这是民主的基本养分。到了 20 世纪，亚瑟·本特利①、戴维·杜鲁门②等学者都对利益集团做了积极评价，认为利益集团是美国民主过程中基本的和积极的成分。

在中国政策规划中，中国共产党发挥着领导核心的作用。从中央到地方，各级国家机关、社会组织、国有企业、事业单位都要接受党的领导，执政党可利用自身的政治势能，在全国范围内进行政治动员。执政党领导着各种政策研究机构和官方智库，这些机构集中了大批专家和专业技术人员，他们运用专业知识开展政策分析，提出政策方案、意见和建议，由政策规划部门进行整合，形成系统的政策方案，供决策者进行审议。

2. 政策规划行动者的联盟

政策规划中的多元行动主体联合起来形成集体力量，以提升在政策规划过程中的影响力。为解释政策规划行动者之间的联盟关系，政策学者们提出了很多新概念，形成了一些分析框架，如铁三角关系、政策网络、政策共同体、政策子系统等。影响较大的分析框架有：

（1）“铁三角”关系。

“铁三角”（iron triangle）关系是指在政策规划过程中，利益集团、议会内设专门委员会和政府机构存在一种稳定的相互影响关系，在长期的相互影响中，这些主体之间建立了一种相互支持系统。③ 20 世纪 50—60 年代，在对多元主义政治理论的批判中，一些美国学者提出了“亚政府”（sub-government）的概念，用来描述利益集团、议会内设专门委员会和政府机构在政策决策中的相互支持、垄断决策现象。有研究者提出，这三方之间存在着一种联盟关系，就像钢铁一般牢不可破，这种三边关系被称为“铁三角”关系。④一些实证研究发现，美国的农业、交通、教育等领域受利益集团的影响较大，它们将自身利益凌驾于公众利益之上。

“铁三角”关系也受到了一些批评。不少研究发现，“铁三角”关系并不能左右一切，对于不同时期、不同议案，“铁三角”关系对政策决策的影响是不同的。⑤ 休·赫克罗提出，虽然“铁三角”关系存在于某些政策领域，但也有许多领域并非如此。他认为，政策子系统是个谱系，一端是稳定、封闭的“铁三角”关系，另一端是松散、开放的议题网络（issue network）。“铁三角”关系的参与者稳定、结构封闭，控制的公共项目范围较窄；而议题网络则范围广泛、结构松散，参与者可自由进入或退出，议题和网络都是不太稳定的。⑥

---

① BENTLEY A. The process of government. Chicago：University of Chicago Press，1908.

② TRUMAN D B. The government process. N. Y.：Alfred Knopf，1951.

③ 豪利特，拉米什．公共政策研究：政策循环与政策子系统．北京：生活·读书·新知三联书店，2006：217.

④ CATER D. Power in Washington：a critical look at today's struggle in the nation's capital. New York：Random House，1964：148.

⑤ HAYES M T. The semi-sovereign pressure groups：a critique of current theory and an alternative typology. Journal of Politics，1978，40（1）：134－161.

⑥ HECLO H. Issue networks and the executive establishment//King A.（ed.）. The new American political system. Washington，DC：American Enterprise Institute for Public Policy Research，1978：87－124.

(2) 政策网络。

政策网络也称“议题网络”，是指在政策规划过程中，行动主体为了增进自身利益形成的互动网络。所有的政策网络都建立在特定的利益基础之上，行动者参与网络的目的在于促进自身目标，增进自身利益。罗兹认为，政府不同分支、不同部门之间的相互关系，以及政府与其他社会组织之间的互动关系构成了政策网络，这个网络有助于政策的形成和发展。① 政策网络具有紧密和松散的区分，紧密型的网络对成员具有资格约束，参与者具有稳定性，并要承担一定义务，这类网络往往控制一定资源，影响力也更大；松散型网络占有的资源较少，成员的流动性更大。

从连接的纽带来看，政策网络可分为三种类型，分别是：(1) 以资源依赖为纽带。行动者之间基于资源依赖，相互之间形成联盟关系，彼此基于互惠进行资源交换和合作。(2) 以共同信念为纽带。萨巴蒂尔提出的倡议联盟就属于这种类型，在意识形态、价值观念方面持相近立场的行动者，彼此结成联盟，不同联盟之间进行相互竞争。(3) 以共同话语为纽带。这种联盟不是基于共同信念，而是基于共同的概念和术语，用以构建某个政策议题，并赋予其社会意义。在话语联盟中，行动者之间的相互依赖并非基于权力或收益，而是基于认知、情感、意义等判断。与信念联盟相比，基于话语联盟构建政策网络的门槛更低。

政策网络提供了一个分析政策过程的新框架，它以行动者为研究的基本单元，关注行动者之间的相互作用和相互影响。同一个政策议题同时存在着多个政策网络，同一个行动者也会参与不同议题的政策网络。政策网络的内部关系越紧密，成员资格就会越稳定。

(3) 政策共同体。

政策共同体 (policy community) 也称“倡议联盟” (advocacy coalition)，是指对政策议题有某种见解的政策行动者，以共同的价值观、知识为基础构建的紧密型联盟关系。政策学者萨巴蒂尔及其同事提出的倡议联盟框架认为，在政策规划中一些具有共同政见的人会结成联盟，以求影响规则、预算和政府机构的认识，从而达到自己的政治和经济目的。② 政策共同体的主体包括政府主体和社会主体，它们来自国家和社会的各个层面，具有共同的信念和偏好，以意识形态为基础形成联盟，为了共同的诉求而自觉地走到一起。

政策共同体属于政策网络的一种形式，其成员之间的相互关系更为紧密，网络内部的整合程度更高。政策共同体具有强烈的动机推进政策规划导向的学习。其中，对现行政策持批判立场的共同体会提供各种证据，以证明现行政策存在问题，而支持现行政策的共同体则要证明不存在绩效差距。如果双方势均力敌，政策共同体之间就会出现竞争和辩论，每一方都试图说服对方，证明自己的观点是正确的。如果一方占据压倒性的优势，反对者则会积聚力量，期待有机会再进行较量。

---

① RHODES R A W. Power-dependence, policy communities and intergovernmental networks. Public Administration Bulletin, 1984, 49: 4-31.

② 萨巴蒂尔，詹金斯-史密斯．政策变迁与学习：一种倡议联盟途径．北京：北京大学出版社，2011：16.

（4）政策子系统。

政策子系统（sub-system）是一个更宽泛的概念，是指行动者及相互作用形成的复杂体系，它涵盖行动者之间的各种组合和联盟关系。政策子系统既包括前述的“铁三角”关系、政策网络，也包括政策共同体。鲍姆加特纳、琼斯观察到在政策议程中，为了支持自身的立场，行动者会提出各自的证据，互相进行讨论，试图在争论中说服对方。① 萨巴蒂尔在政策变迁分析中提出，子系统成员的改变会导致政策结果的重大变化。

根据一定的标准可对政策子系统进行分类。政策学者提出了各种各样的分类标准，自变量包括行动者的性质、整合程度、成员的数量、成员的开放性、控制的资源情况等。行动者在性质上可分为国家机构、社会组织及其成员。根据行动者的性质、数量，政策子系统可分为四类（见表 5-1）②：（1）官僚网络（bureaucratic network），即政府行动者支配的小型网络，例如在航天、新材料、核能等高新技术领域常见这种模式；（2）三角网络（triangle network），具有支配性影响力的社会行动者与政府结成联盟；（3）多元主义网络（pluralist network），行动者的数量众多，政府行动者占据主导地位；（4）议题网络（issue network），多元行动者介入，社会力量占主导，竞争激烈。

表 5-1　政策子系统的分类

行动者的性质	行动者的数量	
	少	多
国家机构	官僚网络	多元主义网络
社会组织及其成员	三角网络	议题网络

5.2.3　政策学习的含义及分类

在政策规划中，行动者需要组织有导向的政策学习，从已有研究中获得启迪，从历史中汲取经验教训，借鉴其他地区可供参考的新实践，从而拓宽视野，提出新思路，形成新方案。

1. 政策学习的概念

政策学习也称“政策导向的学习”（policy-oriented learning），是一种根据过去政策的结果和新的信息调整政策目标和工具的努力，以更好地实现政府的使命。政策学习具有以下几个特点：（1）政策学习的目的具有导向性，它是针对政策问题开展的学习行动；（2）政策学习的对象（学习源）具有跨时空性，包括过去和现今、中央与地方、国内与国外的治理实践；（3）政策学习的动力来自一种不满足于现状的追求，学习者认为现行政策的结果与期望的效果之间存在差距；（4）政策学习的结果是增进认知，可能是吸取经验和教训、调整政策方案，也可能是模仿或借鉴某些政策手段。

① 鲍姆加特纳，琼斯．美国政策议程中的不稳定与变迁．北京：北京大学出版社，2011：224-225.

② 浩特，罗密西．政策子系统框架和政策改变：政策过程的后实证分析．国家行政学院学报，2006（1）.

政策学习研究发端于20世纪70年代。赫克罗是最早在这一领域开展研究的学者，他认为政策学习是一种无意识的行为，是政府“为应对某些可感知的刺激而做出的反应”①。根据赫克罗的观点，政策学习是政策制定者应对外部“环境”变化的行为，当环境发生改变时，公共政策要取得成功，决策者就必须适应这种变化，持续根据新的形势做出反应。

与赫克罗的观点不同，霍尔认为政策学习是一种有意识的行为，其目的是让政府更好地实现目标。② 霍尔拓展了对政策学习的理解，指出除了政府学习之外，还存在一种更广泛的社会学习（social learning），它源于政府系统之外，对决策者的价值导向和政策选择具有约束作用。在政策制定的过程中，很多议题领域是先有社会学习，然后才促进了政府学习。换言之，很多政策议题的学习过程实际上是外部学习传导给政策制定者的结果。

2. 政策学习的类型

（1）内生学习与外生学习。

根据学习主体的性质差异，政策学习可分为内生学习和外生学习两种类型。③

内生学习发生于政府内部，它与正式的政策议程并行，政策网络较小，学习者之间的关系较为紧密，学习的目标是掌握政策议程启动的背景、探索可供选择的政策工具。有研究者将这种学习称为“吸取教训”（lesson-learning）。④ 这些教训主要来自对过去政策运作的总结，关注哪些政策工具取得了成功、哪些并不成功，政策环境发生了什么变化、可能采取哪些工具，新工具在政治、经济、技术上的可行性，行政上是否可操作。

外生学习发生于政府系统的外部，政策网络涉及广泛的政策群体，行动者之间的关系较为松散，他们对政策问题的界定存在差异，对政策目标及工具选择也有多种意见，甚至针锋相对，解决思路和政策取向截然对立。外生学习属于社会学习的范畴。通过外生学习的过程，在更广泛的社群中凝聚共识，往往是推动重大政策变革的重要动力。

（2）建构性学习与工具性学习。

根据学习内容的目标导向，政策学习可分为建构性学习与工具性学习。

建构性学习是关于问题界定、思路探寻方面的学习活动，具有建构的性质，关注解决问题的基本思路、基本方向和基本结构，目的在于提出粗线条的、框架性的轮廓。建构性学习具有自由探索性、开放性和战略性的特征。“务虚会”就属于建构性学习，它关注战略层面的政策问题，通过学习讨论提出政策制定的基本路线、纲领和原则，不讨论具体的政策目标、工具和手段。前面讲到的社会学习大多属于建构性学习，聚焦问题界定和解决问题的基本思路。

---

① HECLO H. Modern social politics in Britain and Sweden：from relief to income maintain. New Haven：Yale University Press，1974：306.

② HALL P A. Policy paradigms，social learning and the state：the case of economic policymaking in Britain. Comparative Politics，1993，25（3）：275－297.

③ 豪利特，拉米什．公共政策研究：政策循环与政策子系统．北京：生活·读书·新知三联书店，2006：304.

④ ROSE R. What is lesson-drawing?．Journal of Public Policy，1991，11（1）：3－30.

延伸阅读

1978年国务院务虚会

1978年7—9月召开的国务院务虚会，通过总结30年经济建设的经验教训，研究国外经济发展的成功经验，提出改革开放思想，对党的十一届三中全会、1979年理论工作务虚会产生了直接影响，成为酝酿改革开放的一次重要会议。

1978年下半年，中国经济的恢复和发展取得了明显成效。与此同时，由《实践是检验真理的唯一标准》一文引发的真理标准问题的大讨论，在全国范围内轰轰烈烈地开展起来。及时结束大规模的群众性运动，将工作重点转移到经济建设上来，加快经济发展的步伐，缩小与先进国家的差距，成为广大干部群众的共同愿望。

为了了解外部世界，借鉴学习外国经济建设和管理的先进经验，1977年，邓小平等领导人共21次出访了51个国家。1978年上半年，中央又派出两个代表团出国考察。1978年3—4月，以国家计委副主任林乎加为团长的经济代表团对日本进行了考察。1978年5—6月，国务院副总理谷牧带领代表团访问了法国、瑞士、比利时、丹麦和联邦德国，这是新中国首次向西方发达国家派出国家级政府经济代表团，受到了急于寻找市场的西欧五国的高度重视和热情接待。

1978年6月，考察归来的林乎加、谷牧分别向中共中央政治局做了汇报，介绍了发达国家的基本情况和发展经验，建议要充分利用、大胆引进国外的资金，加快国内的经济建设。林乎加在汇报中总结了日本战后经济快速发展的三条主要经验：大胆引进新技术，充分利用国外资金，大力发展教育事业和科学研究。谷牧在汇报中提出，二战后西欧发达国家的经济确有很大发展，尤其是科技日新月异，它们的资金、商品、技术要找市场，都看好与中国发展关系；国际经济运作中有许多通行的办法，包括补偿贸易、生产合作、吸收国外投资等，我国可以研究采用。

林乎加、谷牧等人的介绍和建议引起了中央领导的高度重视。邓小平听了汇报后说："下个大决心，不要怕欠账，只要有产品就没有危险。不要老是议论，看准了就干。"根据中央主要领导的提议，决定在国务院召开务虚会，"一面议，一面定了就办，看准确了就要干"。

1978年国务院务虚会从7月6日开始，到9月9日结束。会议由中共中央副主席、国务院副总理李先念主持，国务院副总理谷牧具体负责会议的日常工作。会议形式灵活、气氛宽松，大家自由提问、各抒己见。会议基本上是每次进行半天，半天后各自回单位工作。参加会议的人员与平时上下班一样，不住会。会议分为两个阶段：7月6日到8月3日是会议的专题讨论阶段；9月9日到11日，是会议的总结阶段。8月4日至9月8日休会。会议先后延续了2个月零5天，实际进行了23天，其中7月份18天，8月份2天，9月份3天。

7月6日下午，会议开始。国务院副总理、各经济部门负责人共47人出席，李先念讲话，谷牧传达中共中央对会议的原则意见。这次会议的目的是通过总结30年来经济建设的经验教训、研究国外经济的成功经验，讨论如何加快我国现代化建设的速度。

1978年国务院务虚会上有两个重要的发言：一个是7月28日胡乔木在会上的长篇发言，另一个是9月9日李先念的总结报告。

7月28日，胡乔木就“按照经济规律办事、加快实现四个现代化”问题做了发言。他系统地总结了我国经济建设中正反两个方面的经验和当时社会上对经济规律的认识；讲了尊重客观经济规律、反对长官意志决定问题；提出要发挥中央、地方、企业和个人四个积极性；提出必须尊重客观规律，不断总结经验，逐步建立起一套适应现代化需要的管理制度和管理方法。胡乔木提出，只有把社会主义制度的优越性同发达国家的先进科学技术和管理经验结合起来，才能够加快实现四个现代化。

9月9日会议结束时，李先念做了总结发言。发言共分为六个部分：抓紧大好时机，加快实现四个现代化的速度；加强综合平衡，在统一的计划下发挥中央、地方和企业的积极性；搞好技术引进，努力扩大出口；有关农业的几个问题；有关工业的几个问题；搞好领导班子的整顿，改进领导作风。这个报告较系统地提出了一些重要观点和举措，实际上是这次会议的主题报告。李先念讲话结束后，9月10日上午和11日上午，参会人员分组讨论了李先念的总结讲话。

1978年国务院务虚会具有五个特点：一是时间比较长。会议持续了2个月零5天，实际进行了23天。二是会议形式灵活、气氛宽松。会议基本上是每次进行半天。出席会议的人数不完全固定，有时40多人，有时50～60人。出席会议的代表主要是国务院各重要部门的负责人。专题讨论基本上是先由各部门谈本部门的情况，然后大家就所介绍的情况展开讨论。会上可以自由发言，可以提问、插话。三是会议主要是务虚，未做决定。会议虽然没有做出决议，但对后来影响较大。四是会议被高度重视。会议是由中共中央主席、国务院总理倡议召开。五是会议目的明确、重点突出。会议重点讨论了如何加强技术引进、扩大外贸出口、采取灵活方式利用国外资金等问题。

这次务虚会以加快经济建设速度为主题，在总结新中国成立以来经验教训的基础上，大胆地探讨了经济体制中存在的问题，如对不重视经济管理、以政治干预经济等错误做法提出了批评并做了检讨；提出了改革生产关系和上层建筑的意见，强调要按经济规律办事，提高经济管理水平，发展农村多种经营，发挥经济手段和组织的作用，实行专业化，发展合同制，贯彻按劳分配的原则，扩大企业的经济自主权。会议要求有关部门尽快提出贯彻上述原则的具体措施。

这次会议虽未形成决议，但7月28日胡乔木在会上的长篇发言和9月9日李先念的总结报告产生了很大影响。9月底，李先念的总结报告被中共中央转发。胡乔木的发言事后又经过多次修改，于10月6日在《人民日报》上以《按照经济规律办事，加快实现四个现代化》为题发表。

务虚会关注的主题和提出的观点被后来几次重要会议进一步讨论，并转化成了中央正式决策。9月5日至11月3日召开的全国计划会议进一步讨论了相关议题。全国计划会议的重要成果是确定了经济战线必须实行三个转变：一是从上到下都要把注意力转移到经济生产和技术革命上来；二是从不计经济效果、不讲经济效率的官僚主义的管理制度和管理方法，转移到按照经济规律办事、把民主和集中很好地结合起来的科学管理的轨道上来；三是从闭关自守或半闭关自守状态，转移到积极地引进国外先进技术、利用国外资金、大胆地进入国际市场上来。

1978年国务院务虚会在历史发展的关键节点迈出了大胆探索的重要一步，为即将召开的中央工作会议和党的十一届三中全会做了准备，对全党实现工作重心的转移、实行改革开放，在理论上和实践上都起到了积极的推动作用。这次务虚会上提出的改革开放思想在党的十一届三中全会上转化为党的重要决策。党的十一届三中全会做出以经济建设为中心、进行改革开放、加快社会主义现代化建设的伟大战略决策。在国务院务虚会和全国计划会议以后，全党在对外开放、引进国外的先进技术和设备、学习国外的先进管理经验等问题上达成了一些重要共识。

资料来源：李正华．1978国务院务虚会研究．当代中国史研究，2010（3）；黄黎．国务院务虚会：十一届三中全会的准备．党史博彩，2018（11）.

工具性学习是在设定的约束条件下对解决问题的具体手段、方法和工具的学习。工具性学习是带有约束条件的学习，它以建构性学习形成的共识为前提，是对基本理念、基本思路、基本原则的细化。与建构性学习相比，工具性学习具有约束性、内部性、策略性的特征①，学习网络的规模较小，关注技术、方法和工具等问题，目的在于落实建构性学习达成的共识。

对于政策制定来讲，建构性学习与工具性学习都很重要，两者必不可少。没有建构性学习，工具性学习容易迷失方向，陷入反复折腾之中，导致事倍功半甚至南辕北辙；失去了工具性学习，建构性学习就会变成空中楼阁、不接地气，或者天马行空、落不下来。

3. 进一步的类型划分

根据学习的发动者、学习的难度两个变量，可进一步将政策学习划分为四种类型（见表5-2）。

表5-2　政策学习的类型划分

		学习的发动者	
		政府	社会
学习的难度	高	官方智库学习	民间智库学习
	低	政府学习	社会学习

① MAY P J. Policy learning and failure. Journal of Public Policy，1992，12（4）：331-354.

官方智库学习，由政府发起，学习议题难度较大，带有研究性质，需由专门机构及其专家承担任务。现代政府设有多个政策研究机构，通过组织专项学习深化认知，提出新的政策方案。

政府学习，由政府发起，面向内部相关人员，学习议题难度较低，目的在于提高认知。面对外部环境变迁，公务员能否有效应对取决于其知识储备状况。这些知识包括价值观和相关理论，也包括特定领域的最新科学技术知识。

民间智库学习，由社会力量发起，学习内容带有研究性质，学习者需受过专业化训练，掌握一定的理论和方法，普通社会成员既不具备这方面的能力，也缺少学习的兴趣，只有特定领域的社会精英才有兴趣介入。随着社会多元化的发展，社会力量为了影响政策制定，也会组织民间智库，聘请专业分析人员开展政策学习。

社会学习，由社会发起，学习的内容广泛，学习的难度不大。社会学习如果聚焦特定政策领域，在互动中形成广泛共识，可能会导致重大政策变迁。

4. 政策学习中的政策转移

在全球化时代，随着国际交流的开展，政策学习出现了跨国性的政策转移现象，很多成功的公共政策会从一个国家转移到其他国家。所谓政策转移（policy transfer），是指一个国家（地区）采纳其他国家（地区）的公共政策来解决本国（地区）所面临的类似政策问题的过程。随着全球化的发展，跨国公司、国际组织对国家制定公共政策的影响不断增强，各国经济体系的框架性安排呈现出一定的趋同特征。随着国家间交往的增多，在面对类似的政策问题时，为了减少认知成本，快速缓和矛盾，后发国家可能借鉴先发国家的某些政策安排。

根据政策借鉴的程度，政策转移可分为以下几种情况①：（1）复制（copying），即全面照搬其他国家的某项政策；（2）仿效（emulation），即借鉴政策设计的理念、目标和工具，根据本国情况进行变通；（3）结合（combination），即外部借鉴与本土经验并用，实行土洋结合；（4）启迪（inspiration），即从其他国家的政策安排中获得启发和灵感，运用新的理念、科技来设计新的政策工具，更好地适应本土的政治、经济和社会环境状况。

根据政策制定者的意愿程度，可以将政策转移分为自愿转移（voluntary transfer）和被迫转移（coercive transfer）两种类型。在这两者之间还存在过渡类型，如决策者可能是自愿接受外部的某项创新性政策，也可能是双方达成交易的结果，接受政策转移须以一定的条件为前提。

除了国家之间的政策转移，在一国内部也存在广泛的政策转移现象。地方政府在政策规划中不仅要学习领会中央政策的精神，也要学习借鉴其他地区的成功经验。在政策规划中既要重视其他地区的经验，也要考虑自身环境，做到理性对待、合理借鉴，避免可能出现的“南橘北枳”现象。

---

① DOLOWITZ D P，MARSH D. Learning from abroad：the role of policy transfer in contemporary policy-making. Governance：An International Journal of Policy & Administration，2000，13（1）：5－23.

5.3　政策决策体制

5.3.1　决策体制的类型

根据最终决策权的配置情况，公共政策的决策体制可分为个人决策制、群体决策制两种类型。

1. 个人决策制

个人决策制也称“首长制”，是指由个人掌握最终决策权的决策制度。在个人决策制下，行政首长有权做出最终决定，其他成员均为行政首长的幕僚。个人决策制历史悠久，在此制度下，其他人只有建议权而无决策权。在专制制度下，政策制定普遍实行个人决策制。今天，随着行政权与立法权、司法权相分离，立法机关和司法机关的决策活动引入新制度。然而，各国的行政系统仍普遍实行首长制。

以美国联邦政府为例，总统作为政府首脑，拥有行政全权。总统在进行重大决策时往往要召开内阁会议，听取内阁成员的意见，但内阁成员只是提供咨询服务，总统拥有最终决定权。在总统负责制下，总统召集部长开会讨论重要问题，即使多名部长反对某一方案，只要总统支持该方案，结果将是方案通过。

中国行政系统也实行首长制。其中，国务院实行总理负责制，各部委受国务院统一领导，对国务院总理负责；各部委实行部长、主任负责制，在部委做出重大决定前要召开部委会议讨论，由部长、主任做出最后决定。

个人决策制的优点是权力集中、当机立断、效率较高，能够快速决断，迅速做出回应，也有利于明确责任、减少扯皮；缺点是个人的知识、经验有限，认知和判断能力也是有限的，难免存在考虑不周之处，且容易导致权力滥用。个人的精力有限，独断专行会推延决策，导致议题堆积，出现决策议题拥挤的问题。

2. 集体决策制

集体决策制也称“群体决策制”，是指最终决策权由两个以上成员构成的集体掌握，根据协商一致或少数服从多数的原则做出决定。群体决策制主要针对复杂的决策问题，有些决策涉及多个变量、多重目标，具有不确定性、动态性、模糊性，个人难以胜任，需要发挥集体的智慧，集体审议、集体表决。

集体决策制有委员会制和全民公决制两种形式。委员会制也称“合议制”，其决策权由一定委员组成的委员会共同行使。瑞士联邦政府实行委员会制度，联邦委员会是国家最高行政机构，实行集体领导、集体决策原则。瑞士联邦委员会由 7 名委员组成①，委员会

① 1848 年，瑞士制定联邦宪法，确立委员会制为国家的政体形式，并延续至今，成为唯一长期实行委员会制的国家。瑞士联邦委员会由联邦议会选出的 7 名委员组成，从中再选出正、副主席各 1 人。瑞士联邦委员会的主席任期 1 年，期满由副主席升任，同时另选出新的副主席，主席、副主席均不得在次年连选连任。主席和各委员之间地位平等，进行集体议事，对内负责主持会议，对外代表委员会行使国家元首的礼仪性职责，职权很有限，无任何特权。委员会任期 4 年，负责执行议会通过的法律，无权解散议会。委员会的决议若遭议会否决，委员会无须辞职，议会也无权通过不信任投票推翻委员会。参见：曹沛霖．西方政治制度．北京：高等教育出版社，2000：302－304.

主席、副主席、各委员之间地位平等，委员会决策以集体形式做出，结果由集体负责。委员会成员担任各部行政首长，主管部门的行政事务，但涉及政务均须集体议决。

全民公决也称“公民表决”，是由全体成员通过投票对涉及自身利益的重大问题做出决定。全民公决是直接民主的一种形式，它针对重大议题，由公民通过投票表达同意、反对或弃权，然后根据表决的结果达成决策。全民公决一般用于直接选举决定领导人、对重大改革或决定进行公决。

集体决策的优点是：能够集思广益，减少决策失误，提升决策的科学性；可吸收多方面的意见，增进利益协调，寻求最大公约数，提升决策的合法性和公信力。其缺点是：需要进行商讨，决策较为迟缓；实行集体负责，责任分散，容易出现不负责投票的现象；决策的成本较高，组织集体讨论、大规模的投票行为会增加决策成本。

5.3.2 集体决策的规则

集体决策需要通过投票表决才能得出结果。怎样才能保证集体决策既有效率又能代表公共利益呢？这就涉及集体决策的规则问题。

1. 全体一致规则

全体一致规则（unanimity rule），又称“一致同意”规则、“一票否决”规则，是指在所有参与决策者都同意或者在没有任何一票反对的情况下，政策方案才能表决通过并转化为公共政策。根据这一规则，只要其中一个投票人投了反对票，政策方案就会无效。根据联合国安理会的决策规则，常任理事国的投票采取全体一致规则，中、美、俄、英、法这五个常任理事国，只有在无任何一方投反对票的情况下才能通过议案。全体一致规则具有以下特征：（1）决策者的地位平等，每个决策者都对政策方案拥有决定权和否决权；（2）决策诉求以“帕累托最优”为导向，确保各方决策者都能从中受益；（3）达成决策通常需要反复协商和讨价还价，确保各方都能接受最终方案。

在全体一致规则下，所有决策者都能通过投票来反对不利于自己的方案，决策者中没有人会因此而受损失。从结果诉求来看，这一规则展现了无限美好的景象。然而，在实践中，这一规则的应用并不广泛。原因在于，全体一致规则存在以下缺点：（1）决策成本过高。全体一致规则要求征得每个人的同意，为了达成协议须耗费大量的精力和时间，有时甚至经过多轮磋商也达不成共识，导致协议“流产”。（2）助长策略行为。在此规则下，每位决策参与者都享有否决权，它会鼓励人们运用“策略行为”来争取自己所偏好的方案。

尽管全体一致规则存在缺点，但它还是受到了一些公共选择学者的推崇。规范地来看，全体一致规则的意义在于：第一，它可以保护每个成员免受其他成员的强制，不会因集体行动而利益受损；第二，它可以平衡各成员之间的利益冲突，为了争取达成集体行动，那些受益较多的成员会有所让步。① 在现实中，全体一致规则主要适用于委员会体

① 黄恒学．公共经济学．北京：北京大学出版社，2002：126.

制，这一规则要求参与者人数有限，且决策议题属于重大政策问题。

2. 多数规则

全体一致规则的决策成本过高，难以满足大量的常态决策需求。在现实中，集体决策通常采用多数规则。多数规则（majority rule）也称“多数同意规则”，就是实行“少数服从多数”的原则，一项政策方案须经多数人投票赞成才能获得通过。

多数规则可分为简单多数规则和绝对多数规则两种形式。简单多数规则也称“相对多数规则”，是指在多种决策方案中，哪一种方案得到的赞成票最多，哪一种方案就胜出，它不要求赞成票必须超过半数。简单多数规则是集体决策中应用最广泛、程序最简单的一种决策办法。

绝对多数规则也称“过半数规则”，它要求投票结果必须反映大多数人的意愿，赞成票必须超过明确规定的比例。在实践中，针对不同议题，绝对多数规则要求投赞成票的比例也有差别，如 1/2 通过、2/3 通过、3/4 通过。

5.4 政策决策理论

决策过程在政策过程中居于核心地位，学者们围绕政策决策过程进行研究，提出了很多有影响力的理论解释。从逻辑建构的视角来看，政策决策理论分为两种类型：一种从博弈的视角，关注行动者之间的互动及其结果；另一种从认知的视角，关注决策者的理性状况及目标选择。

5.4.1 博弈维度的决策理论

政治博弈维度的决策理论关注政策制定中行动者之间的互动、博弈及其结果，聚焦于占主导地位的行动者。该研究视角的代表性理论有精英主义理论、多元主义理论、国家主义理论、合作主义理论、专业主义理论。

1. 精英主义理论

精英主义理论（elitism theory）认为，政策主体可分为精英和大众两个群体，精英在决策过程中占据主导地位，公共政策主要反映了精英的偏好和价值诉求，大众在相当程度上受精英操纵。在这一理论看来，精英是社会中的少数人群，包括高级官员、国会议员、企业家、知名学者等，他们在心智、能力、社会地位、资源占有上处于优势，其立场和观点具有更大的影响力。

精英主义思想的源头可追溯到古希腊的柏拉图，他在《理想国》中把社会分为三个阶层：受过严格哲学教育的统治阶层、保卫国家的武士阶层、平民阶层。他鼓吹“哲学王”治国，认为只有哲学家才能把握国家的最高理念——“善”，只有哲学家才有资格执政。20 世纪上半叶，莫斯卡、帕累托、米歇尔斯、熊彼特等学者较为系统地阐述了精英统治思想。米歇尔斯提出“寡头统治铁律”的概念，认为寡头统治是任何社会试图组织集体行动时的必然结果，是人们无法改变的“铁律”。①

政策科学诞生后，精英主义理论一直是政策决策研究的重要理论之一。托马斯·戴伊在《民主的嘲讽》《自上而下的政策制定》等著作中，系统地阐述了精英主义理论的核心观点。概括而言，精英主义理论的主要观点是：(1) 社会分为有权的精英和无权的民众，精英是少数人，他们掌握着政策制定权；(2) 精英大多出自社会上层，拥有特殊的资源和禀赋；(3) 在民主制度下，非精英也有渠道上升到精英阶层，但需要付出超常的努力，并要接受精英的基本观点；(4) 精英在公共政策的最基本准则方面保持一致，只在具体问题上存在分歧；(5) 精英受民众意见影响较小。

精英主义理论反映了精英在政策决策中占据主导地位。不可否认，权力精英、社会精英在政策制定中具有更大的话语权。在民主体制下，如果说精英可以完全无视民众，也不符合实际状况。熊彼特的程序民主理论指出，在开放的选举制度下，社会精英要成为权力精英就必须争取选民手中的选票，只有在选举中获胜的精英才能在任期内垄断行政决策权。

2. 多元主义理论

多元主义理论（pluralism theory）认为，利益集团在政策制定中居于中心地位，公共政策是社会中多元团体相互博弈的结果，任何单一的团体或个人都不能左右政策制定。多元主义理论对精英主义理论持批判态度，其观点主要有：(1) 社会存在多元的利益团体，它们分别具有各自的利益诉求；(2) 在民主体制下，各种利益群体都会通过一定途径对决策产生影响；(3) 领导者的职务是流动的，领导者之间存在着竞争，政治权力实际上是分散的；(4) 公共政策是多元力量相互博弈的结果，没有任何一个群体能够支配所有的政策议题；(5) 在政策制定过程中，协商、交易和妥协是常见的决策方式。

多元主义理论起源于美国，是对美国政策决策过程的经验总结。其发端可追溯到早期的利益集团研究，主要代表人物有亚瑟·本特利、戴维·杜鲁门等人。本特利最早较为系统地阐述了利益集团理论，他在1908年出版的《政府过程》一书中提出，集团是政治的“原材料”，社会是集团复杂的组合，政府行为是利益集团之间相互作用的结果，“排除了集团现象便无所谓政治现象”。本特利提出，公共领域的一切活动都是集团力量在发挥作用，政府部门（包括立法、行政和司法系统）均为集团作用于政府的中介。②

20世纪上半叶，美国政治学研究主要关注政府结构、政府制度和法律，本特利对非政府性质的利益集团的研究在当时未能引起学术界的重视。直到20世纪50年代中期，随着利益集团在美国社会中的重要性日渐增强，一批学者才开始研究集团政治问题，本特利的理论受到关注。戴维·杜鲁门继承了本特利的研究，并追溯到更早时期麦迪逊对派系的研究。杜鲁门认为，“在任何复杂的社会中，个人较少直接受到社会整体的影响，而较多

① 米歇尔斯．寡头统治铁律：现代民主制度中的政党社会学．天津：天津人民出版社，2003.

② BENTLEY A. The process of government. Chicago：University of Chicago Press，1908.

地不同程度地受到社会各个部分或集团的影响”。他将集团视为观察政治的基本单位，将美国政治描绘为不同利益集团相互作用和讨价还价的复杂的结合物。①

20世纪50年代，在与精英主义理论的争论中，罗伯特·达尔系统地阐述了多元主义理论。多元主义理论认为，在民主体制下，政治权力实际上是分割和分散的，所有的团体都有一定的资源来表达自身诉求，民主政治具有可渗透性，政策过程保持开放透明，有组织的社会团体能够通过一定的途径对决策保持影响。罗伯特·达尔以纽黑文市为案例，认为城市中存在多个利益团体，多元主体通过各自的途径对重要决策施加影响，它们是民主政治的根本所在。②

多元主义理论面临的挑战是，政府在政策制定中充当什么角色呢？多元主义理论将政府视为中立的机构，它为不同群体的竞争和谈判提供了“舞台”，政府的角色是“裁判”“仲裁”。然而，批评者提出，这不符合实际，政府由政治家控制，政治家也有特殊的利益诉求。批评者还指出，社会中确实存在多元团体，但各自的能力具有差异性，一些集团比其他团体更为强大，在政策制定中更有影响力。面对质疑者的批评，达尔也承认，“无论在何时何地，影响力的不平等几乎是所有政治体系的特征。这一点是不言而喻的。我们这群被叫作多元主义者的人，当然也包括我，从来不曾相信过一切团体在政治体系中都是平等的”③。

由于政治格局和政府过程的差异性，多元主义理论在美国之外的国家的适用性受到了很多质疑④，包括欧洲在内的许多国家并没有美国那么多的利益集团，也没有为利益集团提供美国制度下的竞争性环境。即使拥有结社自由的权利，很多国家的利益集团在数量上也要比美国少，并且通常更为稳定。

3. 国家主义理论

国家主义理论（nationalism theory）将国家视为政策制定的关键主体，认为国家在运用权力来构建社会关系和制度方面具有垄断性，在重新安排公共政策方面具有自主性。国家主义强调全民利益导向，主张运用国家力量从道德和制度两个方面遏制利益集团的行为，确保国家体系的自主性，主张政策制定机构超然于社会的利益诉求之上。在这一理论看来，政策制定不应当允许以金钱力量操纵国家机器或收买官僚。

国家主义理论的早期探索可追溯到马克斯·韦伯的科层制。韦伯提出，法理型权威的最适宜形式是非人格化的科层制组织，它由制度规定组织层级、部门划分、职位设置和成员资格。科层制组织强调层级节制、专业化分工、法理化规则、非人格化运作。⑤ 韦伯认

---

① TRUMAN D. The government process. N. Y.：Alfred Knopf，1951：15.

② DAHL R A. Who governs? democracy and power in an American city. New Haven：Yale University Press，1961.

③ DAHL R A. Rethinking who governs? new haven revisited//WASTE R J（eds.）. Community power directions for future research. Newbury Park，CA：Sage，1986：184.

④ 豪利特，拉米什．公共政策研究：政策循环与政策子系统．北京：生活·读书·新知三联书店，2006：60.

⑤ 韦伯．经济与社会：上．北京：商务印书馆，1997：56，106－107，245－246.

为，在近代以来的资本主义社会中，科层制组织是对大规模社会群体进行有效管理的基本形态。

国家主义理论排斥以社会为中心的分析框架，主张以国家为中心来解释政治生活。在国家主义看来，“国家创造、组织和管制社团。国家在特定的领域中控制其他组织，它们塑造文化和形成经济”①。国家主义理论将国家看作自主的行动主体，拥有其他组织不具有的强制资源，认为国家有能力规划和实现自己的目标，国家不会屈从于社会团体的压力。国家主义理论为理解一些国家的长期战略目标提供了解释，对于威权主义国家的发展模式具有较强的解释力。

国家主义理论也受到了批评。批评者提出，国家并非在任何时候都能贯彻自己的意志。即使是世界上最强大的国家，在竞争性选举制度下，也不可能保持完全自主性。国家主义理论主张国家在政策制定中的强制地位，它不能解释为什么国家有时也会放弃自己的意志。② 另外，即使是独裁政府，国家也要对民意做出一定程度的回应。

4. 合作主义理论

合作主义（corporatism）也称为“统合主义”，它认为在国家和个人之间存在着利益中介组织，“其组成单位被划分为数量有限的、单一的、强制性的、非竞争性的、分等级的、功能上相互差异的类型。这些组成单位得到国家承认或认可（即使不是由国家建立），并被准予在各自的领域占据代表性的垄断地位”③。作为交换条件，这些中介组织须遵守国家确立的管制规则。在合作主义看来，公共政策是国家和利益集团之间相互作用的产物。不同利益集团之间也会相互作用，但须在国家的制度框架内开展活动，并由国家来仲裁。④

合作主义的基本观点是：（1）政策制定中既有国家的作用，也有功能团体的参与，两者互相承认对方的合法性资格和权利；（2）功能团体的数量有限，它们在各自领域被国家赋予代表性的垄断权；（3）功能团体的中心任务是将本领域的利益诉求传导到决策系统中；（4）体制认可的功能团体之间是一种非竞争性的关系，各功能单位内部存在层级秩序；（5）国家对功能团体的行动具有一定的控制权，可影响其领袖选举、利益诉求等。

合作主义与多元主义一样，是以群体为基本分析单位的，承认社会具有多元性，重视社会团体在决策中的地位，但又显著区别于多元主义。在多元主义理论中，社会团体是自愿结社的结果，它们具有各自的利益诉求，与其他群体自由交往，在遵守法律的前提下，国家不干涉社会团体的行动。在合作主义看来，代表性利益团体按功能分工，彼此并不竞

---

① PRZEWORSKI A. The state and the economy under capitalism. Chur，Switzerland：Harwood Academic Publishers，1990：47－48.

② 韦伯．经济与社会：上．北京：商务印书馆，1997：65.

③ SCHMITTER P C. Models of interest intermediation and models of societal change in western Europe. Comparative Political Studies，1977，10（1）：7－38.

④ MCLENNAN G. Marxism，pluralism and beyond：classic debates and new departures. Cambridge：Polity Press，1989：245.

争。社会组织在政策制定中发挥作用有赖于国家的认可和支持。合作主义认为国家在政策制定中居于主导地位，与国家主义具有一些表层的相似性，但国家不能单方面支配一切，政策制定是国家和社会团体互动的结果。

如果说多元主义对于分析美国政策系统具有适用性，社团主义对于分析欧洲政策系统则更具解释力。合作主义理论在欧洲的影响力较大，有助于增进对欧洲国家政策过程的理解。在此过程中，国家既是不同集团及利益诉求的仲裁者，也具有一定的自主性。豪利特、拉米什提出，在欧洲，合作主义理论的根源可追溯到中世纪，那时在国家和家庭之间就形成了中介性的自治组织，包括宗教组织、各种协会和贸易组织。①

合作主义理论也有局限性，它主要适用于解释具有很强统合能力的国家政策系统，而对美国政策过程的解释力则不足。另外，合作主义也不能解释为什么在一个国家内部，有的政策制定是合作博弈，有的则面临着激烈的竞争博弈。尽管存在缺点，合作主义理论在政策分析中仍具有重要意义，它凸显了政府在政策制定中的自主性，强调既要推进改革，也要顾及多元群体的利益诉求，寻求包容性发展，从而保障社会稳定。

5. 专业主义理论

专业主义理论（professionalism theory）认为，随着公共事务趋于复杂化，政策制定须运用专业知识，更多地发挥专家的作用，拥有专门知识的专家成为政策决策的真正主导者。为了提升决策的科学性，政策制定需要运用大量的专业知识。专业主义理论主张在知识与权力之间建立密切联系，充分发挥专家的作用，构建专家参与和智库系统，引入决策咨询机制，提升决策的理性化水平。

专业主义理论普遍采取“专家-公众”二分法的分析框架，认为公众参与虽然能够提升公共政策的正当性，但其耗费大量行政资源，无助于知识的合理运用，主张对于技术性事务应优先采用专家理性的政策制定模式。在高新技术、基础设施建设、区域发展、战略规划等领域，专业主义理论得到了一些实证研究的支持。

然而，对专业主义理论的批评也很激烈。一些批评者提出，专业主义建构的知识体系仍属于精英主义的范畴，其意识形态代表着统治阶级的利益。公共决策不可避免地要涉及价值选择和事实判断。在事实判断领域，专家具有一定的优势，而在价值选择领域，专家的“专业知识”并没有很大的适用范围，他们只是代表了个体或利益集团的价值倾向而已。价值问题在大多数情况下并没有正确与错误的标准，而更多的是个体的偏好或取向问题，只有通过公众参与才能识别这种偏好。

专家参与决策的一种天然倾向是，把价值问题转化为技术问题来处理。如果任由专家做出决定，则可能导致专家滥用权力，即以专家的偏好代替大众的选择，可能导致“专家专制”问题。② 因此，公共决策需要兼顾专家理性和公众参与，让两者各司其职，在价值选择领域，需要引入公众参与，广泛听取民众的声音，以提升决策的正当性；在事实和技

① 豪利特，拉米什．公共政策研究：政策循环与政策子系统．北京：生活·读书·新知三联书店，2006：60.

② 王锡锌，章永乐．专家、大众与知识的运用．中国社会科学，2003（3）.

术性判断领域，要更多地发挥专家的作用，提升决策的科学性。

5.4.2　理性维度的决策理论

理性维度的决策理论关注决策者的理性和认知能力，学者们从不同的假设出发提出了多种理论模型，代表性的有理性决策模型、有限理性模型、渐进决策模型、混合扫描模型、垃圾桶决策模型等，具体参见第 3 章第 2 节。

从政策制定的真实过程来看，渐进决策理论更符合大多数的决策活动。然而，在特定情境下，全面理性分析、垃圾桶模式等决策模式也会付诸实施，一些实证研究已得到检验。决策研究需要厘清决策模式与具体情境的关系，弄清楚在何种情境下应采取何种决策。

约翰·福里斯特提出，政策决策面临的情境参数包括五个方面。[①]（1）行动者（决策者）的数量：从单个到多个。（2）环境的复杂性：涉及的机构从单个到多个、封闭还是开放运作。（3）政策问题的明确性：单一还是多重的、清晰还是模糊的。（4）信息的充分性：不完备还是充分的。（5）时间的充分性：有限还是充分的。他将决策模式分为五种类型，分别是最佳、满意、搜寻、谈判（协商）、组织化，认为这五种类型分别与特定情境相联系，决策者采取何种决策模式取决于其面对的政策环境，制定政策需要根据具体情境选择合宜的模式。

福里斯特提出，选择理性决策这种最佳模式需要具备如下条件：决策参与者的人数很少；决策的环境简单；政策问题很清晰，价值导向明确；有关政策问题的信息较为充分，且易于理解；决策的时间充分。相应地，满意模式适用于信息、时间受限环境下的决策；搜寻模式是问题不清楚时采取的策略；当面对多个行动者，在信息和时间不充分的条件下，可选择谈判模式进行应对；当面临多个环境和行动者，时间和信息资源充分，需要应对多个问题时，组织化模式是更优选择。

豪利特、拉米什提出了“政策子系统”的概念，用来概括“行为者”和“环境”，以“限制因素”来概括“问题”、“信息”和“时间”，他们将政策决策模式分为四种类型（见表5-3）。

表 5-3　政策决策模式的类型

		政策子系统的复杂性	
		高	低
限制因素的严格性	高	渐进调整	充分探求
	低	优化调整	理性探求

资料来源：豪利特，拉米什．公共政策研究：政策循环与政策子系统．北京：生活·读书·新知三联书店，2006：256.

其中，渐进调整模式的政策子系统较为复杂，决策面临的限制也较严格，决策者难以

① FORESTER J. Bounded rationality and the politics of muddling through. Public Administration Review，1984，44（1）：23-31.

掌握行动者和环境的全部信息，决策又迫在眉睫，因此必须在短期内做出决定；优化调整模式的政策子系统比较复杂，但限制条件较为宽松，决策者偏好于采取进化学习策略，在实践中持续深化对政策议题的认知；充分探求模式的政策子系统较为简单，但受到的限制较多，要尽可能追求各方都能接受的政策目标；理性探求模式的政策子系统比较简单，受到的限制也较少，具有充分的信息和时间进行理性探索，以求最优决策。

延伸阅读

组织决策的三种模型

古巴导弹危机已成为激发人们不断深思的事件。1962 年 10 月，在那历史上绝无仅有的 13 天中，美苏站到了核大战悬崖的边缘。在此之前，人类历史上从未出现过像这样如此多的生命在瞬间就可能会灰飞烟灭的危险。

此次导弹危机是现代史中被研究得最多的事件之一，但即使是对其中最重要的问题，迄今也还没有令人满意的答案。如苏联为什么在古巴部署进攻性战略导弹？为什么美国阻止苏联向古巴运送导弹？为什么导弹会被撤出？此次导弹危机的经验教训是什么？在冷战后，这对危机管理和政府间协调有什么参考意义？

在寻找解释时，研究者的典型做法是设想自己站在一个正面临着外交问题的国家或政府的立场上，以推导出该国家或政府采取我们所要研究的那种行动的原因。因此，研究者把苏联在古巴的那些导弹解释成是防止古巴遭到美国进攻的一种手段；把美国军队进驻沙特阿拉伯解释为威慑和击退侵略；把德国与其他欧盟成员国采用统一货币解释为推动欧洲一体化。

一个人在给出上述解释时，他也就是在假设：通过将政府行为类比为个人的有目的的行动，政府的大部分行为就可以得到令人满意的解释。在许多情况下，这是一个很有用的假设。把政府视为一个行为协调一致、有目的的个人，这提供了一个理解国家的政策选择和行动的有效捷径。但是，这种简化在揭示某些东西的时候也掩盖了一些东西，特别是掩盖了一直被忽视的一个关于政府的事实，即国家政策的“决策者”明显不是个人，而是由一些大型组织和政治行动体构成的集合体。这个事实包含的潜在意义，对于古巴导弹危机等事件的研究者来说并不简单，它对我们分析时所使用的基本范畴和假设提出了挑战。

大部分分析人员依据一种基本的概念模式来解释和预测政府行为，即“理性行为体模型”（rational actor model，模型Ⅰ）。模型Ⅰ把国家视为一个理性的单一决策主体（统一的行动体），行动主体被拟人化，就像一个人一样，只具有一套偏好体系，通过分析国家或政府的目的和利益来解释国际关系，是这种决策模型的标志性做法。模型Ⅰ在很多方面被证明是有用的，但也有强有力的证据表明，它必须得到政府机制中各种组织和政治行为体作用的参考系的补充。政府行动是由各级组织中的个人的大量微小且经常相互冲突的行动构成的，而这些人对国家的目的、组织的目的和政治目标的理解，仅仅是部分一致的。

政策分析人员提出了另外两种概念模型，分别是组织行为模型（organizational behavior model，模型Ⅱ）和政府政治模型（governmental political model，模型Ⅲ）。模型Ⅱ不是把政府视为如个人那样的单一行动体，而是将之视为一个由各种组织松散组合在一起的巨大集合体，这些组织各自相对独立，分别依据各自的组织规章和程序进行运作。当组成政府的这些组织在处理各种信息时，也就是政府在提出各种选项和评估这些选项的结果。当这些组织在照章行事时，也就是政府在采取行动。在模型Ⅱ看来，政府的行为与其说是一个精心选择的结果，还不如说是各种政府组织根据标准行为模型运作的结果。

模型Ⅲ则认为，美国政府并不是一个统一的行动体，而是由相互竞争的博弈者组成的，政府组织体系并非铁板一块。在美国的宪政体系中，总统与国会分享权力；而当参议院或众议院，或者两者都被与总统不同的党派所控制时，那么，这种权力分治就更明显了。在模型Ⅲ看来，政府体系构成了一个复杂的行动舞台，各种行为体在这个舞台上进行博弈，博弈者来自行政部门、媒体、非政府组织以及大众等行为体，彼此之间存在大量的讨价还价。模型Ⅲ集中关注那些实际上参与博弈互动的人，他们相互之间的讨价还价决定着政府的行动。

模型Ⅰ、模型Ⅱ和模型Ⅲ分别列出了各自的问题清单。三种分析模型是相互补充的。模型Ⅰ分析了宏观环境、国家的特征和共同的认知，为解释、预测和分析政策做出了重要贡献；模型Ⅱ力图说明为决策提供信息、选项和实施行动的那些组织的常态运行规范；模型Ⅲ则重点分析政府官员个人方面的详细信息以及相互博弈。三种分析模型各有利弊。多种相互重叠、竞争的概念模型并用是当下可采取的分析公共政策问题的最佳方法。

资料来源：艾利森，泽利科．决策的本质：第2版．北京：商务印书馆，2021：22-36.

本章小结

政策制定在政策过程中居于核心地位，它肇始于政策问题界定，完成于公共政策出台。在政策规划阶段，每个参与者都希望扩大自身的影响力，行动者之间也会建立联盟，以在方案竞争中获得优势。为了解释政策规划中行动者之间的联盟现象，学者们提出了一些解释框架，如“铁三角”关系、政策网络、政策共同体、政策子系统等。

在政策规划中，行动者需要组织政策学习，应用多学科知识。根据学习主体的性质差异，政策学习可分为内生学习与外生学习；根据学习内容的目标导向，政策学习可分为建构性学习与工具性学习；根据发动者不同、学习的难度，可分为官方智库学习、政府学习、民间智库学习、社会学习。随着政策学习的发展，成功的公共政策会从一个地区转移到其他地区。

公共政策的决策体制分为个人决策制和集体决策制两种类型。集体决策需要制定规则，在实践中有全体一致规则和多数规则两种形式，多数规则又分为简单多数规则和绝对多数规则两种形式。

政策决策的理论模型有很多，从理论建构的逻辑来看，可分为两种类型：一是从政治博弈的视角，关注行动者之间的博弈及其结果，代表性理论有精英主义理论、多元主义理论、国家主义理论、合作主义理论、专业主义理论；二是从理性和认知能力的视角，关注决策者的理性状况及目标选择，代表性理论有理性决策模型、有限理性模型、渐进决策模型、混合扫描模型、垃圾桶决策模型等。

关键术语

政策规划　“铁三角”关系　政策网络　政策子系统　政策学习　精英主义理论　多元主义理论　国家主义理论　合作主义理论　专业主义理论

复习思考题

1. 简述政策制定的基本程序。
2. 政策合法化等同于政策法律化吗？为什么？
3. 简述政策规划的含义。
4. 简述政策规划行动者联盟的相关分析框架。
5. 简述“铁三角”关系分析框架的基本内容。
6. 简述政策网络分析框架的基本内容。
7. 简述政策共同体分析框架的基本内容。
8. 简述政策子系统的基本内涵。
9. 简述政策学习的含义及类型。
10. 试论公共政策的不同决策体制及其优缺点。
11. 试论政策决策的两种分析维度及其代表性理论。
12. 简述政策决策的精英主义理论、多元主义理论的基本内容。
13. 简述政策决策的国家主义、合作主义、专业主义理论的基本内容。

第6章

政策执行

公共政策正式出台之后，就进入了执行阶段。政策执行是将决策付诸实施的过程，也是将政策目标转化为实际结果的必经阶段。政策执行并非单纯的操作性过程，也伴随着学习、反思和细化实施方案的过程。本章将阐述政策执行的含义及影响因素，梳理执行研究的演进，介绍政策执行的代表性理论，探讨提升执行力的路径选择。

6.1 政策执行的基本含义

6.1.1 政策执行的概念

政策科学的早期研究聚焦政策制定，政策执行并没有引起重视。学者们构建了很多政策制定模型、程序和方法，在实施中，人们惊讶地发现，即使按照理想的模型制定公共政策，其实施仍面临很多挑战，甚至陷入困境。20世纪70年代以后，一些政策学者开始关注政策执行问题。1973年，普雷斯曼和威尔达夫斯基的《执行：华盛顿的伟大期望如何在奥克兰落空》一书出版，有效推动了政策执行的研究。①

政策执行是政策过程中的一个阶段。爱德华兹（G. C. Edwards Ⅲ）等人提出，政策执行是“发布命令、执行指令、拨付款项、办理货款、给予补助、订立契约、收集资料、传递信息、委派人事、雇用人员、创设机构”② 等一系列活动。

---

① PRESSMAN J L，WILDAVSKY A. Implementation：how great expectation in Washington are dashed in Qakland. 3rd ed. Berkeley：University of California Press，1984.

② EDWARDS Ⅲ G C，SHARKANSKY I. The policy predicament：making and implementing public policy. San Francisco：W. H. Freeman，1978：293.

琼斯认为，执行是使一个项目生效的行动，其中尤以解释（interpretation）、组织（organization）和应用（application）三种活动最为重要。① 解释是指把政策内容转变成民众可理解、可接受的东西；组织是指设立执行机构以拟定执行的方案和落实行动；应用包括提供例行性的服务与设备、支付各种费用等。

概而言之，政策执行是指通过一定的手段和措施，将政策目标转化为实际结果的行动过程。政策执行需要依托一定的组织体系，投入必要的资源，采取解释、宣传、实验、实施、协调与监控等行动，选择合宜的政策工具。政策目标是政策执行的出发点和归宿点。政策执行投入的资源及采取的手段都是为了实现政策目标。

6.1.2 政策执行的特征

政策执行是政策决策付诸实施的过程，涵盖从政策出台到政策结果之间的所有活动。具体而言，政策执行具有以下特征。

1. 政策执行具有目标导向性

政策执行的目的在于实现政策目标，对政策工具的设计和选择、在执行中调动和利用资源，都要本着有利于实现政策目标的原则。

2. 行动主体具有多元性

政策执行的行动主体包括当事的政府机构及公务员，以及政策实施所涉及的目标群体。公众也可通过一定途径参与进来。政策执行需要协调多元主体，以形成合力。

3. 组织体系具有网络性

政策制定出来以后，其执行依赖于一定的组织体系，需要在政府的不同层级、不同部门之间构建网络，在政府与社会之间建立跨界协作机制，推动多元主体开展协同行动。

4. 执行与制定具有互动性

安德森指出，“公共政策在执行中建构，也在建构中执行”②。政策执行与制定之间没有泾渭分明的界限，两者处于持续的互动之中，执行层面遇到的重大问题也会反馈给决策系统，甚至引起政策变迁。

6.1.3 政策执行的过程

政策执行需要制定实施细则，明确组织指挥和权责分工，化解阻滞执行的障碍因素。法治国家的政策执行须遵守法律法规，不得违反法律规定。政策执行过程主要涉及以下几个环节。

1. 政策发布

公共政策以法规、条例、规定、办法、细则、决议、命令、指令、决定、纪要、纲要、通知、规定、批示等形式发布。政策发布主要有两种途径：一是以内部文件形式下发

---

① JONES C O. An introduction to the study of public policy. 3rd ed. Monterey，California：Brooks/Coles Publishing Company，1984：166.

② ANDERSON J E. Public policy-making. New York：Praeger，1975：79.

到有关机关，二是通过大众传媒或政府公报、政报等形式公之于众。

2. 实施准备

公共政策在颁布之后，其实施需要做好准备工作，包括政策细化、组织准备、物质准备。有些政策只提出指导原则和框架性目标，政策实施需要细化行动方案，做到一目了然，具有可操作性；组织准备是指机构和人员安排；物质准备包括经费、资源、技术方面的准备。

3. 政策宣传

政策宣传依赖于大众传媒，也可以采用培训班、宣讲会、专家解读、动员会等方式。对于执行人员来讲，政策宣讲有利于明确执行的目标、措施、适用性、约束条件；对于目标群体来讲，政策宣传帮助其更好地理解一项政策，有利于提升政策的公信力。

4. 政策试点

在全面实施某项政策之前，可选择个别地区进行试点，取得经验后再全面推行。政策试点可及时发现偏差，总结经验教训，修正政策。政策试点需要周密的设计方案，认真分析试点结果。

5. 全面推行

全面推行是政策执行的最后阶段，也是最重要的环节。政策执行涉及的利益面广、目标群体人数多，需要加强监督，及时发现问题、及时回应、及时纠偏，确保政策落到实处。

6. 执行总结

政策执行过程中，需要开展政策监测，收集过程和结果的信息，根据信息反馈进行执行总结。执行总结通过调研报告、监测报告、工作报告、统计分析等形式展现出来。

6.1.4 政策执行的影响因素

政策执行的影响因素有很多，有研究者梳理了政策执行研究的100多篇论文，发现文献中涉及300多个因素。[①] 这些因素可分为制度性因素和非制度性因素两类，制度性因素具有相对稳定性，非制度因素更具变化性。

1. 制度性因素

影响政策执行的制度性因素主要有：

（1）府际关系的制度安排。政策执行发生于多个政府层级之间，在不同的制度安排下，政策执行的运作机制具有差异性。在单一制下，中央政府制定政策后，交由地方政府实施。在联邦制下，联邦政府与州政府具有清晰的权力划分和责任边界，联邦政府依靠自身的组织体系执行政策，无权直接指挥州和地方政府。为促使州和地方政府采取支持行动，联邦政府通过转移支付、项目支出、府际协议等形式，对州和地方政府施加影响。

（2）政策方案的制度安排。公共政策是为了应对特定问题而制定的，执行效果与政策

① O'TOOLE L Jr. Policy recommendations for multi-actor implementation：an assessment of the field. Journal of Public Policy，1986，6（2）：181－210.

的明晰性密切相关。有的政策提供了清晰的行动方案，有的政策可能尚未形成操作性方案，只提供了目标导向和指导原则。对于模糊政策来讲，执行者的自主权较大。从政策目标来看，与多元目标相比较，单一目标更容易落实。

（3）执行机构的制度安排。政策执行需要将任务交给行政机构，各机构都具有本位意识。对于涉及多个部门的政策执行，需要构建跨部门协作机制，调动多方主体的积极性。

（4）激励约束的制度安排。激励约束包括对政策实施提供的诱因及约束因素，包括激励和问责两个方面。前者通过提高预期收益来奖励合作行为，后者通过追究责任来惩罚不作为现象。总体而言，激励和问责的强度越大，行政机构的执行力就越强。

2. 非制度性因素

影响政策执行的非制度性因素十分广泛，主要包括以下几个方面。

（1）执行的资源条件。资源条件包括组织资源、人力资源、资金投入、物质资源、信息资源等。政策执行需要依托行政组织，配备执行人员，投入资金和物质资源，收集并分享信息。执行机构的资源条件越好，动员力和执行力就越强。

（2）执行人员的素质和能力。执行人员的受教育水平、心理素质、知识素质、学习创新能力、语言表达能力、人际沟通能力、社会活动能力、组织管理能力、协调应变能力以及个人魄力，都会影响执行效果。

（3）目标群体状况。如果目标群体普遍支持新政策，那么执行就较为容易。目标群体的规模越庞大，执行面临的挑战也就越大。目标群体拥有资源的状况会影响政策执行。

（4）执行的环境状况。政策环境包括政治环境、经济环境和社会环境。政治环境的稳定性，经济发展水平、宏观经济状况，社会保障水平、社会融合性、就业率、社会资本状况等，都会影响政策执行。

（5）技术条件和手段。政策执行需要应用新技术、新工具、新手段。随着信息技术的进步，政府建设数字平台，增进与公众的互动交流，可及时获取问题信息，改进政策执行。

制度性因素对非制度性因素也具有影响作用。例如，正式制度提供的激励改进了执行机构的资源配置，提升了机构吸引力，逐渐地，执行人员的素质和能力也会提升。正式制度对政治、经济和社会环境具有塑造作用。因此，分析执行的影响因素应当关注制度性因素。

6.2 政策执行研究的演进

政策执行的理论研究经历了三个阶段[①]：第一代研究偏重于“自上而下”的路径；第二代研究侧重于“自下而上”的路径；第三代研究基于整合性思路，形成了更为综合性的分析框架。

---

① 希尔，休普．执行公共政策．北京：商务印书馆，2011：116.

6.2.1　第一代研究

第一代研究受到古典行政模式的深刻影响，偏重于政策执行的实际运作和个案分析，采取“自上而下”的分析路径。它以政策决策为研究起点，考察公共政策在多大程度上得到执行，以及政策目标的实现程度。第一代研究强调政策执行须遵循决策者的意志，致力于实现政策目标。

1. 代表性学者

第一代研究始于20世纪70年代。1973年，普雷斯曼和威尔达夫斯基合作完成了《执行：华盛顿的伟大期望如何在奥克兰落空》一书，总结了联邦政府的就业培训计划——“奥克兰计划”陷入困境的教训，提出政策制定与执行之间存在鸿沟，认为“要想使政策科学成为行动的科学而不仅仅是理论的科学，就必须重视政策执行问题”①。该书出版后引起广泛关注，有效推动了政策执行研究。除了普雷斯曼、威尔达夫斯基之外，第一代政策执行研究的代表性学者还有米特（Meter)、霍恩（Horn)、萨巴蒂尔、马兹曼尼安(Mazmanian）等人。

米特、霍恩提出政策执行系统模型，认为有效执行需要重视政策目标和标准，政策资源，组织间沟通和执行活动，执行机构的特征，经济、社会和政治环境，执行者的意向六个变量（见图6-1)。② 具体涉及政策目标是否明晰、可行，政策标准是否有具体指标，人力、设备、经费、信息、权威等资源状况如何，组织间如何沟通、有哪些实施方式，执行机构是否是正式的，环境情况如何，执行人员的认知程度、态度、反应强度如何。

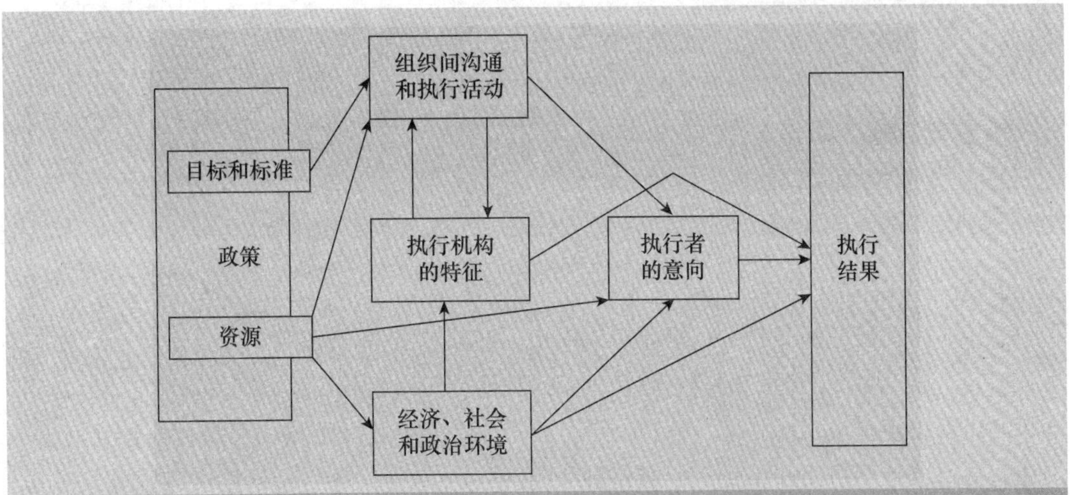

图6-1　米特、霍恩的政策执行系统模型

① PRESSMAN J L，WILDAVSKY A. Implementation：how great expectation in Washington are dashed in Qakland. 3rd ed. Berkeley：University of California Press，1984.

② VAN METER，VAN HORN C E. The policy implementation process：a conceptual framework. Administration and Society，1975，6（4)：445-488.

萨巴蒂尔、马兹曼尼安提出的政策执行过程模型认为，对政策执行具有较大影响的因素可分为三类：政策问题的易处理性、政策本身的规制能力、法规之外的变量。① 首先，政策问题的易处理性主要涉及有效理论与技术的可用性、目标群体行为的多样性、目标群体占总人口的百分比、目标群体行为需要改变的程度等。其次，政策本身的规制能力涉及是否具有因果逻辑、政策指令的清晰性、财政资源状况、执行机构的层级性、执行机构的决策规则、执行人员招募、外部人员参与等。最后，法规之外的变量包括广泛的社会、经济与科技环境，大众传播对政策问题的关注点，公众支持度，利益团体的态度和资源，监督机关的支持，执行人员的承诺与领导技能等（见图 6－2）。②

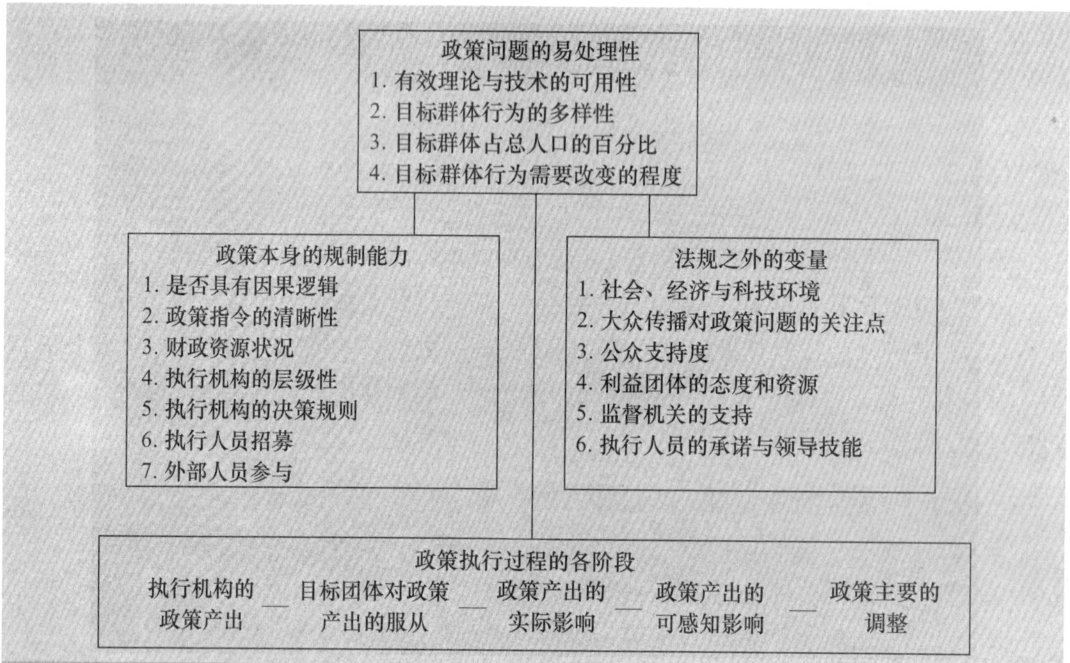

图 6－2　萨巴蒂尔、马兹曼尼安的政策执行过程模型

2. 第一代研究的特征

总结第一代研究的文献和成果，可以得出一些共性特征：

（1）遵循“自上而下”的研究路径。第一代研究将政策执行看作一种指挥-控制链条，政策制定者决定政策目标和工具，执行者负责落实，两者之间形成命令指挥与接受任务的关系，执行者负责落实并接受上级监督和控制。

（2）聚焦对政策有效实施的障碍因素。第一代研究通过案例分析力求找到影响政策目

① SABATIER P，MAZMANIAN D A. The condition of effective implementation：a guide to accomplishing policy objectives. Policy Analysis，1979，5（4）：481－504；SABATIER P，MAZMANIAN D A. The implementation of public policy：a framework of analysis. Policy Studies Journal，1980，8（special issue）：536－560.

② 斯图尔特，赫奇，莱斯特．公共政策导论：第 3 版．北京：中国人民大学出版社，2011：100.

标实现的关键障碍。不同研究者总结的关键变量差异很大。米特、霍恩提出了六个影响变量；萨巴蒂尔、马兹曼尼安将影响因素分为三种类型；史密斯模型则认为，执行机构、目标群体、理想化政策和环境因素这四个变量最为重要。

(3) 将政策制定与执行视为连续的过程。第一代研究提出政策执行是政策过程研究“缺失的环节”，主张不仅要重视执行，而且应当把执行与政策制定联系起来。一些研究者提出政策目标明晰化有利于更好地执行。

(4) 致力于探究政策执行的基本准则。为了改进政策执行，第一代研究者提出了很多建议和主张，要求政策制定者做到：政策目标与手段之间具有明确的因果关系，项目执行要具有充足的时间和资源，交由单一机构负责执行，全面理解政策目标，对执行的任务进行排序等。①

3. 第一代研究的局限性

第一代研究拓展了政策科学的研究视野，推动形成了政策执行的研究热潮。第一代研究的局限性主要涉及两个方面。

(1) “完美执行”的必要条件往往并不具备。很多研究者致力于研究“完美执行”所具备的必要条件，向政策制定者提出了一系列苛刻的要求。② 然而，在实际执行过程中，完美执行的前提条件往往并不具备。第一代研究者提出的前提条件有些过于“天真”，并不具有可操作性。理想的政策执行要求政策目标明晰，在实际中，由于有限认知的原因，政策目标可能是模糊的。

(2) 忽视了地方部门、基层执行者的适应性策略。第一代研究过于重视决策者的目标设定和规划能力，忽视了地方机构、基层官员、私人部门、社会组织的策略性行为。一些行动者出于利益考虑，会不配合行动，甚至进行对抗。基层部门之间、执行人员之间还可能结成联盟，形成“共谋”行为，导致选择执行、替代执行、附加执行、象征执行等变通现象的出现。

6.2.2 第二代研究

第二代研究是在批评第一代研究路径的基础上发展起来的。从 20 世纪 80 年代开始，一些学者从“自下而上”的路径出发，关注较低层次的行动主体，强调项目设计必须考虑环境因素，执行者应具有一定的自由裁量权，根据实际情况采取适宜行动。第二代研究提出，基层官僚比高层决策者更了解真实情况，主张给予执行者充分的自主权，以适应复杂的政策情境。

1. 代表性学者

第二代研究的代表性学者有利普斯基（Lipsky）、埃尔莫尔（Elmore）、耶恩

① 希尔，休普．执行公共政策．北京：商务印书馆，2011：70－71.

② HOFWOOD B W，GUNN L. Policy analysis for the real world. Oxford：Oxford University Press，1984：199－206.

（Hjern）、波特（Porter）等人。利普斯基提出“街头官僚”（street-level bureaucracy）的概念，分析了基层官员在政策执行中面临的环境和压力，构建了政策执行的街头官僚模型，详见本章第3节内容。

埃尔莫尔提出，政策执行研究存在“正向探索”（forward mapping）和“逆向探索”（backward mapping）两种路径。前者从政策决策出发，明确决策者的意图，然后逐层细化，明确执行者的角色和职责，最后将底层出现的结果与政策意图进行比较，以衡量政策执行的成效。后者采用从后向前回溯的方法，从执行中行动者的选择及结果出发，倒推政策存在的问题，进而提出改进政策工具和目标的选项。① 他认为，“正向探索”强调等级秩序和层级控制，加强上层控制无助于解决棘手问题，有效的执行是多元主体互动的结果，必然涉及妥协、交易、联盟等活动，自由裁量权比命令指挥更重要，互惠性比监督控制更重要。② 他提出，提高政策执行的效率和质量，根本出路不是强化层级控制，而是赋予充分的自由裁量权。③

耶恩、波特扩展了对政策执行主体的研究，将其从政府内部的组织体系扩展到政府之外的社会力量，认为政策执行包括多元主体、多元目标、多元动机，多元行动者之间存在复杂的互动关系。④ 耶恩、波特注意到社会组织数量的日益增长，以及公共部门和私人部门之间结成的伙伴关系，提出在复杂的关系结构中，没有任何单一的组织或官员能够掌握所需要的全部资源，政策执行有赖于多元行动者的协作以及由此组成的“执行结构”。他们提出：（1）执行结构并不完全是一种组织，它包含许多组织群落；（2）政策执行具有多元的目标与动机；（3）执行结构不完全依赖于科层命令体系，专业地位、协调能力也发挥着重要作用。

2. 第二代研究的贡献

第二代研究者遵循“自下而上”的研究路径，强调从基层的实际情况出发，采取反向探索的方法。在具体立场方面，第二代研究者之间存在争议，有的主张自由裁量权，有的主张行动者互动的重要性。第二代研究的贡献在于：

（1）解析了基层执行者的工作情景及压力。一些案例研究发现，基层官员面临着常人难以承受的压力，严苛的控制和约束迫使他们无视公众的需要和感受。

（2）解析了政策执行中的多元主体及多元目标。第二代研究指出大多数执行涉及多个行政机构，每个机构及公职人员都有自己的立场、目标和利益诉求，政策执行需要建立沟通机制，增进利益协调，发展合作和伙伴关系。

（3）剖析了执行过程中的交易和策略性行为。提出适度的自由裁量权有利于提升执行

---

① ELMORE R F. Backward mapping：implementation research and policy decisions. Political Science Quarterly，1980，94（4）：601－616.

② 陈庆云．公共政策分析．北京：北京大学出版社，2006：161.

③ 希尔，休普．执行公共政策．北京：商务印书馆，2011：83.

④ HJERN B，PORTER D. Implementation structure：a new unit of administrative analysis. Organization Studies，1981，2（3）：211－227.

的有效性。

3. 第二代研究的局限性

第二代研究也受到了批评，主要涉及以下几个方面：

（1）偏重描述性分析，理论建构有所欠缺。第二代研究偏重于对政策执行的成功或失败进行解释，描述性和分析性内容较多，而理论建构则显得不够，提出的理论在适用性方面存在不足。

（2）过于强调自由裁量权或主体间互动都容易导致问题。在政策执行中，基层官员需要受到上位法和经费的约束。如果不受限制，则容易导致任性行为以及行动迟缓的问题。行动主体之间的互动是具有时限要求的，反复沟通、行动迟缓则容易错失良机。

（3）全盘否定“自上而下”的研究路径有失公允。“自上而下”的路径确实存在局限性，但也有贡献。在政策执行过程中，“自上而下”的途径发挥着至关重要的作用。

6.2.3 第三代研究

第三代研究试图整合“自上而下”路径和“自下而上”路径，提出综合性的分析框架。第三代研究采取综合的分析路径，注重提出假设，通过实证研究来检验假设。第三代研究者意识到，公共政策实施涉及多元行动者，彼此之间具有密切的互动。与第一代、第二代研究相比，第三代研究的特点是突显了政策网络在执行中的作用。

1. 代表性学者

第三代研究的代表性学者有简-埃里克·莱恩（Jan-Erik Lane）、马尔科姆·戈金（Malcolm Goggin）、罗伯特·斯托克（Robert Stoker）、理查德·马特兰德、罗兹（Rhodes）等人。

简-埃里克·莱恩区分了政策执行中的“职责”与“信任”，提出职责关注的是“政策目标与结果之间的关系”，信任关注的是“政策实施的过程”。莱恩认为，“自上而下”的路径特别强调“职责”方面的内容，而“自下而上”的路径更强调“信任”方面的内容。[①] 他指出，执行过程是职责与信任的结合：没有实现政策目标的意识，就没有政策评估，也就谈不上对政治家、行政官员和专业人员的责任约束；没有政策实施的观念，就不会对政治家、执行人员给予信任，就没有自由裁量权。

戈金和他的同事提出了政策执行的府际沟通模型（communication model of intergovernmental policy implementation）（见图6－3）。[②] 该模型包括两个自变量、一个中间变量、一个因变量。[③] 两个自变量是联邦层面的激励和约束、州和地方层面的激励和约束，中间变量是州的决策结果及州的能力，因变量是州的政策执行。该模型提出，联邦层面的

① LANE J. Implementation, accountability and trust. European Journal of Political Research, 1987, 15 (5): 527-546.

② GOGGIN M L, BOWMAN A O'M, LESTER J P, et al. Implementation theory and practice: toward a third generation. Glenwood, Illinois: Scott Foreman/Little Brown, 1990.

③ 希尔，休普．执行公共政策．北京：商务印书馆，2011：95.

激励和约束以及州和地方层面的激励和约束，会对州的决策结果及能力产生影响，进而影响政策执行的最终结果。该模型认为，不同层级政府间的沟通对执行结果具有重要的影响。该模型凸显了州在美国联邦政策执行中的作用，而早期的研究则忽视了州的作用。

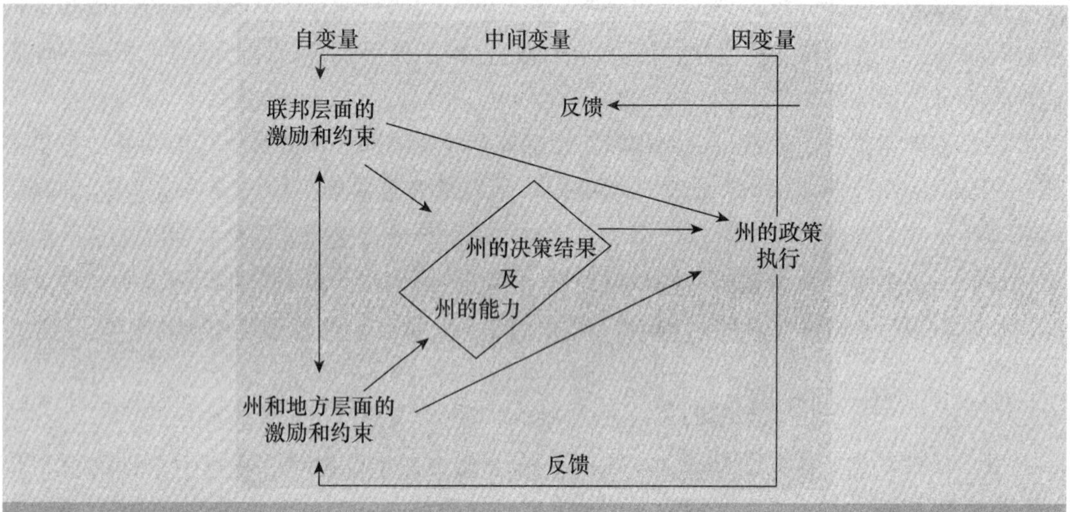

图 6-3　戈金的政策执行的府际沟通模型

罗伯特·斯托克将“治理”（governance）这个概念引入政策执行研究，提出“治理”可看作“权威”和“交易”之外的第三种执行选择。① 斯托克所界定的“治理”凸显了行动者之间的合作关系，即劝导“不情愿的伙伴”参与合作。他提出应当重视政策执行中的合作行为。斯托克将合作视为在既定体制下的博弈行为。

马特兰德提出，政策执行研究涉及的变量太多，增进对政策执行的认知更需要有解释力的结构模型。他根据“政策的模糊性”和“政策的冲突性”两个变量，提出了政策执行的模糊-冲突分析框架②，区分了政策执行的四种类型：行政性执行（低模糊、低冲突）、政治性执行（低模糊、高冲突）、试验性执行（高模糊、低冲突）、象征性执行（高模糊、高冲突）。本章第 3 节将详细介绍这一模型。

罗兹推进了政策执行的政策网络分析途径（policy network approach）研究。③ 在政策网络分析看来，政策过程中具有大量的参与者，彼此相互依赖、相互作用，形成稳定的关系模式。在政策网络中，相互合作是获得令人满意结果的必要条件。④ 然而，参与者之间

① STOKER R P. Reluctant partners: implementing federal policy. Pittsburg: University of Pittsburg Press, 1991.

② MATLAND R E. Synthesizing the implementation literature: the ambiguity-conflict model of policy implementation. Journal of Public Administration Research and Theory, 1995, 5 (2): 145-174.

③ RHODES R A W. Understanding governance: policy networks, governance, reflexivity and accountability. Buckingham: Open University Press, 1997.

④ RHODES R A W. The new governance: governing without government. Political Studies, 1996, 44 (4): 652-667.

也存在冲突，为了促进合作，需要对参与者进行指导。政府拥有特殊资源，具有明确的目标导向和强大的动员能力，处于不可替代的地位，在多元主体的合作中，常常发挥着主导作用。

2. 第三代研究的贡献

第三代研究采取综合的研究途径，发展出新的分析框架，深化了对政策执行的认知和理解。第三代研究的贡献在于：

（1）注重从不同视角探讨影响政策执行的关键变量。第三代研究者认识到，政策实施既受到“自上而下”因素的影响，也受到“自下而上”因素的影响。一些研究者关注美国州政府执行联邦政策的影响因素，发现联邦政策的明晰度、联邦提供资源（资金）的数量，对执行具有显著影响。同时，“自下而上”的因素也会影响执行的结果。例如，自由的州比保守的州更容易推行福利政策，保守的州更愿意实施严厉惩治犯罪的政策，富裕的州更可能实施需要大量资金支出的联邦政策。

（2）凸显了中间层政府在政策执行中的作用。与第一代、第二代研究相比，第三代研究注重解析州政府在联邦政策实施中的作用。戈金对政策执行中府际沟通的研究、斯托克对政府间合作的研究，都凸显了州政府的作用。

（3）形成了政策网络分析框架。政策网络分析关注多方参与者的互动作用。早期研究可追溯到德国学者沙尔普夫（Scharpf）。此后，罗兹、基科特（Kickert）等学者都对政策网络分析做出了贡献。①

3. 第三代研究的局限性

（1）对政策执行的概念存在不同理解。有研究者将执行看作政策制定后的实施，也有学者将执行看作与决策相伴的互动过程。

（2）基于具体情境的执行模型较多，一般性的理论模型较少。已有研究大多是基于具体制度环境，分析行动主体在执行中的互动关系，提供了很多情境性模型。

（3）对关键变量的识别仍在探索之中。政策执行研究提出的变量很多，需要识别具有全局性影响的关键变量，发展出更具解释力和适用性的理论模型。

6.3 政策执行的理论模型

本节从第一代、第二代和第三代的政策执行研究中分别选取代表性的理论模型予以介绍。其中，史密斯模型属于第一代理论，街头官僚模型属于第二代理论，模糊-冲突模型属于第三代理论。

① 希尔，休普．执行公共政策．北京：商务印书馆，2011：109－112.

6.3.1 史密斯模型

美国学者史密斯在1973年提出了政策执行过程模型，简称“史密斯模型”，属于第一代政策执行模型的典型代表。史密斯认为，政策执行涉及的影响因素有很多，其中核心变量有四个，分别是：理想化的政策、目标群体、执行机构、环境因素（见图6-4）。[①] 其中，理想化的政策是指政策方案合法、合理，具有可行性，公众对政策内容具有良好认知；目标群体即政策对象，是指由于政策实施所涉及的社会群体；执行机构是指负责政策实施的机构；环境因素是指可能影响政策执行的更宽泛的因素，包括政治环境、经济环境、文化环境等，它们构成了政策执行的约束性变量。

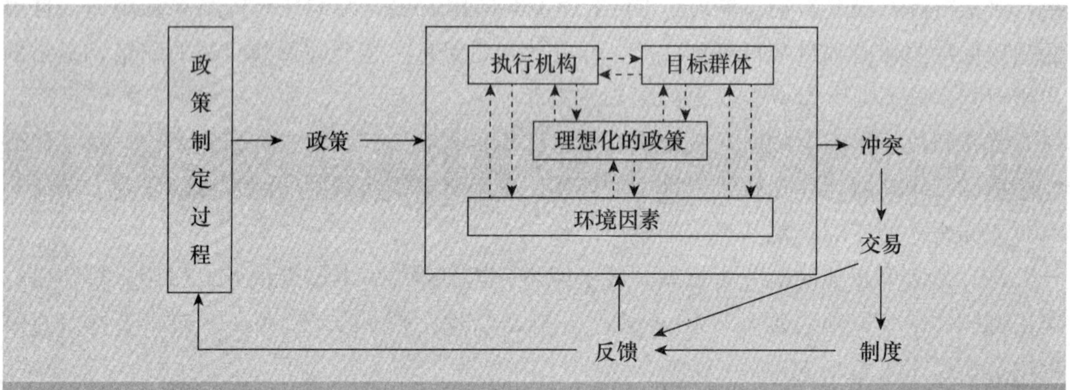

图6-4 史密斯的政策执行过程模型

资料来源：SABATIER P，MAZMANIAN D A. Policy implementation：a framework of analysis. Policy Studies Journal，1979-1980，8 (4).

史密斯认为，当理想化的政策、执行机构、目标群体、环境因素之间存在冲突时，行动主体之间会产生交易行为，形成尚未定型的新规则，导致政策内容发生变化。该模型提出，政策执行是一个连续过程，行动者之间具有持续的互动和调适，反馈是政策执行的重要组成部分。行动者之间的交易行为产生出乎意料的效果，甚至带来不符合决策者期望的现象。通过反馈途径，把执行的结果反馈给决策者和执行机构，会强化或弱化某项政策的实施。史密斯模型认识到反馈对执行具有重要影响，但它仅着眼于认知和解释，没有就如何改进政策做出进一步的探索。

史密斯模型以理想化的政策为前提，但十全十美的政策并不存在，任何政策都具有局限性。在史密斯模型的基础上，麦克拉夫林提出政策执行的相互调适模型（mutual adapation model）。[②] 在麦克拉夫林看来，成功的政策方案有赖于有效的执行，有效的执行有赖

① SMITH T B. The policy implementation process：a conceptual framework. Policy Science，1973，4 (2)：197-209.

② MCLAUGHLIN M W. Implementation as mutual adaptation：change in classroom organization. Teachers College Record，1976，77 (3)；WILLIAMS W，ELMORE R F. Social program implementation. New York：Academic Press，1976：167-180.

于持续的调适。他通过实证研究指出，政策执行是执行者与受影响者之间相互调适的过程，涉及目标和手段两个方面。执行者与受影响者之间的需求和观点并不一致，经过说明、协商、妥协等方式，彼此修正立场，可达成双方都接受的执行方式。

6.3.2　街头官僚模型

美国学者利普斯基在《街头官僚：公共服务中的个人困境》一书中，提出了著名的街头官僚模型（street-level bureaucracy model），也称基层官僚模型。[①] 基层官僚是指那些工作在一线的行政官员，包括警察、税务官、公立学校的教师等，他们直接面对公众，需要在接触和互动中开展工作。街头官僚的地位不高，在政府雇员中占很大比重，他们与目标群体面对面接触，拥有较大的自由裁量权，他们的个人判断直接影响执行结果。

利普斯基开辟了政策执行研究的“自下而上”路径。他关注的不是上级机构如何贯彻落实其决策意图，而是基层官员的工作环境和行为方式。利普斯基将基层官员塑造成身处悲剧情境中的“英雄”形象，等级森严的体制、繁重的公务压力、所需资源的不足、工作方法的不确定性、服务对象的不可预知性使他们的公共服务雄心大为受挫。街头官僚是大系统中的齿轮，在各种规范的约束下工作。他们对整个系统的运作没有控制力，其工作没完没了、休闲时间少，工作压力大。为了防止出现问题，上级机构采取控制和考评手段，这进一步加大了他们的工作压力。

利普斯基被视为第二代政策执行研究的关键人物，他关注基层官员的工作环境及在政策执行中的行动策略，形成了“自下而上”的研究路径。人们进入公共部门工作时，都曾承诺过要服务于公共事业，然而，基层官员的职业特点却使他们无法达到工作的理想境界。街头官僚通常是在恶劣的工作环境中履行职责。为了应对不确定性和工作压力，基层官员既要遵守各种规则和程序，也要发挥决断能力，采取调适行动，从而化解矛盾和问题，满足服务对象的期望。利普斯基主张赋予街头官僚适当的自由裁量权。他认为，政策执行的根本在于创造各种方法来确保执行者的责任，确保地方和公众的期望能够得到满足，一味地强调“自上而下”的方法是对政策执行的一种偏见。[②]

6.3.3　模糊-冲突模型

美国学者马特兰德对“自上而下”和“自下而上”的研究路径进行了整合，提出了政策执行的模糊-冲突模型。[③] 马特兰德提出，政策执行研究“不再需要更多的变量，而是需要结构体系”[④]。“自上而下”的路径倾向于以明确的政策为自变量，公共政策并非都描绘

---

① LIPSKY M. Street-level bureaucracy：dilemmas of the individual in public services. New York：Russell Sage Foundation，1980.

② 希尔，休普．执行公共政策．北京：商务印书馆，2011：75.

③ MATLAND R E. Synthesizing the implementation literature：the ambiguity-conflict model of policy implementation. Journal of Public Administration Research and Theory，1995，5（2）：145－174.

④ 同②146.

了明确的目标、指标与工具选择，有的政策对目标进行模糊化处理，上下级通过协商确定具体目标，有的政策赋予了基层官员自由裁量权。

马特兰德认为，当一项政策提出了明确的政策目标时，成功的政策执行需要忠实于已经确定的目标。“当一项政策没有清晰阐述政策目标时，对成功标准的选择就变得十分困难，此时，社会普遍接受的规范和价值就会更多地发挥作用。”① 他根据政策的模糊性、冲突性两个自变量，提出了政策执行的模糊-冲突模型。其中，模糊性是指政策内容的模糊性，包括政策目标和手段两个方面；冲突性是指涉及的多个执行机构的利益诉求具有不一致性。根据这两个维度，可区分出四种执行模式，分别是政治性执行、行政性执行、试验性执行、象征性执行（见表 6－1）。

表 6－1　马特兰德的模糊-冲突模型

		政策的冲突性	
		低冲突	高冲突
政策内容的模糊性	低模糊	行政性执行 （资源条件）	政治性执行 （权力）
	高模糊	试验性执行 （背景条件）	象征性执行 （联盟力量）

其中，行政性执行发生于政策低模糊、低冲突的状况，这也是“自上而下”路径所适用的理想状况。在此情境中，政策目标和解决问题的手段都是已知的，各方的目标诉求具有一致性，政策执行成效主要取决于资源状况，只要有充足的资源，就可将预期目标转化为实际结果。

政治性执行发生于政策低模糊、高冲突的环境下，政策执行的目标和手段都很清晰，但涉及的多元主体的目标诉求具有冲突性。政策执行的结果取决于权力的运用，成功的执行要求执行者与目标群体进行互动调适，运用一定策略。

试验性执行发生于政策高模糊、低冲突的情境，成功的执行取决于适当的“背景条件”，满足一定的背景条件可通过试验途径进行政策学习，总结经验教训，反馈执行结果。

象征性执行发生于政策高模糊且高冲突的情境，地方层次的联盟的力量往往决定着执行结果。如果各地都采取观望的态度，一项政策就可能被束之高阁。

马特兰德的模糊-冲突模型在政策执行模式的类型学研究方面做出了重要贡献。需要说明的是，政策模糊可能是政策制定者有意追求的结果。在决策过程中，为了减少争议和冲突，政策制定者常常有意对政策目标做模糊化处理。政策模糊并不一定是坏事，在认知不足、环境不确定的情况下，政策模糊给予执行者较大的自主空间，有利于推动政策创新，也可避免因决策偏差而损害中央政府的权威性。

---

① 希尔，休普．执行公共政策．北京：商务印书馆，2011：155.

6.4 中国场景的政策执行模型

中国是单一制国家，全国各级政权服从党中央、国务院的统一领导，地方政府出于自身利益考虑，在执行中央政策过程中，也可能采取策略性行为。近年来，公共政策学者基于中国制度环境，提出了中国特色的政策执行模型。这里介绍具有代表性的几个理论模型。

6.4.1 "决策删简-执行协商"模型

对于一项复杂的政策议题来讲，当面临巨大的社会压力与多元化的利益格局时，中国决策系统经常通过激烈的政策改革方式，快速做出政策决定。薛澜、赵静注意到中国决策过程中存在缩短决策程序的现象，而执行过程中充满了妥协和权衡，提出了"决策删简-执行协商"分析框架。① 在全面推进改革的背景下，大量问题涌入政策议程，但中国政策过程并没有陷入"民主决策的困境"，即决策系统并未出现明显的拖沓、停滞、无法达成共识的问题。相反，中国决策系统在众多领域推进改革，展现了快速解决问题的决策优势，地方政府在执行中也是快速响应，这主要依赖于决策删简机制，重大改革的决策过程非常迅速，缺乏方案比较权衡和分析的过程，并很快进入执行与实施阶段。然后，依赖于执行协商机制，在不同部门之间、政府与社会之间增进沟通对话，权衡各方利益诉求，不断细化政策方案，尽可能化解激烈冲突。

决策删简是对中国政策制定过程的经验观察和归纳，在面临非常规性问题时，行政系统具有迅速决策、迅速部署的特点。在强大的外部压力和有限的时间约束下，在有限的资源条件下，政府系统提出新的政策方向，政策安排非常综合但缺乏细节，决策者将剩余决策权转移给执行系统。政策决策完整过程包括问题界定、议程设置、方案评估、方案抉择、政策执行、政策评估等环节。当面对强大的外部压力时，政党系统会减少决策环节。

由于决策过程删简，新政策涉及的多方行动主体只能在执行中表达利益诉求，执行机构需要平衡各方利益诉求，制定更为具体的行动方案。这样，政策执行就变成了利弊权衡、方案协商和讨价还价的过程。这种"执行协商"可视为修正环节，可缓冲快速决策带来的负面影响。"决策删简-执行协商"既可快速回应上级政府和公众的关注事项，也给利益相关者参与留下协商空间。决策删简有可能导致决策失误，执行协商则构成了妥协和折中机制，这使得复杂场景下的政策执行结果具有不确定性，它有可能缓冲快速决策带来的负面影响，也可能会削弱快速决策的正面效果。虽然决策删简的结果具有不确定性，却能

---

① 薛澜，赵静．转型期公共政策过程的适应性改革及局限．中国社会科学，2017（9）．

够带来一定的政策效果，可快速满足政治需求，形成形式上令人满意的决策安排，同时，执行协商也使利益相关者具有参与的机会。依赖于这种“决策删简-执行协商”机制，中国政府既推进了激进改革，同时又保持了社会稳定。

6.4.2 政治势能模型

在中国政策执行过程中，政治权威的高位推动发挥了重要作用。贺东航、孔繁斌提出政策执行的政治势能模型，认为政治势能是影响政策执行的一个关键变量。① 他们区分了执政党和政府系统，用以刻画执政党在推进政策执行中的独特功能。他们发现，在中国治理场域中，公共政策发文单位的不同位阶展现了差异化的“政治势能”，地方政府能够识别出一项政策所具有的“政治势能”，根据势能高低做出相应的执行策略调整。

政治势能主要通过“党的领导”“构建权势”“借势成事”发挥作用。在各级政权中，党组织发挥总揽全局、协调各方的作用，政策执行需要通过党的领导来产生凝聚力，推进跨部门协同。利用党政联合发文，将公共政策上升为党的议题，成立领导小组，构建权势，提高公共政策的政治位阶，释放政策信号，以任务为导向进行分工和整合。当党中央发出政策信号时，地方官员很快就会察觉到，进而推进政策变现。

政治势能模型反映了中央重视程度对政策执行的显著影响。如果中央不重视，在弱政治势能-弱激励机制下，公共政策的变现能力就会很低。随着政治势能加强，政策变现能力也会增强。在强政治势能-强激励机制下，政策变现能力高涨，就会呈现出中央全面重视、地方积极执行的局面。随着政策任务告一段落，政治势能则会降级，政策变现能力回归常态。附有政治势能的公共政策往往高于部门政策，能够通过执政党的权威引领，在多方主体之间增进协调。

6.4.3 双重激励模型

在单一制下，激励因素是影响政策执行的一个重要变量。“自上而下”的激励可分为经济激励、政治激励两种类型。其中，政治激励通过行政分权、政治晋升和问责机制，调动地方政府和当事官员的积极性；经济激励通过财政分权、转移支付、优惠政策等手段，使地方政府尤其是率先行动者获得更大的经济收益。地方政府执行中央政策既有经济动机，也有政治动机。

根据政治激励和经济激励的有效性，有研究者提出了政策执行的双重激励模型（见表6-2），认为政治激励和经济激励的有效性决定了地方政府执行中央政策的行为选择，进而影响了政策实施的效果。双重激励模型基于地方官员的“经济人”假设，认为地方官员以追求利益最大化为目标，在面临多重选择时倾向于选择利益最大化的方案。该模型还假设中央政府在制定政策时，有意给地方政府留下一定的自由空间，地方官员可根据本地条件

① 贺东航，孔繁斌．中国公共政策执行中的政治势能：基于近20年农村林改政策的分析．中国社会科学，2019(4).

出台具体政策。

表6-2 政策执行的双重激励模型

		政治激励的有效性	
		高	低
经济激励的有效性	高	实动	暗动
	低	伪动	缓动

双重激励模型根据政治激励、经济激励的有效性，区分了地方政府执行中央政府政策的四种行为模式（见图6-5）①：

（1）实动。当中央政府政策对地方政府的政治激励和经济激励均有效时，地方政府会积极主动采取行动，真实执行中央政府政策。

（2）伪动。如果中央政府政策仅具有较高的政治激励而经济激励不足时，地方政府及官员会倾向于采取表面响应、实质观望的行动策略。

（3）暗动。如果某项中央政府政策的政治激励较低而经济激励较高时，例如一些产业规制性政策，地方政府及官员则会采取“先斩后奏”的执行策略。

（4）缓动。如果中央政府政策对地方政府既缺少政治激励，也缺少经济激励，地方政府则会采取延缓、观望策略。

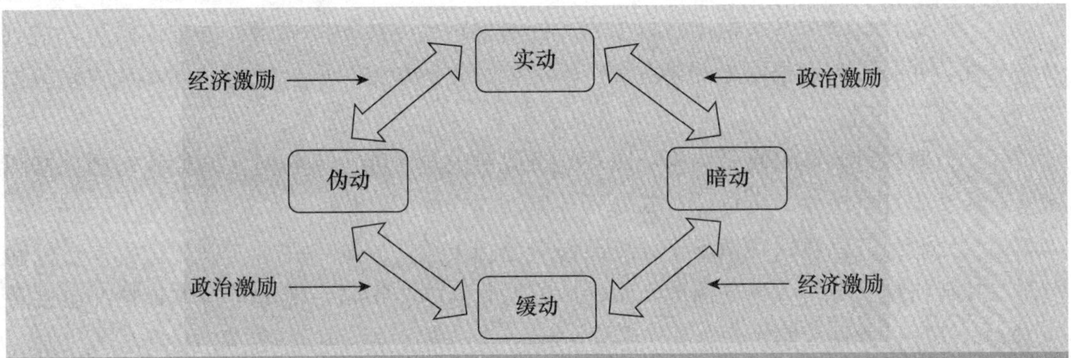

图6-5 地方政府政策执行模式的转化

地方政府执行中央政府政策所面对的政治激励、经济激励并非一成不变。两者之间存在相互转化的关系，例如一些政府监管政策可能会牺牲经济激励，但却可以在政治激励上加分。随着时间的推移，一项政策执行的政治激励和经济激励会逐渐发生变化。相应地，政策执行模式也会随之变化。通过调整政治激励、经济激励的强度，可引导地方政府执行模式从“缓动”走向“实动”，实现地方利益与国家利益的兼容。

① 陈玲，林泽梁，薛澜．双重激励下地方政府发展：新兴产业的动机与策略研究．经济理论与经济管理，2010(9).

6.4.4 政策执行的学习模型

激励理论对于理解地方政府的执行行为具有一定的解释力，也存在一定的局限性。根据激励理论，在同样的激励机制和强度下，政策执行会形成相同的产出和结果。然而，对于同一项公共政策，各地执行的结果却存在差异性。由于有限认知的原因，一项新政策出台时政策内容可能并不完备，决策者只是提出了新导向和框架性的要求，并未规定具体目标和政策手段，但地方政府可根据实际情况出台实施细则。在这种情况下，政策执行需要建立议题学习网络，通过学习增进认知，从而细化政策方案。

杨宏山根据公共政策的完备性、地方政府学习能力的差异性，区分了四种政策执行模式，分别是调适执行、行政执行、试验执行、象征执行（见表 6－3）。[①] 其中，公共政策的完备性是指公共政策的详细性，公共政策有可能对实施手段做出详细规定，如法律法规，也可能只提出原则性要求，不对具体内容做出规定；地方政府的学习能力包括政策理解和创新能力，学习能力强可以更好地领会政策精神，结合实际细化政策安排。

表 6－3 政策执行的学习模型

		地方政府的学习能力	
		强	弱
公共政策的完备性	高	调适执行	行政执行
	低	试验执行	象征执行

（1）调适执行。公共政策出台以后在一定时期内会保持相对稳定。各地的政策环境具有差异性，在政策内容很明晰的情况下，学习能力强的地方政府会根据具体环境对政策做出调适或变通处理。

（2）行政执行。如果政策内容明晰而地方政府的学习能力不强时，政策执行则会按图索骥，从文本规定出发，实行令行禁止的原则。

（3）试验执行。在这种情况下，新政策只是提出总体原则，并未明确规定具体目标和措施，执行机构具有较大的自由度。地方政府的学习能力很强，能够根据本地情况出台具体方案，开展试验性探索。

（4）象征执行。当政策内容不清晰且缺少明确的任务、指标和时限要求时，就难以对执行结果进行评估考核。对于学习能力较弱的地方政府来讲，政策执行只会停留于表面文章，而不采取实质行动。

6.4.5 政策执行的变通模型

在政策执行中，执行机构和个人常常采取变通行动，致使政策目标不能转化为实际结果，甚至出现政策执行偏离决策初衷的现象。针对这一现象，丁煌提出了“政策执行阻

① 杨宏山．创制性政策的执行机制研究．中国人民大学学报，2015（3）．

滞”的概念，剖析了政策执行阻滞的具体表现。① 根据执行者对政策内容的变通程度，政策执行可分为以下四种情况：

1. 真实执行

这种执行遵从政策精神，真实、全面落实政策内容，不打折扣，力求将政策目标转化为实际结果。

2. 选择执行

这种执行采取选择性策略，只执行某项政策的部分内容而对其他内容采取有意识的“忽略”，致使政策执行不全面、不充分。在缺少刚性约束的情况下，执行者容易采取选择性策略，对于符合自身利益的政策就执行，不符合的则束之高阁。

3. 附加执行

政策执行时人为地添加了某些内容，新增加的内容可能与原政策的价值导向相冲突，致使政策执行背离基本要求。地方政府在执行上级政策时有时会附加一些“土政策”，导致政策执行出现“私搭乱载”的现象。

4. 替代执行

这种执行属于“挂羊头，卖狗肉”的行为，它以另外一套政策取代既定政策。替代执行严重损害了公共政策的统一性和权威性，可能产生严重后果。

6.5 提升执行力的路径

政策执行发生于一定的府际关系结构之中。在单一制下，中央政府不仅将自身承担的部分事权移交给地方政府，还可通过立法活动对地方政府的事权进行调整。地方政府出于自身利益考虑也会对中央政策采取策略性行动。

6.5.1 有效执行的标准

为了实现政策目标，执行者需要开展执行导向的学习，规划并实施一系列计划性活动。怎样才是有效的政策执行呢？执行者是忠诚于决策者的价值和目标导向，还是关注执行的总体结果呢？

政策执行的评价者有决策者、执行机构及人员、专家学者、媒体、公众等，不同评价者的偏好和主张对政策执行的判断具有重要影响。总体而言，评价政策执行的效果与评价者的分析视角密切相关。

1. “自上而下”的视角

从“自上而下”的视角来看，有效的政策执行的基本标准有：（1）遵守政策的规定。

① 丁煌．我国现阶段政策执行阻滞及其防治对策的制度分析．政治学研究，2002（1）．

执行机关和人员要遵守政策规定，包括程序、阶段性任务和指标等方面的要求，接受其中刚性条款的约束。（2）实现政策目标。对于决策者来讲，政策执行的目的在于实现政策目标，“自上而下”的组织体系都要以此为工作导向。（3）符合成本和收益的有效性原则。政策执行要控制成本，追求以可控的成本获得更好的收益。

2. “自下而上”的视角

从“自下而上”的视角来看，有效执行的基本标准有：（1）及时回应基层人员和目标群体的诉求。政策执行是在特定情境下的行为，需要增进与基层机构、行政人员、目标群体的沟通，及时了解执行中存在的问题，听取基层工作人员的意见和看法并做出回应。（2）在执行中增进学习，优化实施方案。公共政策是在有限认知下形成的决策，其内容可能较为模糊，也可能具体但不切实际，执行者需要在实践中深化认知，进一步细化方案并吸取教训，调整优化行动方案。（3）取得令人满意的结果。政策执行需要成本，需要形成令人满意的结果。

3. 综合的视角

综合的视角试图兼顾“自上而下”和“自下而上”两种维度，在两者之间寻求一种平衡。从综合的视角来看，理解政策执行的成效取决于决策者诉求与地方期望之间的权衡。政策执行既要完成政策规定的任务、实现政策目标，又要听取执行部门、行政人员和目标群体的诉求，回应代表性的意见、看法，汲取其中的合理因素，在执行中优化行动方案。如果考虑目标群体的诉求，就需要整合“自上而下”和“自下而上”两种评估机制，形成一种复合型评估机制。

公共政策并非都有明确的目标任务，有的政策只做出原则性规定，提出基本的价值导向，并未陈述具体目标和执行标准。当政策目标不明晰时就需要用更宽泛的价值标准来评估执行情况，如提高效率、促进经济增长、增进政治支持、缓解地方性矛盾等。马特兰德指出，当政策目标被清晰界定时，决策者的价值诉求必须受到重视，政策执行的有效性取决于政策目标的实现程度；当一项政策缺少明确的目标时，执行的有效性评估就要以一般意义上的社会价值标准为尺度。①

6.5.2 有效执行的条件

有效执行公共政策需要具备一定的前提条件。这些前提条件主要包括：

1. 高质量的公共政策

政策的有效执行首先受制于公共政策本身的质量。高质量的公共政策以增进公共利益为目标，政策方案具有合法性、合理性、协调性、公平性和可行性。有些公共政策在执行中面临重重困难，可能与政策本身存在缺陷有关。如果政策本身得不到政策对象的自愿认同、支持和配合，在执行中就会遇到阻碍。

① MATLAND R E. Synthesizing the implementation literature：the ambiguity-conflict model of policy implementation. Journal of Public Administration Research and Theory，1995，5（2）：145－174.

2. 必要的组织保障

组织系统是政策执行的主体，它包括一定的组织机构、执行人员以及相应的权力结构、人事管理、领导模式、指挥方式和信息沟通等。政策执行离不开组织系统的保障，同时也需要合格的执行人员。

3. 必要的执行资源

执行资源是保障政策执行有效性必不可少的条件之一。它不仅包括物质、信息和技术资源，还包括合法性资源、权威性资源、社会资本、人格魅力、信用度等。政策执行者不论是机构还是个人，都要依赖于一定的执行资源。

4. 恰当的执行工具

执行工具亦称执行方法，是指执行主体在部署和贯彻政策时所拥有的实际方法和手段。豪利特和拉米什按照政府的介入程度逐步提高排序，将政策执行工具划分为十大类①（见图 2－3）。不同的政策工具之间存在差异性，这些差异影响政策工具在特定情况下的适用性。② 推行某项特定政策需要选择恰当的执行方法。

5. 有效的沟通和协调

政策执行涉及社会利益格局和利益关系的调整。有效的沟通和协调可以增强政策执行机构与政策执行人员之间、政策执行者与目标群体之间的信息联系，能够统一认识、消除误解，争取政策对象的认同、服从和参与，增进合作，发挥整体效应，提高政策执行的效率，保证政策目标的顺利实现。

6. 有效的监督控制

在公共政策实施过程中，由于受到各种内部和外部因素的影响，有可能会出现政策执行偏差或政策失真现象。为了提高政策执行效率，需要加强监督和控制。随着社会民主化的发展，公众参与和社会监督正在发挥着越来越重要的作用，已经成为保障政策有效执行的重要机制。

本章小结

早期的公共政策研究聚焦政策制定，政策执行并没有受到重视。学者们构建了很多决策模型和方法，在实施中却惊讶地发现，精心制定的政策有可能陷入困境。20 世纪 70 年代，政策学者开始关注政策执行问题。政策执行的影响因素有很多，可分为制度性因素和非制度性因素两类，前者具有相对稳定性，后者更具变化性。政策执行研究主要聚焦制度性因素。

政策执行的理论研究经历了三个阶段：第一代研究偏重于“自上而下”的路径；第二

① 豪利特，拉米什．公共政策研究：政策循环与政策子系统．北京：生活·读书·新知三联书店，2006：142.

② SALAMON L M. Beyond privatization：the tools of government action. Washington，D. C.：Urban Institute，1989：41.

代研究侧重于“自下而上”的路径，强调考虑执行者的需求和价值导向；第三代研究整合了第一代和第二代研究的优点，形成更为综合性的分析框架。国外政策执行研究的代表性理论包括史密斯的执行过程模型、利普斯基的街头官僚模型、马特兰德的模糊-冲突模型。

近年来，公共政策学者基于中国制度环境，在理论对话的基础上，提出中国特色政策执行模型。代表性的理论建构有“决策删简-执行协商”模型、政治势能模型、双重激励模型、政策执行的学习模型、政策执行的变通模型等。

有效执行公共政策需要具备一定的前提条件，主要包括：高质量的公共政策、必要的组织保障、必要的执行资源、恰当的执行工具、有效的沟通和协调、有效的监督控制。

关键术语

政策执行　史密斯模型　街头官僚模型　模糊-冲突模型　决策删简-执行协商模型　双重激励模型

复习思考题

1. 简述政策执行的特征与过程。
2. 简述政策执行的影响因素。
3. 试论政策执行研究的发展阶段及其贡献与局限性。
4. 简述史密斯的执行过程模型的基本内容。
5. 简述政策执行的街头官僚模型的基本内容。
6. 简述马特兰德的模糊-冲突模型的基本内容。
7. 简述“决策删简-执行协商”模型的内容。
8. 简述政策执行的双重激励模型。
9. 从政策学习的视角，简述政策执行的主要类型。
10. 从变通的视角，简述政策执行的主要类型。
11. 试论公共政策有效执行的前提条件。

第 7 章

政策评估

政策评估是政策过程的一个重要阶段，通过揭示因果机制或结果分析来判断政策的有效性。政策评估包括方案评估和执行评估两个方面。对政策方案进行评估，研判某项政策的预期结果，可为方案抉择提供依据；对政策执行情况进行评估，可从中总结经验教训。在评估中发现某项政策执行存在严重问题，就需要调整政策内容，推进政策创新。

7.1 政策评估的含义

7.1.1 政策评估的概念

简单地讲，政策评估就是分析政策的结果和成败。具体而言，政策评估是评估主体根据一定的标准，对一项政策的产出及影响进行测量和评价，以判断政策目标的实现程度。政策评估包括两项任务：一是通过描述、检测和分析活动来确定某项政策的产出，二是根据一定的标准或价值原则来判断政策的成败。① 政策评估贯穿政策过程的各个环节，不仅政策制定需要对方案、计划的影响进行评估，在政策付诸实施后也要对其效果进行评估。正是在持续评估中，公共政策才得以不断发展、创新并趋于完善。

政策评估以政策结果为核心关注点，包括一项政策的产出及其导致的社会影响，前者关注目标群体的利益调整和变化情况，后者关注目标群体对政策产出的态度和看法。政策评估涉及事实和价值两个层面：在事实层面，政策评估要注重证据，全面收集政策的产出信息，包括预期的结果以及非预期的后果，以事实为基础进行分析。在价值层面，政策评估要关注目标群体的评价。开展政策评估应追求事实与价值并重，不仅要检测政策的结果，

① 斯图尔特，赫奇，莱斯特．公共政策导论：第 3 版．北京：中国人民大学出版社，2011：113.

也要收集目标群体的评价信息，从而兼顾理性和正当性，确保政策评估的结论具有公信力。

7.1.2 政策评估的类型

政策评估活动具有多样性，根据不同的维度可区分出不同的类型。

1. 根据评估主体分类

根据评估主体，政策评估分为内部评估和外部评估两种类型。

（1）内部评估。内部评估是由政府内部评估人员开展的评估活动。优点是评估主体来自政府内部，对政策制定、执行涉及的要素较为了解，与相关部门具有合作关系，可获得第一手资料；缺点是评估主体与政策制定者、执行者具有利益关联性，自身地位不独立，容易影响评估的客观性和公正性。

（2）外部评估。外部评估又称第三方评估，是指由政府之外的评估主体承担的评估活动。外部评估者包括独立研究机构、传媒、社会组织等，外部评估者与政府部门没有直接的利益关系，能够做到客观公正，但在获取政策信息方面存在不足。外部评估者对政策执行的真实情况不够了解，可能出现执行主体质疑评估结果的情况。

詹姆斯·威尔逊提出了政策评估的两条法则：第一条法则是指若由政策实施者及其朋友进行政策评估，则对所有的政策干预都会产生预想效果；第二条法则是指若由独立的第三方进行评估，特别是持怀疑态度者负责评估任务时，则政策干预往往难以产生预期的效果。① 他指出，当遵从第一条法则时，评估者会采用最可能观察到预期效果的时间框架，尽可能不去寻找导致观察到的效果的其他变量；当遵守第二条法则时，即使观察到预期的政策效果，也会尽可能地寻找能解释的其他变量。

2. 根据组织形式分类

根据组织形式，政策评估可分为正式评估和非正式评估。

（1）正式评估。正式评估是指由专门的评估主体事先制订完整的评估方案，并开展评估的活动。正式评估的优势在于评估者具有专业性，评估方法较为规范，评估内容较为全面。正式评估的结论常成为评价政策执行情况的主要依据。

（2）非正式评估。非正式评估对评估者、评估形式、评估方法没有做严格规定，是人们根据有限信息对政策结果做出的评价和估测。非正式评估具有灵活性和及时回应的特点，缺点是获取的信息有限，加之缺乏科学的程序和方法，评估得出的结论具有较强的主观性。

3. 根据评估内容分类

根据评估内容，政策评估可分为过程评估、效果评估。

（1）过程评估。过程评估关注政策执行的手段、方式和方法。这种评估聚焦政策执行在管理上存在的问题，包括是否采取了有力的措施、在程序和方法上是否符合规范、怎样才能更好地推进政策执行等。

---

① WILSON J Q. On pettigrew and armor. The Public Interest，1973，30（Winter）：132－134.

（2）效果评估。效果评估关注政策实施产生的效果，包括直接效果、附带效果、潜在效果等。直接效果是指政策实施是否缓解了政策问题、是否达到决策者预期的效果。附带效果是指政策执行的间接影响，表现为一种溢出效果，包括正的外部性和负的外部性。潜在效果在短期内不易察觉，但在较长时期内会表现出来。

4. 根据时间节点分类

根据时间节点，政策评估可分为事前评估、事中评估、事后评估。

（1）事前评估。事前评估也称“前评估”，是在政策实施之前进行的预测性评价，评估内容包括对政策环境和目标群体发展趋势的预测、对政策可行性的评价、对政策实施可能效果的预测和评价。

（2）事中评估。事中评估也称“中期评估”，是在政策执行中对遇到的情况和产生的初期结果进行评估。在复杂环境下，一些重大政策在执行中遇到的突出问题，有些是政策制定者始料未及的，在政策执行过程中针对突出问题进行事中评估可及时掌握情况，有针对性地调整政策方案。

（3）事后评估。事后评估也称“后评估”，是在政策执行后对其效果进行总结评价，须采集数据，分析政策执行的总体效果。

7.1.3 政策评估的功能

政策评估是政策过程的重要环节。有学者提出，政策评估主要有两个功能：一是促进政府承担起责任和义务；二是促进政策学习，进而提高政策制定和执行能力。[①] 概言之，科学的政策评估具有以下功能：

1. 检验政策目标的实现程度

政策执行是否实现了预期目标不能仅凭主观判断，还需收集政策运行的丰富数据，通过绩效分析计算政策实施的成本、产出和收益，以事实为根据评价政策实施的结果和效果，得出在多大程度上实现了政策目标。

2. 促进系统的政策学习

政策评估的另一个重要功能是促进深入系统的学习，增进对政策制定和现实情境的认知，发现政策执行存在的偏差。与政策监控不同，政策评估须考虑政策工具、执行系统与政策效果之间的因果关系，进而探讨政策内容是否适当以及政策环境对执行效果的影响。[②]

3. 为政策调整提供依据

政策制定以后需要根据政策环境、目标群体、价值观念、执行结果的变化及时调整政策内容，确保政策执行取得预期效果。通过政策评估发现问题可为新的决策提供依据。决策者须根据实施效果、存在的问题及紧迫程度重新考虑政策安排。对于继续执行的政策也

---

① VAN DER MEER F B，EDELENBOS J. Evaluation in multi-actor policy processes：accountability，learning and cooperation. Evaluation，2006，12（2）：201－218.

② 王雪梅，雷家骕．政策评估模式的选择标准与现存问题述评．科学学研究，2008（5）．

要优化资源配置。

4. 增进政策系统与公众的沟通

政策评估的结论与评估主体具有直接关联性，一般而言，内部评估者总是对政策实施的效果持积极评价态度，而持有异议的评估者则会放大政策执行的负外部性。当面对社会质疑时，有控制的政策评估可作为政府部门营造良好的公共关系的一种策略。这种评估通过凸显政策执行在某些方面取得的成就，增进政策系统与公众的沟通，提高公众对政策效果的认同度。

不当的政策评估则会产生负面影响。在实践中可以看到：一些评估者利用评估手段搜寻影响政策结果的外部因素，寻求有利于自身的证据，为决策失误推脱责任；一些政府部门利用政策评估手段有意突显执行难度，要求增加机构、人员、经费，或规避应负的责任；一些机构过分夸大政策执行的效果，将政策评估当作歌功颂德的工具；一些批评者利用政策评估手段片面地剪裁数据，凸显某一方面的结果，试图影响舆论，在政策执行中施加压力；有的评估者有意歪曲事实，批判决策失误，谋求政策调整。

延伸阅读

政策影响评估的作用

发展政策与项目旨在改变结果，例如增加收入、改进学习效果、减少疾病。这些愿景能否实现是公共政策问题的关键所在。然而，这个问题却经常被忽视。项目经理和决策者往往只关注评估、报告项目的投入和短期产出，例如花了多少钱、发放了多少课本、就业项目的参与人数，而不是着眼于项目预期效果是否达成。

政策影响评估是循证决策的广泛议程的组成部分。以结果导向取代投入导向为标志，这股国际热潮的兴起正在重塑公共政策。结果导向不仅被用于制定、跟踪国内和国际目标，也被用于强化问责机制、分配预算、指导项目设计和决策。

循证决策的核心是监测与评估。它为利益相关者提供了一系列重要工具，用来检验、提高项目和政策执行的质量、效率、有效性，即用来聚焦于成果。在项目管理层面，管理者需要确定最具成本-收益优势的设计方案，或者向决策者展示项目进展符合预期目标的案例，以便获取拨款继续运行或扩张项目。在国家层面上，各部门都会向财务部争取预算。另外，政府也有责任向国民公开公共项目的绩效。

政策影响评估提供的有力证据，对问责制、创新、学习效果产生了日益显著的强化作用。证据能为公开透明的项目、清晰的问责制奠定坚实的基础。鉴于决策者和公众对公共项目成果和问责制的关注，影响评估可以为项目绩效以及预期目标的达成提供可信证据。政策影响评估也越来越广泛地应用于项目设计创新、服务提供的测试之中。在全球范围内，通过反映各项措施对消减贫困、改善福利的效果，政策影响评估对于积累关于发展项目有效性的知识大有助益。

简而言之，政策影响评估致力于衡量具体项目和政策对个人福利带来的变化。其标志性特点是强调归因。相应地，政策影响评估的关键挑战在于识别每个项目或政策与结果之间的因果联系。

政策影响评估通常衡量项目、项目模式、设计创新的影响，例如，一项卫生项目是否改善了安全取水和健康状况，新的课程安排是否提高了学生的成绩，将非认知技能加入青年培训项目是否有助于创业与收入的增加。在上述例子中，政策影响评估提供了项目是否达到预期结果的信息。与之相对应的是研究个别案例，这种方法只能反映局部信息，但无法体现项目的整体效果。因此，有效设计并执行的政策影响评估可以为政策制定、引领公共舆论、改善项目执行提供坚实和全面的证据。

墨西哥政府的有条件现金转移计划（Conditional Cash Transfer Program，CCTP），为我们提供了政策影响评估促进项目实施的典型案例。在 20 世纪 90 年代，墨西哥政府启动了一项有条件现金转移计划。其目标是为贫困家庭提供短期的资金支持，激励其对儿童人力资本进行投资，现金将转移给贫困家庭中的母亲，前提是孩子必须定期上学和去保健中心。

从一开始，政府就认识到监控和评估该项目的实际效果至关重要。负责该计划的官员聘请了一组研究人员来设计政策影响评估，并将其逐步推广到参与该项目的所有社区。2001 年，CCTP 的外部评估人员经研究发现，该项目的结果令人惊喜。他们认为该计划非常适合穷人，并带来了家庭人力资本的改善。评估人员发现，该项目显著提高了入学率，平均每年增加 0.7%；儿童的疾病发生率降低了 23%，而成年人的患病或残疾天数减少了 19%。在营养评估结果中，该计划使处于关键年龄段（12～36 个月）的儿童每年发育迟缓的可能性降低了约 10%。

这些评估结果支持了基于证据的政策决定，并有助于让政府决定继续推进该计划。随后，政府扩大了该计划的范围，引入了高中奖学金，并加强了针对青少年的健康计划。同时，这些结果也被用于修改其他社会援助计划，例如规模较大且目标明确的玉米饼补贴。这项评估还推动了 CCTP 在世界范围内的快速采用，同时墨西哥还通过了要求对所有社会项目进行评估的立法。

资料来源：GERTLER P J，MARTINEZ S，PREMAND P，et al. Impact Evaluation in Practice. 2nd ed. Washington，D. C.：World Bank，2016：3－5.

7.2　政策评估的过程与标准

7.2.1　政策评估的过程

政策评估是一个有计划、有步骤的活动过程。正式的政策评估过程包括评估筹划、信息收集、信息分析、报告撰写、报告沟通、报告应用几个阶段。

1. 评估筹划

评估筹划是政策评估的起点，也是正式评估之前的准备阶段。在这一阶段，评估者所要做的工作主要包括：学习被评估政策，掌握其出台的背景和政策内容；设计评估方案；做好组织准备和调研联系。开展政策评估需要了解被评估政策，掌握其出台的背景环境、针对的政策问题，了解政策意图、目标群体、政策工具及执行情况。设计评估方案包括确定评估的主要任务、评估方法、组织方式、时间安排、结果应用等。政策评估的涉及面广、时效性强。在开展正式评估前需要做好方案设计工作，确保评估活动按计划推进。评估筹划阶段还有一项重要工作是进行组织准备，包括确定评估活动的承担机构和团队成员、与政策实施的相关主体建立联系。

2. 信息收集

在做好评估筹划的准备工作后，政策评估就进入了实施阶段。在实施阶段须做的是根据评估任务有针对性地收集与政策内容相关的信息和数据。这些信息包括本项政策规划的政策目标与工具、政策执行产生的结果（效率、效果和效能）、其他地区类似政策实施的情况及效果等。这些信息依赖于查阅资料、实地观察、面对面访谈、社会调查、控制性试验等途径获取，要尽可能保证所收集到的信息的全面性、系统性和完整性。

3. 信息分析

在获取了第一手的信息之后，还要对这些信息进行整理、归类、统计和分析，识别其中带有规律性的特征，从而找到关键变量及相互之间的因果关系。政策评估不能仅靠经验性信息，还要依赖于数据分析、逻辑分析提供支撑。通过观察、调查、试验等途径获取的结果信息大多属于经验性资料，需要通过统计分析、逻辑分析和理论分析才能转化为有说服力的证据链，对评估结论起到支撑作用。

4. 报告撰写

正式的政策评估需要通过评估报告的形式表现出来。评估报告普遍采取书面形式，内容涉及分析政策实施的主要举措、取得的成效、存在的问题，进而提出建议或对策。评估报告要尽可能用事实和数据说话，定量分析的说服力更强。从形式上来看，完整的政策评估报告包括标题页、摘要、目录、报告正文、附录、参考文献等。其中，报告正文又分为导言、执行措施、执行成效、存在问题、结论与建议。评估报告在语言上力求简明生动，避免使用过于专业性的词语，以便于交流，产生影响力。

5. 报告沟通

评估报告形成初稿后，需要与政策制定者、执行者以及目标群体进行沟通，听取利益相关者的意见，努力做到报告涉及的事实和数据经得起推敲，在语言表达上减少争议，努力做到结论客观公正、科学可靠。

6. 报告应用

这是政策评估的最后一个阶段，也是政策评估的根本目的所在。对于正式评估来讲，报告应用须经过专家评审环节，在通过评审后予以正式发布或交由委托方采纳运用。通过专家评审的评估报告可作为政策持续或政策调整的重要依据，也可成为对政策主体进行奖惩的基本依据。

7.2.2　政策评估的维度

对于不同的公共政策来讲，由于预期目标不同，政策评估所适用的评价准则具有差异性。然而，政策评估也具有共性的评价维度。一般而言，政策评估具有事实、技术和价值三个维度。

1. 事实维度

政策评估需要描述政策实施前后事物状态的客观状况，一般通过可观察、可测量的客观指标予以展现。这些客观指标包括一项政策执行涉及的目标人群的数量、受益人群所占比例、利益受损者所占比例、政策执行须投入的资源、执行的预期目标与实际结果等。事实维度须通过数量值、比率关系、变化趋势等统计数据反映出来，或通过典型事件、代表性案例予以呈现。

2. 技术维度

政策评估需要运用一定的技术手段或工具，提升政策评估的科学性和可信性。在政策评估中，评估主体需要借助科学的手段和方法来展现相关变量之间的逻辑关系。对于同样的客观现实，采取不同的技术标准会产生不同的分析结果。开展评估需要对不同的技术标准进行比较，根据实际情况和评估任务选择合适的标准。

3. 价值维度

评估主体在评估活动中须遵循一定的价值准则，反映特定的信念、原则或价值诉求。价值维度直接影响评估者对事实性数据的收集，侧重于收集与之相关联的经验事实，而忽略其他方面的客观结果。在政策评估中，评估者难免要涉及公平与效率、自由与平等、法治与民主等价值诉求。这些价值之间并非相互包容，彼此也存在紧张关系，甚至存在价值悖论。① 评估者须确立一定的价值标准，从而对结果做出判断。

7.2.3　政策评估的标准

政策评估需要建立一套评价标准，即进行绩效测量和结果评价的尺度。不同政策的目标导向不同，很难形成统一的具体评价准则。通过考察政策评估的具体运作仍可总结出一些基本的价值标准。

邓恩将政策评估的标准分为六类，分别是②：（1）效益（effectiveness），是指某一政策能否实现所期望的目标，它与技术理性密切相关；（2）效率（efficiency），是指产生特定水平的效益须付出的努力，它与经济理性密切相关；（3）充分性（adequacy），是指特

① 斯通．政策悖论．北京：中国人民大学出版社，2009.

② 邓恩．公共政策分析导论：第2版．北京：中国人民大学出版社，2002：306－312.

定的效益满足人们的需要、价值或机会的程度；（4）公正性（equity），是指产生的效果在不同社会群体之间的分配状况，公正的判断与法律规范和社会的理性认识密切相关；（5）回应性（responsiveness），是指政策实施满足特定群体的需要、偏好或价值观的程度，它要求政策结果与目标群体具有密切关系；（6）适当性（appropriateness），它要求政策评估不能仅考虑单一标准，而是要通盘考虑多个标准，如平等与效率、公平与权利等。

结合国内外的实践发展，政策评估的常用标准主要有以下八个方面：

（1）成本。政策实施需要投入各类资源，包括人力、物力和财力，政策评估需要计算投入的资源，测算政策执行的总成本。

（2）效益。政策执行产生的预期和非预期的结果，包括可量化计算的收益以及不可量化计算的价值。

（3）效率。可量化计算的投入成本与产出之间的比例关系。

（4）充分性。政策执行产生的绩效满足人们需要、价值和机会的程度。

（5）公平性。政策执行产生的绩效在社会不同群体之间公平分配的程度。

（6）回应性。针对特定群体的需求采取行动的快捷性以及满足程度。

（7）适当性。政策目标以及采取的措施是否符合社会期望，是否与经济社会发展的总目标契合。

（8）执行力。政策内容是否得到完整执行，执行机构是否采取了有力措施，它侧重于对执行过程进行评估。

7.3　政策评估的模式

7.3.1　政策评估的发展

政策评估与政策制定相伴生，有了政策决策也就有了政策评估。科学设计的政策评估活动的出现则要晚得多，它发端于 20 世纪初。古贝、林肯认为政策评估的发展经历了“测量—描述—判断—回应性建构”四个阶段，分别形成了不同的评估模式。① 维顿认为，政策评估经历了科学驱动、对话导向、新自由主义、循证评估四次浪潮。② 概而言之，政策评估经历了从实证主义到后实证主义的发展演变。

1. 实证主义的政策评估

早期的政策评估活动偏重于量化研究，主要关注决策者设定的目标及实现程度，对其他群体的价值诉求关注较少。科学设计的评估活动最早出现在工业管理领域，泰勒的搬运铁矿石试验、梅奥的霍桑实验开启了工业生产的评估行为，前者旨在测评工作行为对生产

① 古贝，林肯．第四代评估．北京：中国人民大学出版社，2008.

② VEDUNG E. Four waves of evaluation diffusion. Evaluation，2010（3）：263－277.

效率的影响，后者关注非正式组织对工作效率的影响。20世纪初，评估研究被引入政府体系。20世纪30年代，一些社会学家运用实验设计的方法，通过对政策实施前后进行对比，对罗斯福总统“新政”提出的社会计划进行了政策评估。

早期的政策评估研究大多信奉实证主义哲学，其假设存在既定的客观事实，评估者应通过测量和分析手段收集数据，把握政策执行的客观结果。在实证主义导向下，政策评估被视为一种“经验科学”①。实证主义的政策评估具有两个特点：(1) 坚持“价值中立”。评估者应剔除价值判断，去除个人的情感、态度、价值等因素，以“技术专家”的身份介入，以保证评估结论的客观性。(2) 坚持工具理性和技术理性。将政策设定的预期目标视为不可置疑的前提，关注政策实施中可测量的变量，以检验政策是否实现了预期目标。在实证主义导向下，成本-效益分析、投入产出分析、绩效测量、社会实验等评估方法得到了广泛运用。

实证主义政策评估强调科学设计，提升了政策评估的科学性，然而在实践中也招致了不少批评。安德森、基尔等学者认为，政策制定本来就是高度政治性的活动，很难确定一个完全客观的评价标准。② 有研究者提出，把政策评估看作是完全客观性和价值中立的研究，忽略了人的价值观和情感因素的作用，同样的结果在不同群体中会有完全不同的解读。另外，价值中立的倾向过分推崇决策者的权威，拒斥对问题的界定和对政策目标的反思，利益相关者的评价被边缘化，降低了评估结论的公信力。

2. 后实证主义的政策评估

20世纪70年代以后，评估者意识到不同社群的价值取向具有差异性，政策评估开始运用定性研究方法关注政策实施对不同社群的影响。后实证主义的政策评估主张事实与价值相结合，提出政策评估应建立在沟通理性的基础上，评估过程的每个阶段都伴随着价值判断，需要考虑利益、文化、政治等因素，将社会共识、政治可接受性、正当性置于重要地位。

后实证主义的政策评估对纯粹的技术路线持批评态度，将互动和对话看作政策评估不可或缺的环节，主张在利益相关者之间建立对话关系，倾听利益相关者的主张、关切和议题选择。后实证主义强调评估者需要转换角色，从评估过程的主导者变为组织者、倾听者和协调者，认为评估者不能单方主导绩效测量、事实描述和结果判断，要善于运用地方性知识，尽可能拓展利益相关者的参与，做好各方参与者之间的对话和协调工作。③

实证主义政策评估主要采用自然科学的研究方法，评估者重视技术性测量，对大型计划的经济社会影响进行测评。后实证主义评估十分重视利益相关者在评估过程中所发挥的作用，采用的评估方法更为多元化，除了量化评估外，利益相关者评估、响应式评估、参

---

① 施托克曼，梅耶．评估学．北京：人民出版社，2012：93.

② ANDERSON C W. The place of principals in policy analysis. American Political Science Review，1979，73 (3)：711－723；KERR D H. The logic of policy and successful policies. Policy Sciences，1976，7 (3)：351－363.

③ 李亚，宋宇．后实证主义政策评估主要模式评析．天津社会科学，2017 (1).

与式评估得到了广泛采用。

后实证主义评估也面临一些问题：这种评估对评估者与利益相关者提出了更高的要求，评估者是否愿意转换角色、是否有足够时间吸纳利益相关者参与，利益相关者是否有能力参与评估、是否愿意花费时间与精力、是否会反思和批判自己和他人的观点，这些都会影响评估质量。另外，参与式评估缺少便于操作的运作程序，成功模式的推广也存在困难。

延伸阅读

政策评估发展的四个阶段

美国学者古贝、林肯提出，政策评估的发展经历了四个阶段：第一个阶段是技术（technical）阶段，就是用客观的标准和严谨的方法评估政策在技术层面的达成程度；第二个阶段是描述（descriptive）阶段，以第一阶段得到的经验结果为基础，描述政策的达成程度；第三个阶段是判断（judgement），即根据以前两个阶段的结果来判断公共政策是否实现了承诺的政策目标；第四个阶段是价值多元（value pluralism），在这个阶段，众多利益相关者的利益诉求和公共政策的伦理价值被纳入考察范围（见表 7－1）。①

表 7－1　政策评估的四个阶段

<table>
<tr><th colspan="2">政策评估阶段</th><th>主要任务</th><th>方向导向</th><th>基本特征</th></tr>
<tr><td rowspan="4">时序</td><td>技术阶段</td><td>客观分析政策是否达到预设的技术目标</td><td rowspan="2">实证研究方法，主要是准实验研究</td><td rowspan="3">价值中立、客观、严谨</td></tr>
<tr><td>描述阶段</td><td>根据预设政策目标来描述公共政策的成绩和问题</td></tr>
<tr><td>判断阶段</td><td>对政策目标是否达成的总体判断</td><td>比照政策目标和前两个阶段的分析</td></tr>
<tr><td>价值多元阶段</td><td>考虑多元群体的利益诉求，分析政治因素</td><td>价值多元主义</td><td>价值导向，不寻求绝对中立</td></tr>
</table>

古贝、林肯的框架把与政策评估有关的过程识别为四个前后相继的阶段，这基本符合人们的经验认识。通过这个框架我们不难理解，经典文献中关于政策评估方法的“分歧”主要发生在评估的第四个阶段。也就是说，多元价值、政治影响和利益诉求仅仅在政策评估的最后阶段才发生作用，但这并没有否定之前的政策评估过程应该严谨地遵循实证主义的评估取向。

① GUBA E G，LINCOLN Y S. The countenances of fourth generation evaluation：description，judgment，and negociation//PALUMBO D（ed.）. The politics of program evaluation. Beverdly Hills，California：Sage，1987.

用古贝、林肯的阶段论来看中国政策评估，我们可以发现其中的差距。中国公共政策评估研究是在没有走完技术性环节的时候就开始考虑“价值多元”（利益团体、政府形象、社会稳定、GDP、党政关系、长官意志等）。这大概是我们的政策评估“缺乏说服力和科学性”的重要原因。中国的政策评估研究在很多方面缺乏方法论的有力支撑，实证研究能力较为薄弱。此外，在政策评估前后比较分析时采用的样本数目较少，代表性不足，有时甚至缺乏必要的实证检验，使评估的可信度与效果大打折扣。[①] 中国公共政策评估应积极学习实证主义思维方式和研究方法，遵循基本的方法论质量标准，增强评估研究的说服力和解释力。

资料来源：和经纬．中国公共政策评估研究的方法论取向：走向实证主义．中国行政管理，2008（9）．

7.3.2　主要的评估模式

在实践中，政策评估主要有以下几种模式：

1. 量化评估模式

量化评估模式是指通过社会调查和绩效测量收集政策执行与结果的相关信息和数据，通过数理统计分析推论变量之间的因果关系。量化评估是实证主义评估的显著特征，它将政策评估看作价值中立的技术性活动，认为政策评估的本质是通过经验研究来检验某项政策是否实现了预期目标；如果没有，那么问题何在、如何解决。[②] 量化评估通过社会调查、实地观察、文献研究等途径收集信息，运用技术手段进行信息处理和分析，形成标准化的经验数据，用以描述、解释或预测政策结果。量化评估常用的方法有成本-收益分析、投入产出分析、绩效测量法、社会实验法等。

2. 参与式评估模式

在评估过程中建立一种参与机制让政策制定者和利益相关者共同介入，充分听取他们的意见和看法。参与式评估是后实证主义评估的重要形式之一，它以公众参与理论为基础，主张将利益相关者纳入进来。目前，参与式评估已被广泛应用于社会福利、公共卫生、基础教育、环境保护等领域。在该模式下，评估者和参与者共同分享对政策评估的控制权。其中，评估者主要承担组织者、倾听者、协调者的角色，负责界定并识别利益相关者，利益相关者积极参与评估过程，在数据收集阶段提供有效信息，在形成报告后再征求利益相关者的意见，尽可能达成共识。利益相关者的参与有利于提升政策评估的公信力。

3. 协商式评估模式

该模式也称“审议民主式评估”（deliberative democratic evaluation），它基于协商民

---

① 贠杰．论现代社会条件下的政府政策评估．江苏行政学院学报，2005（4）．

② 和经纬．中国公共政策评估研究的方法论取向：走向实证主义．中国行政管理，2008（9）．

主理论，进一步突出了利益相关者的对话和协商。协商式评估有三个要素：参与、对话和协商一致。其中，“参与”是指所有的利益相关者都有可能介入，评估者尽量为各方提供公平的参与机会；“对话”是主张、意见和建议的交流，包括阐释自身偏好并对其他主体的偏好提出意见；“协商一致”则是在对话过程中，各方不断深化认知，最终达成共识。在协商式评估中，评估者主要是向利益相关者提供评估的背景信息，并通过持续的对话、交流和商讨来确定评估的具体议题并细化评估方案。在协商式评估中，利益相关者需要兑现持续参与的承诺，进行开放、真诚的对话及协商。

上述三种评估模式中，评估者发挥的作用具有差异性，量化评估完全由评估者主导，而协商式评估模式则更强调民主对话、协商一致。这三种模式并不相互排斥，它们也可以相互组合，形成更为综合的政策评估模式。例如，量化评估模式可与参与式评估、协商式评估相结合，为不同意见及争论提供基础性数据支持。由于目标导向和利益诉求的多样性，绩效评估难以做到绝对的价值中立，量化评估的结论也不一定会被采用。尽管如此，定量分析仍是绩效评估的重要方法。

7.3.3 政策评估的问题

由于政策目标与效果的多样性，对政策结果进行全面科学评价面临着一系列难题。具体来讲，政策评估可能遇到的问题主要涉及以下几个方面：

1. 政策目标的问题

政策评估的根本意义在于检验政策目标的实现程度。如果政策目标不明确或者不能通过可测量的方式进行描述，则只能根据评估者的价值偏好或共识性的期望进行评估。在政策目标明晰的情况下，评估仍会遇到问题。在多个目标之间如何分配评估权重呢？在不同政策目标存在冲突的情况下，根据什么标准进行评估呢？如何排列目标之间的主次关系呢？这都涉及评估者自身的价值判断。

2. 政策效果的问题

一项政策付诸实施后会产生多方面的结果。有的结果是预期的，有的是非预期的；有的是显性的、直接的、立竿见影的，有的是隐性的、间接的、潜在的；有的是实质性的，有的只具有象征意义；有的产生正面的、积极的效果，有的产生负面的、消极的结果。政策效果的多样性使得对结果进行评价具有难度。一项政策付诸实施后，随着时间的推移，人们的评价也会发生变化。

3. 因果关系的问题

政策评估建立在行动、投入与结果的因果关系之上。变化与发展是一种常态现象，很多变化不是单一因素导致的，而是多方因素相互作用的结果。比如，城市雾霾污染的减少可能是政府采取行动、控制污染物排放的结果，也可能是一个时期内大风天气较多的结果。针对某些问题，在政府行动之外，社会力量也会投入资源。科学的政策评估需要识别哪些变化是政策行动导致的，哪些变化是其他因素导致的。对于复杂的社会现象来讲，识别其中的因果关系并非易事。

4. 数据的问题

政策评估需要获取充分的信息和数据，一些评估者运用初始假设和相关理论建构了精巧的政策评估模型，制订了一揽子评估计划。然而，有的模型太过复杂，因必需的基础数据难以获取而无法使用。

5. 方法的问题

政策评估需要采用一定的方法，不论是实证分析方法还是后实证评估方法都存在问题，前文已经论及，这里不再赘述。

6. 政治的问题

政策评估影响政策制定者和执行者的切身利益，影响政治家和执行人员的声誉和职业生涯。项目评估有可能导致正在实施的大型工程受到威胁，也可能促使新政策加快出台并付诸实施。政策评估需要政府官员或委托人予以合作①，对于有利于自身的评估行动，相关机构和人员予以支持；反之，则会遇到反对或抵制。正是由于政治的因素，独立的第三方在评估实施中常常受到阻力。

7. 成本的问题

政策评估需要投入人力、物力和资源，需要花费时间、精力和费用。在资源保障不足的情况下，原定的政策评估计划可能会发生变化。

尽管存在上述问题，政策评估仍是政策过程中不可或缺的重要环节。评估者需要构建指标，收集数据，识别变量之间的因果关系，区分政策干预的效果以及其他外生变量引起的政策效应。

7.4　政策评估的方法

预测政策方案的结果、检测政策执行情况、评价政策执行绩效，都需要采用一定的方法和技巧。政策评估的方法有很多，这里介绍几种常用的方法。

7.4.1　前后对比分析法

政策评价的目的是对政策干预的效果进行评估，最常用的方法是对政策实施前后的情况进行比较分析，以判断政策执行是否产生了预期的结果。常用的前后对比分析法主要有：

1. 简单的前后对比分析

选择政策实施前后的两个时间节点，对政策实施的结果进行对比分析。这种政策评估通常只对单组目标群体进行检测，先检测政策实施前的结果（R_1），再检测政策实施后的

① 斯图尔特，赫奇，莱斯特．公共政策导论：第 3 版．北京：中国人民大学出版社，2011：120.

结果（R_2），政策效果即为 R_2-R_1（见图 7－1）。

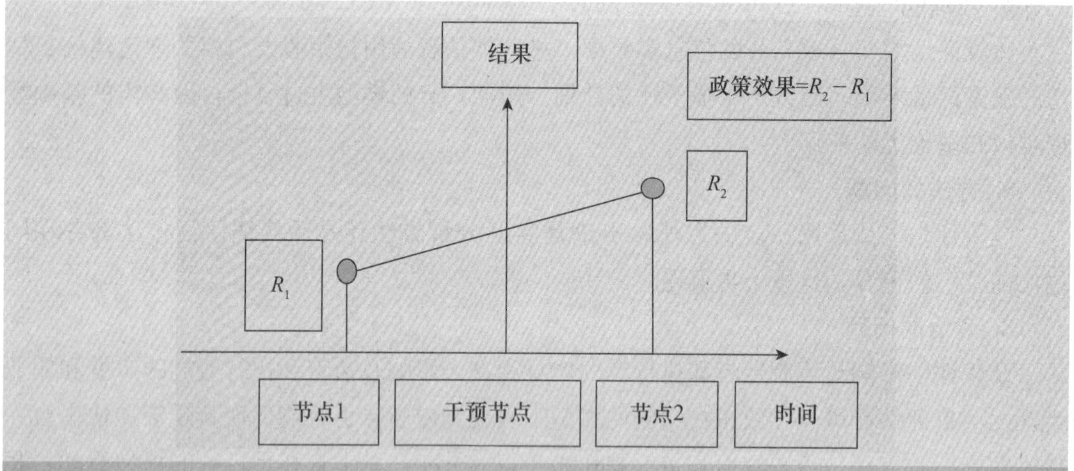

图 7－1　简单的前后对比分析

这种方法较为简单，易于开展政策评估。缺点是无法判断观察到的变化是由政策自身导致的，还是由外部因素、偶发事件或其他社会条件导致的。例如，要了解一项治理大气污染的措施是否降低了雾霾天气的发生率，根据事前事后进行对比分析，就需要测定新政策实施前后的雾霾天气发生率。雾霾天气的减少可能归功于防治大气污染措施，也可能是大风天气增多的结果。

2. 投射结果与实施结果对比分析

这种方法对无政策干预的投射结果与干预后的实施结果进行对比，以评价政策实施的效果。它根据政策执行前的不同时间节点的测量结果（R_1，R_2，R_3）得出无政策干预情况下的趋势线，沿着趋势线估计出在新的时间节点的结果（R_4）。测量政策实施后在新的时间点产生的结果（N_4），通过对 N_4 与 R_4 进行对比，确定该项政策干预的效果（见图 7－2）。

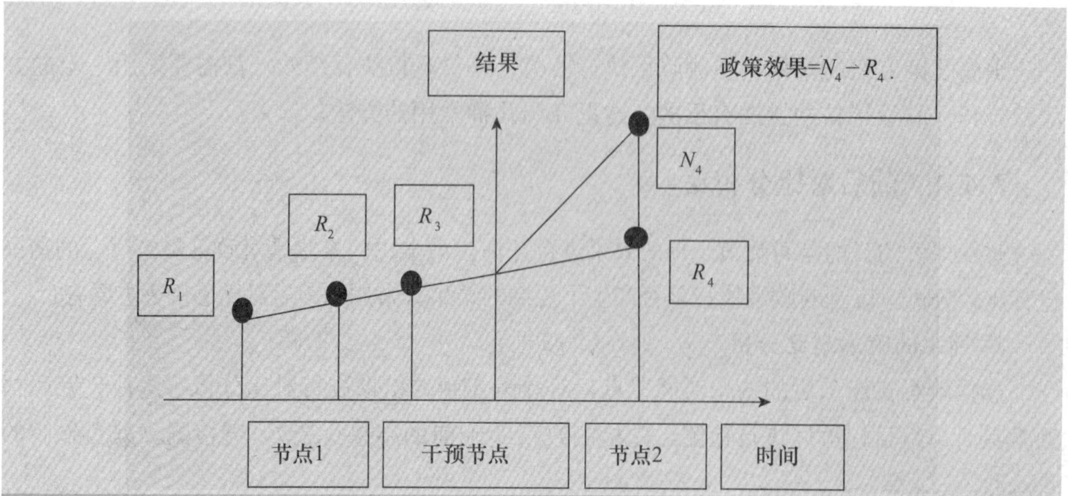

图 7－2　投射与实施结果对比分析

这种方式考虑到了无政策干预时的发展趋势。将这种趋势投射到新的时间节点并对投射结果与实施结果进行比较，有助于提升政策评估的科学性。问题在于，得出政策执行前的趋势线需要全面收集相关数据，但有的时候并不具备这些条件。

3. 实验对比分析

这种方法是社会实验方法在政策评估研究中的具体应用，它将目标群体分为实验组和控制组，对实验组施加政策干预，而对控制组不采取政策干预。在政策干预前对每一组进行仔细测量，再测量干预后两个组之间的差异。通过比较两个组的结果可评判政策实施的效果（见图7-3）。

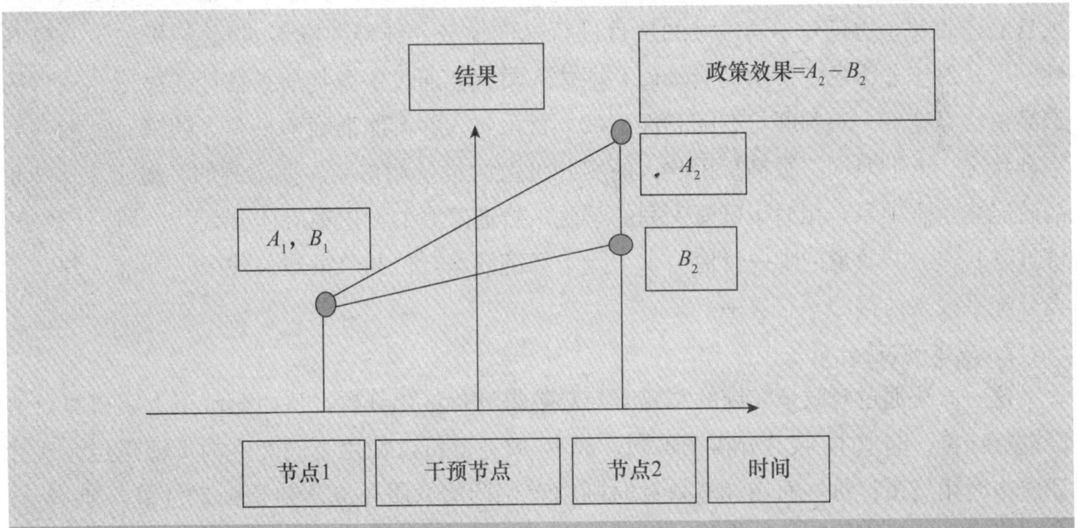

图7-3　实验对比分析

在图7-3中，A组为实验组，B组为控制组。在实验前$A_1=B_1$，两者处于同一状态。实施政策干预后，两组的结果出现差异，通过对A_2与B_2进行比较可得出政策实施的效果为A_2-B_2。在真实的政策实验中，实验组与控制组的初始状态也可能具有差异性。在初始条件不同的情况下，要对实验组与控制组在不同时间节点的结果分别进行测量，并对各自的变化进行比较。政策实施的效果为$A_2-A_1-(B_2-B_1)$。

7.4.2　成本-效果分析法

这种方法通过将政策实施的总成本与总效果进行量化分析，用以评价政策执行的结果。成本-效果分析法可进一步分为成本-收益分析法、成本-效益分析法。

1. 成本-收益分析法

成本-收益分析法建立在追求社会福利最大化的基础之上，它关注如何实现公共项目、公共投资的净收益最大化。所谓净收益，即总收益减去总成本。从经济学的视角来看，公共部门在开展活动时要对投入与产出关系进行估计，以判断具体行动在经济价值上的得失。如果一个项目的净收益大于零并高于其他公共或私人投资方案的净收益，则该项目被认为是有效率的。①

成本-收益分析法以货币单位为基础，对政策实施的投入与产出进行估算和衡量。随着实践的发展，这一方法已经拓展到更广阔的领域，它试图衡量公共项目可能产生的所有成本和收益，包括货币的成本和收益以及难以用货币来计量的无形成本和收益。

当前，成本-收益分析法被广泛运用于公共项目、公共工程、交通设施、公共健康、公共住房等领域。例如，一项建设大坝工程需要分析项目建设的成本以及它在水力发电、洪水控制、灌溉、旅游等方面的收益。

成本-收益分析法以货币为计量单位，使分析人员能够从收益中减去成本，衡量公共项目的净收益，也可对不同领域的项目进行横向比较。纯粹的成本-收益分析法也有局限性：（1）对于非市场定价的社会价值，评估人员只能通过主观判断来估计居民愿意支付的产品价格，这些主观判断具有随意性。（2）货币收入并不能准确衡量个人的满意度和社会福利状况。人们对同一数额货币收入的实际价值的估量存在差异性。例如，对于 1 000 元的政府奖学金项目，相对于富裕家庭的学生，普通家庭的学生更能体会到其价值。（3）经济效率并非公共政策的唯一价值诉求。除了经济效率，公共政策还关注公平标准，并通过再分配手段来协调公平与效率。

2. 成本-效益分析法

这一方法通过对政策实施的总成本与总效果进行量化分析，从而对政策方案或执行情况进行评价。与成本-收益分析法不同，成本-效益分析法使用不同类型的价值单位。在计算成本时用货币计量，而在计算效益时则用单位产品、服务或其他指标来计算。成本-效益分析法不能对不同项目的净效益进行比较，但可对具体方面的成本-效益比率进行比较，如计算成本投入-顶级期刊论文发表量、成本-窗口服务人员量的比率等。

成本-效益分析法主要适用于不用货币来表示收益的政策目标，如国防支出、警务装备更新、戒毒治疗、大众健身、交通基础设施建设、环境保护领域的项目。这些项目不追求经济收益最大化，更注重政治、社会、文化或生态效益，政策结果很难用货币来衡量。

7.4.3 问卷调查评价法

政策评估还可依靠专家和公众的直觉判断，通过收集专家和利益相关者的评价，对政策方案或执行结果进行评估。具体方法主要有德尔菲法、利益相关者分析法等。

1. 德尔菲法

德尔菲法是一种专家参与、采取背对背交流方式，通过发放和收回、整理问卷调查表，形成对政策问题或可行方案的充分意见的方法。这种方法最初由美国兰德公司的研究人员采用，用于对结构不良的政策问题进行分析，目的在于集思广益，增进对重大问题的

① 邓恩．公共政策分析导论：第 2 版．北京：中国人民大学出版社，2002：318.

预测和判断。后来，这种方法被广泛运用到政策方案的评估中。德尔菲法能避免专家小组在评议中出现话语权不平等、审议不民主的问题，防止产生一个人或少数人支配会议议程、压制不同意见、迫使反对者放弃发言的现象。

常规的德尔菲法遵循以下几项原则：（1）匿名。所有专家都是匿名发表意见的，彼此并不知道对方的观点。（2）汇总。对每一位专家的意见进行整理，归纳同类观点，形成意见和观点之集合。（3）反馈。将汇总的意见反馈给专家，以吸收其他专家的观点并修正之前的意见。这个过程至少要进行两轮，必要时可多次汇总反馈。（4）凝聚一致意见。在汇总和反馈中对个人意见进行统计学分析，识别共识性意见，必要时可通过意见调查表的形式进行反馈，尽可能达成一致意见。

在政策评估中引入德尔菲法也出现了一些新的原则，如选择性匿名、构建冲突等。选择性匿名只在最初几轮实行匿名，当几个备选方案成形后，参与者公开身份，可互相辩论，以进一步深化认知。构建冲突使用一些手段和方法，有意识地强化意见分歧和冲突，鼓励创造性地探讨各种意见或解决方案。

2. 利益相关者分析法

利益相关者分析法是指从目标群体或其他利益相关者中收集关于政策评价信息的一套手段和方法。采用这种分析方法收集信息的基本工具可以是开放性的面谈问题提纲，也可以是系统设计的一套调查问卷。对这些问题或问卷的回答可提供政策评估所需要的各方面信息，包括对政策目标的理解、利益相关者的期望、实现期望的主要障碍、政策实施采取了哪些有效行为、政策目标的实现程度等。

利益相关者分析法，需要识别与政策实施具有利益关系的个人或组织，将他们对政策实施的意见和看法作为评估的重要考虑因素。由于利益相关者的数量较多，彼此不可能对所有问题都达成共识，存在意见分歧很正常。利益相关者的参与渠道和能力也有差异，一些群体更有话语权，比其他群体的影响力更大。这就要求对利益相关者进行认真分析，合理界定并划分不同群体，充分考虑样本的代表性，尽可能获取主要代表方的评价和意见，从而权衡各方意见，提升评估结论的可信度。

本章小结

政策评估根据一定的标准对一项政策的产出及影响进行测量和评价，以判断政策的有效性。根据评估主体，政策评估分为内部评估和外部评估；根据组织形式，政策评估可分为正式评估和非正式评估。正式的政策评估过程包括评估筹划、信息收集、信息分析、报告撰写、报告沟通、报告应用几个阶段。

政策评估具有事实、技术和价值三个维度。事实维度关注客观情势的变化；技术维度借助科学的手段和方法来反映客观事实；价值维度是指评估活动需要遵循一定的价值准则，反映特定的信念、原则或价值诉求。价值维度直接影响对事实性数据的收集，确定了价值维度，评估者就会侧重于收集与之相关的经验事实。政策评估常用的标准主要有成本、效益、效率、充分性、公平性、回应性、适当性、执行力。

政策评估经历了从实证主义到后实证主义的发展演进。早期的政策评估研究信奉实证主义哲学，强调科学设计，偏重于量化研究，关注决策者设定的政策目标的实现程度。实证主义强调价值中立，忽略人的价值观和情感因素的作用，招致了不少批评。后实证主义主张事实与价值相结合，提出在理性沟通的基础上进行政策评估。政策评估主要有量化评估、参与式评估、协商式评估等模式。常用的评估方法有前后对比分析法、成本-效果分析法、问卷调查评价法。

关键术语

政策评估　实证主义　后实证主义　参与式评估　协商式评估

复习思考题

1. 简述政策评估的分类标准及类型。
2. 简述政策评估的功能。
3. 简述政策评估的三个维度。
4. 简述政策评估的发展演进。
5. 简述政策评估的主要模式。
6. 简述参与式评估模式的基本内容。
7. 简述实证主义政策评估的基本特点。
8. 评价后实证主义政策评估模式。
9. 简述政策评估的常用方法。

第 8 章

政策创新与扩散

政策创新与扩散是近年来政策过程研究的一个热点领域。随着改革开放的不断推进，地方政府在政策创新中的作用日益凸显。加强政策创新与扩散的理论研究、总结其中的规律性，不仅是学术研究的重要课题，也是推进国家治理能力现代化的实践需要。本章阐述政策创新的相关研究，剖析政策试验的主要类型，介绍政策扩散的基本理论。

8.1 政策创新

8.1.1 创新的含义

学习政策创新理论有必要先从创新的概念入手。“创新”一词是当前媒体和社会交往常用的一个概念，人们经常用创新来表达一种变革。究其源头，“创新”一词最早从经济学、传播学、社会学等学科中发展而来，其基本含义是新观点、新方法、新技术的应用。

罗杰斯长期致力于对创新的扩散规律研究，他指出，创新（innovation）并不是要创造一个与过去完全不同的东西，“当一个观点、方法或物体被某个人或团体认为是‘新的’的时候，它就是一项创新”①。创新不同于发明，发明（invention）是指新工具、新方法、新观点的首创，而创新是指新的工具、方法或观点的应用，它并不要求应用的知识是第一次创造出来的。

一般而言，先有发明、后有创新。熊彼特提出创新必须能够创造出新的价值，“只要发明还没有得到实际应用，那么在经济上就是不起作用的”②。发明在于提出新观念、新

① 罗杰斯．创新的扩散：第5版．北京：电子工业出版社，2016：14.

② 熊彼特．经济发展理论．北京：商务印书馆，1990：72-75.

设想，它们在没有被转化为新装置、新产品之前，并不能创造任何经济价值。创新和发明的区别在于：（1）发明强调创造性，注重首次发现；而创新强调创造价值，注重实际收益，如果新技术不能改进生产力，则不具有创新性。（2）发明是一个绝对的概念，只有第一，没有第二；而创新是个相对的概念，可以不断推陈出新、带来进步。（3）发明主要是指技术、工艺、产品的首创性；而创新既包括技术、工艺和产品，也涉及制度和市场方面的创新。

8.1.2 创新的相关研究

熊彼特在1912年出版的《经济发展理论》一书中第一次提出了创新理论，并因此闻名于经济学界。继熊彼特之后，学术界进一步拓展了对创新的研究，形成了技术创新研究、制度创新研究。

1. 熊彼特的创新研究

熊彼特认为，创新是“生产要素的重新组合”，是一种革命性的变化。熊彼特界定的创新是指企业家运用已发明的科学技术，形成新的生产经营优势。他提出，发明并不等于创新，发明者不等于创新者，只有敢于冒风险、把一种新发明引入经济组织的人才是创新者。他认为企业家的创新精神是经济发展的根本动力。创新精神要求企业家不仅要有获利动机，还要具有敏锐的洞察力，能预见潜在需求，并具有超凡的意志力，能通过创新去获取利益。

在熊彼特看来，企业家的天职就是创新，即“建立一种新的生产函数”以获取潜在利润。他分析了“创新”的五种情况：（1）引进一种新产品或提供一种产品的新质量；（2）采用一种新技术、新的生产方法；（3）开辟一个新市场；（4）获得一种原材料或新的供给来源；（5）实行一种新的企业组织形式。① 后人将其概括为五个创新，分别为产品创新、技术创新、市场创新、资源配置创新、组织创新。

2. 技术创新研究

技术创新研究关注有利于技术创新的企业和市场状况。企业采用新技术须达到一定的规模，如果规模过小，采用新技术会使产品成本提高，致使竞争力下降，在经济上是不合算的。企业只有达到一定规模，使用新技术所节省的成本达到或等于所花费的成本时，新技术应用才会带来额外收益。要使新技术被普遍应用就要降低企业规模的起始点，企业规模起始点越小，采用新技术的企业数量就会越多，新技术就越容易推广。降低企业规模的起始点一般可采取以下办法：提高新技术设备的经久耐用性，降低折旧率；调整金融政策，降低利息率；增加新设备的功能或降低生产成本，以降低相对价格。

一些研究者分析了有利于技术创新的市场结构。影响技术创新的因素主要有三个：市场竞争的程度、企业规模的大小、垄断的程度。竞争会使企业不断创新以击败竞争对手；

---

① 黄景贵．论创新理论的产生及其发展．青岛海洋大学学报，2000（2）．

企业规模愈大，技术创新开辟的市场潜力就愈大，因而愈有利于激励创新；企业垄断的程度越高，创新就会越迟缓。在完全竞争的市场条件下，企业规模一般较小，难以形成鼓励技术创新的持久动力，也难以开拓技术创新所需的广阔市场；在垄断条件下，由于缺乏竞争对手的威胁，所以难以激发创新活力。卡曼、施瓦茨提出，介于两者之间的垄断竞争型市场结构最适宜于激发技术创新。①

3. 制度创新研究

制度创新研究关注制度变革的原因和过程。一般而言，只有在预期收益大于预期成本的条件下，制度创新才可能发生。道格拉斯·诺斯指出，制度创新带来有效率的经济组织，而"有效率的经济组织是经济增长的关键"②。制度创新是制度的均衡与失衡的交替变化过程。在制度均衡状态下，有关各方的博弈无法对现行制度安排构成挑战，制度创新缺少动力。在制度失衡状态下，一些社会组织要求改变现行制度，并集聚足够的力量对旧制度构成挑战。正是在失衡—均衡—再失衡的动态变化中，新制度不断替代旧制度。

戴维斯、诺斯将制度创新的全过程划分为五个阶段③：（1）形成"第一行动集团"阶段。所谓"第一行动集团"是指那些能预见潜在利益并认识到只要进行制度创新就能获得这种潜在利益的人。他们是制度创新的决策者、首创者和推动者。（2）"第一行动集团"提出创新方案的阶段。在这一阶段，"第一行动集团"通过政策导向的学习形成了新的制度方案。（3）"第一行动集团"对新方案进行比较和选择的阶段。通过比较和择优，"第一行动集团"开始锁定新方案。（4）形成"第二行动集团"阶段。"第二行动集团"是指协助"第一行动集团"通过制度创新获取利益的组织和个人，可以是政府机构，也可以是社会组织或个人。（5）"第一行动集团"和"第二行动集团"的合作阶段。在这一阶段，两大集团开展合作，携手将新方案转化为正式制度。④

8.1.3　政策创新的研究

1. 政策创新的概念

政策创新研究兴起于20世纪60年代，经过沃克（J. L. Walker）、罗杰斯（E. M. Rogers）、格雷（V. Gray）、格洛尔（E. D. Glor）、贝瑞夫妇（F. S. Berry & W. D. Berry）等人的努力，积累了大量研究文献，成为政策过程研究的重要议题。⑤ 一般而言，政策创新是指新观念、新方案第一次被某个政府付诸实施，而不论其是否被其他政府采用。⑥ 政

---

① 张凤海，侯铁珊．技术创新理论述评．东北大学学报（社会科学版），2008（2）．

② 诺斯，托马斯．西方世界的兴起．北京：华夏出版社，1999：1.

③ DAVIS L E，NORTH D. Institutional change and American economic growth. Cambridge：Cambridge University Press，1992：8.

④ 李文涛，苏琳．制度创新理论研究述评．经济纵横，2001（11）．

⑤ 朱亚鹏．政策创新与政策扩散研究述评．武汉大学学报（哲学社会科学版），2010（4）．

⑥ WALKER J L. The diffusion of innovations among the American states. The American Political Science Review，1969，63（3）：880-899.

策创新研究的关注点并非政策理念的原创性，而在于政策采纳的首次性。

有学者进一步对政策创新（policy innovation）与政策发明（policy invention）加以区分。政策发明是指构建一些原创性的政策理念、政策项目、政策方案[①]；而对原创性的政策项目与方案的再应用，则称为政策创新。学术界主要关注政策创新而不是政策发明。

政策创新需要具备三个条件：接受新观念、开展新实践、创造新价值。这三个要素也构成了衡量政策创新与否的基本标准。政策创新不仅要接受新观念，还要制定新政策，将新观念付诸实践。作为一种政府行为，政策创新还需要“创造公共价值”，在实践中增加公共利益。

2. 政策创新的分类

从政府与社会关系来看，政策创新可分为强制性创新和诱致性创新。前者是政府提供新的制度安排，以强制力作为后盾；后者是社会为了寻求更好的获利机会，提出倡导性意见并引起政府关注，具有自发性、渐进性的特征。

从中央与地方关系来看，政策创新可分为国家赋权型创新和问题倒逼型创新。前者由中央政府率先提出，通过自上而下的途径进行运作；后者是地方政府为回应问题而自主提出的，通过自下而上的途径扩散开来。

从知识的来源来看，政策创新可分为创制性创新和移植性创新。前者依赖于内部学习，通过总结自身经验和教训，提出新的政策安排；后者依赖于外部学习，从其他地方的政策创新和结果中获得启迪。比较而言，移植性创新采取模仿策略，初始成本较低，由于政策环境不同可能出现不兼容的问题，需要根据出现的问题及时调整政策内容。

3. 政策创新的过程

政策创新的行动过程可分为认知、说服、决策、执行、确认五个阶段。[②]

（1）认知。个人或组织接触到某种创新行动，并通过学习行动收集和处理与该项创新相关的信息，进一步了解其功能。认知过程总是伴随着学习行动，人们的学习行动是一个有选择的过程，一旦发现某种创新行动是新颖的，就会激发政策导向的学习。

（2）说服。决策者通过学习接受该项政策行动。在智库系统的辅助下，决策者可获取关于政策问题的多种解决方案，其中，有的方案与决策者的偏好较为接近，容易获得决策者支持，在众多备选方案中脱颖而出。

（3）决策。决策者采纳或拒绝某项创新计划。如果决策者同意某项决策方案则会予以采纳；如果不同意则拒绝采用该项计划。政府不采取行动本身也是一种政策决策。

（4）执行。将新政策付诸实施。新政策只有付诸实践才能检验其是否增进了公共

① 贝瑞．政策研究中的创新和传播模型//萨巴蒂尔．政策过程理论．北京：生活·读书·新知三联书店，2004：226.

② 罗杰斯．创新的扩散：第5版．北京：电子工业出版社，2016：22.

利益。

(5)确认。决策者判断政策创新的实施是否带来了好处。在确认阶段，媒体的报道、决策者所在圈子同事的评价都可能对其判断产生影响，决策者的判断直接影响新政策的取舍。若效果不彰，则可能导致政策变迁或终结。

8.1.4 政策创新的动因

政策创新研究关注为什么一些政府系统倾向于创新，而另一些政府系统不太追求创新。政策学者围绕政府创新的动因进行了大量实证研究。总结起来，主要有内部决定论、外部扩散论、综合模式论三种解释。

1. 内部决定论

内部决定论认为地方政府创新是自身政治、经济和社会特征的结果，其动力主要来自系统内部的激励和促进因素。一般认为，经济资源是促进政策创新的重要因素。政府创新须增加财政支出，而其收益具有滞后效应，因此财政支持是地方政府创新的先决条件。沃克通过研究发现，经济发展水平较高、工业化水平和城市化程度较高的地方，政府更倾向于创新。①

除了经济资源外，地方领导者的创新精神、地方政府的学习能力也是影响创新能力的重要因素。政府创新并非随时都可能发生，在内部条件具备时，还需要等待合适的时机。只有问题流、政策流和政治流汇集到一起，地方政府创新的窗口才会打开。②

2. 外部扩散论

外部扩散论认为政策创新是地方政府之间、地方政府与上级政府之间相互交流的结果。当一个地方政府进行政策创新并取得成效后，会吸引其他地方政府通过组织学习途径借鉴成功经验。地方政府之间存在竞争关系，这种竞争压力迫使各地采纳已被广泛采用的新政策。

另外，政府创新也可能是因为听到本地居民要求变革的呼吁。当其他地方政府实施新政策增进了社会福利时，本地居民就会要求政府采取类似行动。中央政府的认可和支持也是政策创新扩散的外部影响因素。

3. 综合模式论

地方政府采纳某项新政策，可能是基于自身因素（政治、经济和社会条件）的自主创新，也可能是对其他地方的政策创新进行回应的结果。一些研究者提出，地方政府创新驱动因素的复杂性要求超越单向度的分析范式，将内部因素和外部因素结合起来，形成更具解释力的分析框架。

---

① WALKER J L. The diffusion of innovations among the American states. The American Political Science Review, 1969, 63 (3): 880-899.

② 金登．议程、备选方案与公共政策：第2版．北京：中国人民大学出版社，2004.

8.2 政策学习

8.2.1 政策学习的概念

政策学习是公共政策研究和实践中广泛使用的一个概念。对于政府治理来说，当遇到问题和挑战时，就需要通过学习途径增进认知。政策学习研究最早可追溯到20世纪60年代，与政策创新研究相伴生。休·赫克罗认为政策学习是外生的，是一种无意识的行为，“政策制定者对外部政策环境做出反应。当环境发生变化时，政策制定者必须适应新环境”①。这一观点后来演化为“外生学习”论。彼得·霍尔提出政策学习是内生的，是在以往政策经验的基础上根据新信息对政策目标和工具进行的调适。② 这一观点后来演化为“内生学习”论。理查德·罗斯提出了“吸取-教训”（lesson-drawing）概念，认为政策学习既可以是内生的，也可以是外生的，既可以从成功案例中借鉴经验，也可以从失败经验中吸取教训。政策制定者在决策时有三种选择：翻阅历史、思考未来、从其他地区寻求经验。③

彼得·梅根据学习目的和结果的差异性区分了“工具性学习”（instrumental learning）和“社会性学习”（social learning），前者仅限于政策工具的学习，后者还涉及宏观层面的政策问题建构、政策目标界定等。④ 随着研究议题的拓展，一些研究者注意到政府体系的纵向层级之间也存在政策学习。有研究者发现，美国联邦政府会从州、地方政府的政策经验中获得启发，借鉴可资利用的政策创新，并将此称为“自下而上的联邦主义”⑤。有研究者对应对气候变化的城市网络进行研究，提出存在跨越国界的政府间学习行为，一些城市会借鉴其他国家同类城市的创新实践，出台类似的新政策。⑥

与政策学习相关的概念有工具性学习、社会学习、组织学习、认知学习、政治学习、网络学习、单环学习、反思学习等多种术语。政策学者将学习看作是促进有关政策扩散、政策趋同、循证决策、治理创新的重要途径。相应地，学习也就成为政策过程理论的一个常用概念，学者们提出了倡议联盟、政策叙事等分析框架。在不确定性情境下，政策学习

---

① HECLO H. Modern social politics in Britain and Sweden：from relief to income maintenance. New Haven：Yale University Press，1974：305.

② 豪利特，拉米什．公共政策研究：政策循环与政策子系统．北京：生活·读书·新知三联书店，2006：303-304.

③ ROSE R. What is lesson-drawing?．Journal of Public Policy，1991，11（1）.

④ MAY P J. Policy learning and failure. Journal of Public Policy，1992，12（4）.

⑤ SHIPAN C R，VOLDEN C. Bottom-up federalism：the diffusion of antismoking policies from U. S. cities to states. American Journal of Political Science，2006，50（4）：825-843.

⑥ LEE T，VAN DE MEENE S. Who teaches and who learns? policy learning through the C40 cities climate network. Policy Sciences，2012，45（3）：199-220.

是提升适应性的有效途径。学者们围绕政策学习提出了多样化的概念界定。萨巴蒂尔将政策学习界定为“以政策为导向的学习”，它通过改变联盟信念体系的次要方面，促使公共政策发生变迁。① 也有研究者将政策学习理解为根据过去的经验和新的信息而调整政策目标或技术的有意尝试。②

我们从政策认知的视角，将政策学习定义为决策系统开展的一种有组织、有计划的学习行动，目的在于增进对政策议题及备选方案的认知，提升政策安排的科学性和正当性。政策学习具有内嵌的时间表，需要在规定的时间内完成任务，获取必要的知识积累。政策学习是提升政府治理能力的有效途径，决策系统只有持续获取和应用新知识，才能更好地应对内外部环境提出的挑战，提升政府治理的创新性和适应性。

8.2.2　政策学习的研究层面

对于复杂议题的政策制定来讲，决策系统需要通过学习途径增进对不确定性的认知，更好地应对挑战。政策学习研究关注政策制定过程中的信息收集、相关知识提取和利用，政策决策需要安排专门人员收集问题信息、开展政策分析、提出政策方案。政策学习的行动主体既包括学者、官员、利益相关者等个人，也包括利益共同体、倡议联盟、政府机构等团体和组织。

政策学习的已有研究可分为微观、中观和宏观三种分析层面。其中，微观层面的研究将政策学习理解为社会环境中个人获得新知识和洞察力，从而改变自身行为的过程。早期的政策学习研究关注个体的学习行为，包括内生学习和外生学习两种类型。③ 内生学习属于教训汲取型学习，其学习源来自政策过程的内部，学习的议题通常较小，致力于改进政策工具或技术；外生学习也称社会学习路径，学习源来自政策系统的外部，学习的议题更为广泛，新的政策理念可能对决策者产生重大影响，可能导致政策范式发生重大变迁。

中观层面的研究聚焦于在组织成员间共享新理念、新知识，建立变革共识，进而推进组织变革。阿吉里斯、舍恩开创了组织学习理论研究的先河，他们将组织学习界定为发现错误并利用新的理论进行纠正的过程，区分了单环学习和双环学习模式。④ 单环学习建立在组织已有运行规则的基础上，当面对新问题时，组织依然遵循既定的规则或治理模式进行行为调适；双环学习不再固守既定的运行规则，转而引入新理念，建立新型治理模式，生成新逻辑、新机制，以适应环境变化。与单环学习相比较，双环学习使组织具有更强的适应能力。玛丽·克罗森等研究者提出组织学习的“4I”模型，指出知识的应用需要经历

---

① 萨巴蒂尔，詹金斯-史密斯．政策变迁与学习：一种倡议联盟途径．北京：北京大学出版社，2011：18－19.

② KERBER W，ECKARDT M. Policy learning in Europe：the open method of co-ordination and laboratory federalism. Journal of European Public Policy，2007，14（2）：227－247.

③ 豪利特，拉米什．公共政策研究：政策循环与政策子系统．北京：生活·读书·新知三联书店，2006：303－304.

④ ARGYRIS C，SCHON D A. Organization learning II：theory，method and practice. Reading，MA：Addison-Wesley Publishing，1996.

直觉（intuiting）、解读（interpreting）、整合（integrating）和制度化（institutionalizing）四个阶段，最终实现组织的战略革新。①

宏观层面的研究从制度安排或政策网络的视角，探究政策学习是如何发生的，包括政策试验、政策创新、政策扩散、政策变迁中的学习机制和模式。这类研究通常涉及多方行动主体，致力于探究在政策网络中行动主体之间的互动及学习模式。研究者提出，政策学习具有多元化的目标和利益诉求，需要构建公共论坛，在不同行动主体之间增进互动，促进知识分享。② 一个政府单位的政策创新举措，会引起其他单位的关注，通过收集信息和数据，可以从中汲取经验教训。查尔斯・施潘、克雷格・沃尔登将政策学习视为政策扩散的一种触发机制，从而区别于竞争、模仿、强制导致的政策传播。③ 萨巴蒂尔提出倡议联盟框架，指出政策学习不仅包括倡议联盟内部的学习，也包括跨越不同联盟之间的学习，通过学习可改变联盟成员的政策信念，从而促使公共政策发生变化。④ 克莱尔・邓洛普、克劳迪奥・拉代利根据政策问题的可处理性和参与者的差异性，将决策环境中的政策学习分为认知型学习、反思型学习、谈判型学习、科层制学习四种类型。⑤

随着中国改革取得成功，学者们从宏观层面对中国之治的政策学习机制进行深入探究，提出了一些解释性框架。韩博天提出，政府通过组织政策试验的方式，在中央与地方之间构建互动机制，从分散试验中进行政策学习，持续将基层的建议和地方积累的经验纳入国家政策，避免了不确定性可能导致的改革动荡。⑥ 王绍光从学习的推动者和学习源两个维度，区分了政策学习的四种模式，分别是决策者-实践、决策者-实验、倡导者-实践、倡导者-实验，其中倡导者是决策圈之外的群体，它们利用各种形式的实践和实验进行学习，针对复杂议题提出改革思路。⑦

8.2.3 政策学习的理论模型

学者们从不同的视角，对政策学习的过程和类型进行研究，提出了多样化的理论模型或分析框架。这里介绍几种代表性理论。

1. 政策学习的三阶段模型

政策学习伴随着政策过程的整个生命周期。根据学习发挥功能的差异性，麦克法根、

---

① CROSSAN M M，LANE H W，WHITE R E. An organizational learning framework：from intuition to institution. Academy of Management Review，1999，24（3）：522－537.

② MOYNIHAN D P，LANDUYT N. How do public organizations learn? bridging cultural and structural perspectives. Public Administration Review，2009，69（6）：1097－1105.

③ SHIPAN C R，VOLDEN C. The mechanisms of policy diffusion. American Journal of Political Science，2008，52（4）：840－857.

④ 萨巴蒂尔，詹金斯-史密斯．政策变迁与学习：一种倡议联盟途径．北京：北京大学出版社，2011：47.

⑤ DUNLOP C A，RADAELLI C M. The lessons of policy learning：types，triggers，hindrances and pathologies. Policy & Politics，2018，46（2）：255－272.

⑥ 韩博天．中国经济腾飞中的分级制政策试验．开放时代，2008（5）.

⑦ 王绍光．学习机制与适应能力：中国农村合作医疗体制变迁的启示．中国社会科学，2008（6）.

惠特马区分了政策学习的三个阶段，分别是认知学习、规范学习、关系学习①（见图8－1）。其中，认知学习既包括个人获取新知识，增进对事物发展规律的认知，也涉及现有知识结构的更新和扩展。例如，通过开展政策实验，发现以前未知的影响因素，增进对作用机理的认知。规范学习是指个人接受了新知识，引起价值观念和信念体系的变化。关系学习是指人际互动方面的学习，即个人通过理解其他参与者的角色、偏好和心态，促进群体内部的信任与合作。就其本质而言，关系学习是一种社会学习，参与者通过开放交流和换位思考，了解其他行动者所处的社会环境，增进相互理解与信任。

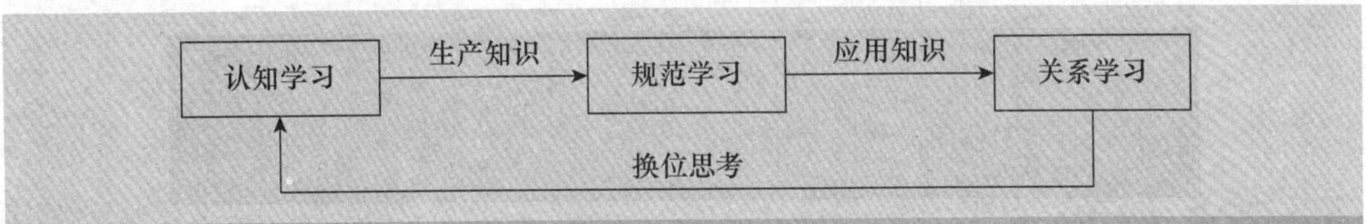

图8－1 政策学习的三阶段模型

从知识应用的过程视角来看，有的研究者将政策学习区分为信息收集、信息采纳、政策变迁三个阶段。② 在信息收集阶段，行动者通过各种途径获取情报和信息，掌握相关政策知识，例如关于事实的知识、关于原理的知识、关于需求的知识；在信息采纳阶段，学习者根据需求、信念体系、以往的经验对信息进行提炼，形成有价值的知识；在政策变迁阶段，学习者运用新知识对政策内容进行调整，导致政策变迁。外部行动者的政策创新取得成功后，通过学习途径形成共识，则会引发政策变迁。相对于从0到1的政策来讲，政府系统通过政策学习途径借鉴外部经验的风险和成本要小得多。可以说，政策学习是公共部门较为稳妥的一种创新形式。

2. 政策学习的“4I”模型

玛丽·克罗森等研究者提出组织学习的“4I”模型，认为组织学习的本质是战略性革新，它涉及个人、团队和组织三个层面，将个人的直觉感知转化为团队解读，继而通过整合途径形成共享知识、共享信念，最后通过制度化途径出台正式的制度规范。③“4I”模型提出，从组织内部的学习过程来看，知识的生成和转化包括四个阶段：（1）个体层面的直觉（intuiting），即个人经验性质的直观感觉；（2）团队层面的解读（interpreting），即在与他人的互动和交流中，通过组织语言进行解释发展出一种认知框架；（3）组织层面的整合（integrating），一旦团队成员接受了一种解释，就会形成共享的知识和信念；（4）组织层面的制度化（institutionalizing），通过制定行为规范，在组织内部形成集体记忆。

---

① MCFADGEN B，HUITEMA D. Stimulating learning through policy experimentation：a multi-case analysis of how design influences policy learning outcomes in experiments for climate adaptation. Water，2017，9（9）：648.

② LEE T，VAN DE MEENE S. Who teaches and who learns? policy learning through the C40 cities climate network. Policy Sciences，2012，45（3）：825－843.

③ CROSSAN M M，LANE H W，WHITE R E. An organizational learning framework：from intuition to institution. Academy of Management Review，1999，24（3）：522－537.

图 8-2 展现了政策学习在个体、团体和组织层面的相互转换，包括前馈和后馈两个过程。前馈是通过解读和整合进行学习的过程，它将学习从个体和团队层面推向组织层面；后馈是对利用已学到知识进行再学习的过程，它通过学习将正式的制度安排转化为个体的内在规范。

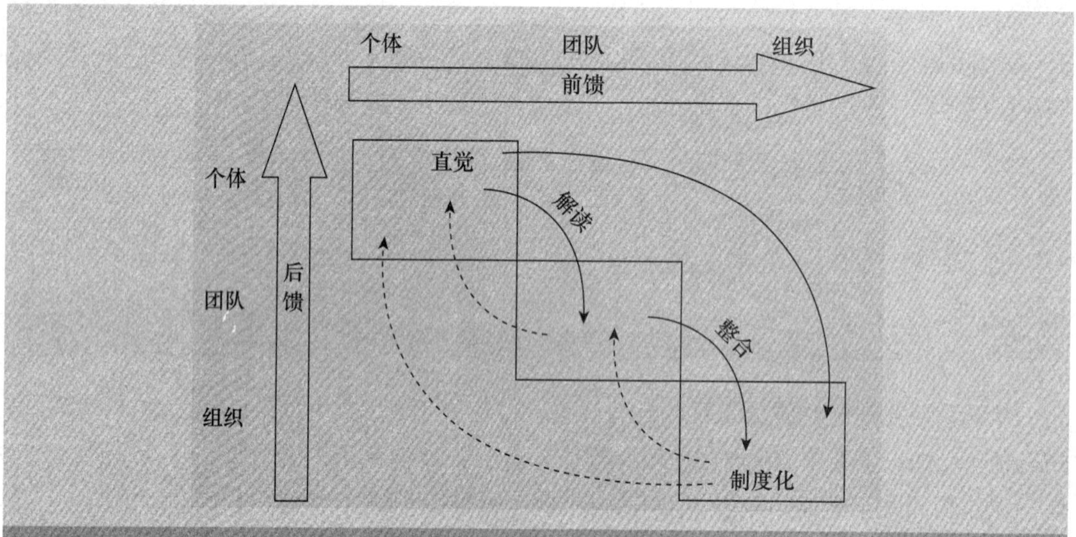

图 8-2　政策学习的“4I”模型

资料来源：CROSSAN M M，LANE H W，WHITE R E. An organizational learning framework：from intuition to institution. Academy of Management Review，1999，24（3）：522-537.

3. 政策学习的 SECI 模型

野中郁次郎、竹内弘高从组织内学习的视角，通过区分隐性知识和显性知识，提出知识转化的 SECI 模型。为理解组织内部的政策学习过程提供了具有较强解释力的分析框架。野中郁次郎提出，组织学习是在隐性知识与显性知识之间的交互式、螺旋式转换中完成的，其过程可分解为社会化（socialization）、外显化（externalization）、组合化（combination）、内隐化（internalization）四个阶段，分别负责生产共情性知识、概念性知识、系统性知识、操作性知识（见图 8-3）。① 他们将组织的知识创造过程分解为五个环节，分别是共享隐性知识、创造概念、验证概念、建立原型、跨层转移知识。②

在 SECI 知识创造螺旋中，这些知识彼此相互作用。通过社会化和外显化，共情性知识可以转化为显性的概念性知识。通过组合化，概念性知识又可以转化为系统性知识，在一个政策领域形成一揽子的政策安排。系统性知识通过内隐化的过程，则会转化为行政者的个体性质的操作性知识。例如，基于减少行政审批环节的社会诉求，社会成员对政策系统产生共情性诉求，要求政府系统整合行政流程，进而提出“最多跑一次”“首问负责制”“首接负责制”“一站式审批”等概念。在新概念的驱动下，行政系统推进简政放权改革，

① 野中郁次郎，竹内弘高．创造知识的企业．北京：人民邮电出版社，2019：88-89.
② 同①104.

形成放管结合、优化服务的新制度体系，并通过政策学习途径，将其内化为公职人员的内在行为规范。

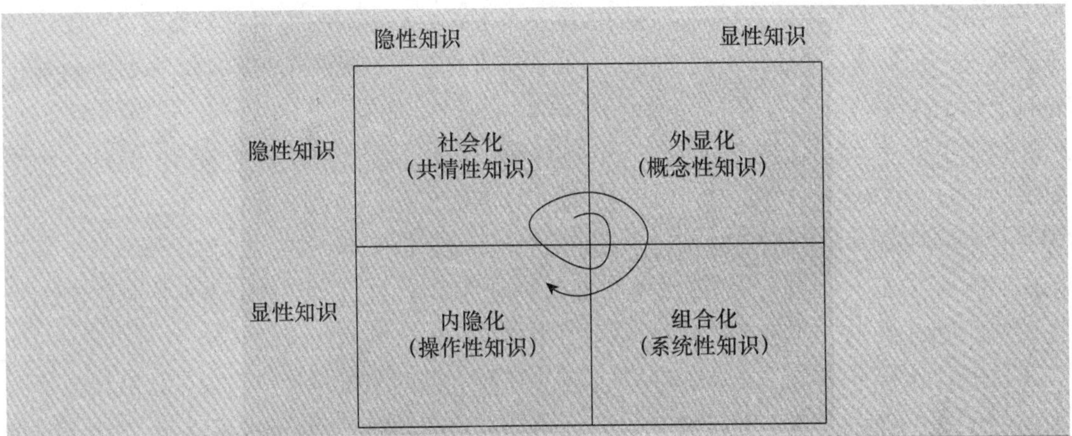

图 8-3　政策学习的 SECI 模型

资料来源：野中郁次郎，竹内弘高．创造知识的企业．北京：人民邮电出版社，2019：89.

4. 政策学习的类型学框架

政策学习研究难免要涉及以下几个问题：谁在学习？为什么要学习？学习什么内容？克莱尔·邓洛普、克劳迪奥·拉代利根据议题的不确定性（议题的可处理性）、参与者的准入门槛提出政策学习的类型学分析框架，将政策学习分为四种类型（见图 8-4）。①

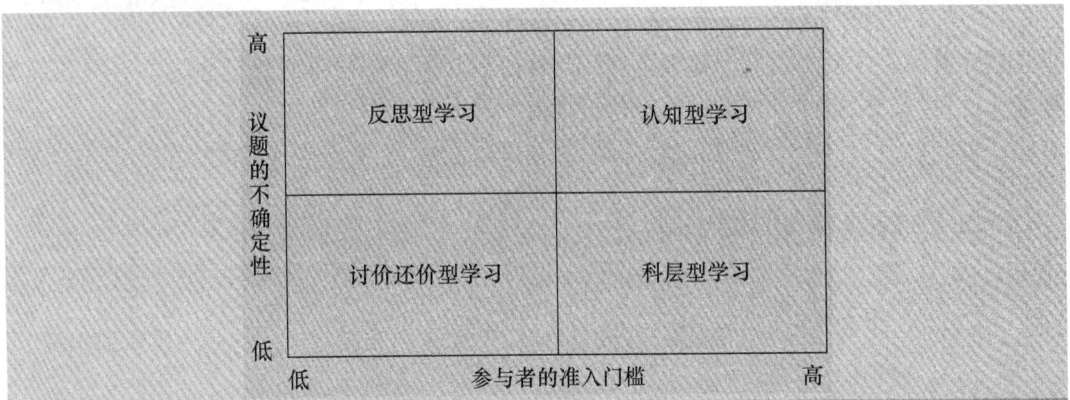

图 8-4　政策学习的类型学框架

资料来源：DUNLOP C A，RADAELLI C M. The lessons of policy learning：types，triggers，hindrances and pathologies. Policy & Politics，2018，46（2）：255-272.

其中，认知型学习（learning in epistemic contexts）的发生情境是：政策议题具有高度的不确定性，决策系统缺少必要的知识积累，尚未形成清晰的问题解决思路，深化对政策议题的认知需要应用专业知识，参与者的准入门槛较高，需要邀请专家进行课题研究，

① DUNLOP C A，RADAELLI C M. The lessons of policy learning：types，triggers，hindrances and pathologies. Policy & Politics，2018，46（2）：255-272.

运用专业知识提出解决方案，并与决策者进行互动。

反思型学习（learning in reflexivity）同样针对高度不确定性的政策议题，决策者有意倾听各方意见，了解不同社群对问题的界定及态度，收集不同的应对思路及解决方案。在这种情况下，公众有机会参与政策商讨，通常所讲的征求意见、集思广益、听证会就属于这种类型的政策学习。

讨价还价型学习（learning as by-product of bargaining）是作为谈判副产品的一种学习，它针对并不复杂的政策议题，通过互动听取不同意见，并通过妥协、互让、资源交换等方式集聚共识。这类议题往往已经形成了初始方案，由于涉及多方利益主体，政策分析师需要收集不同社群的诉求，寻求各方都能接受的政策安排，以避免出现极端情况。为此，就需要构建一定的协商机制，鼓励各方通过讨价还价集聚共识。

科层型学习（learning in hierarchy）适用于那些议题的不确定性已然降低，且决策系统形成了共识性看法的问题。对于这类问题，决策者经由法定程序做出正式决策后，需要通过自上而下的途径，组织专家进行政策宣讲，旨在加快政策传播，帮助目标群体准确领会政策精神。

5. 政策学习的倡议联盟框架

萨巴蒂尔提出的倡议联盟框架（advocacy coalition framework）运用政策网络分析方法，剖析了以政策为导向的学习（policy-oriented learning）对政策创新的促进作用。政策学习不仅包括倡议联盟内部的学习，也包括不同联盟之间的学习。[①] 政策学习通过改变联盟成员的政策信念，促使公共政策发生变化。[②] 政策学习有可能引发公共政策的局部变迁，也可能导致根本性的范式转变。萨巴蒂尔提出，在倡议联盟内部的政策学习，一般只会导致政策信念体系的次要方面发生变迁，核心信念体系往往具有稳定性，并不会轻易发生变化。在倡议联盟理论看来，通过组织政策学习，可改变政策子系统的信念体系，加快推进政策创新。关于倡议联盟框架，详见第 9 章第 3 节。

8.2.4 政策学习的影响因素

地方政府的学习能力具有差异性，同一政府在不同政策领域的学习动力也有差异性。分析政策学习的影响因素，可有针对地改进组织设计，提升政策试验、政策推广的效果。

1. 政策问题的显著性

政策问题的显著性直接影响着政府系统的学习动机，当一项政策问题显现出来，公众具有强烈期待并要求政府列入优先议程、采取行动，政府就会具有搜寻相关信息的动力。政策问题的复杂程度会影响政策学习，一项政策议题面临很多不确定性，有赖于专业化知识的积累，政策学习就会受到抑制。与只有定性分析、主观性强的政策问题相比，那些具有量化数据支持的政策问题更容易引发政策学习。

---

① 萨巴蒂尔，詹金斯-史密斯．政策变迁与学习：一种倡议联盟途径．北京：北京大学出版社，2011：47.

② SABATIER P A. An advocacy coalition framework of policy change and the role of policy-oriented learning therein. Policy Sciences，1988，21（2/3）.

2. 政策方案的相对优势

比较而言，具有相对优势的政策创新更容易引起学习和模仿。相对优势表明了一项创新所需支付的成本以及从中可获得的收益，通常以经济利益、公众满意度、社会声誉或其他方式进行衡量。决策者总是偏好于政策变迁成本较低的创新实践。当一项政策创新展示了相对优势，就会对政策学习产生激励效应。

3. 地方政府的学习意愿

地方政府的经济状况、官员的素质、主政者的学习意愿直接影响着学习动力，进而影响政府创新能力。沃克发现，美国各州之间的政策扩散受到经济发展水平和官员素质的影响：经济发达、高度城市化的州的学习动力更强，受过良好教育的公职人员更可能开展政策创新、采纳其他地区的新政策。① 对外开放地区比封闭地区的领导者更偏好政策学习。主政者的学习意愿也发挥着重要作用，他们将新想法传递给支持者，通过建立联盟来支持创新，提升创新构想获得通过的可能性。②

4. 府际合作的网络体系

制度化的政府间合作网络也会提升地方政府的学习能力。通过构建全国性、区域性的府际合作网络，提供交流平台，可增进信息交流，促进最佳实践的传播，对典型经验的学习和传播具有促进作用。政策网络也是构建倡议联盟的一种重要途径，它特别适用于成功经验的交流与推广。

8.3　政策试验

8.3.1　政策试验的含义

政策试验是中国改革经常采用的一项治理方式，它针对决策议题的不确定性，通过创设试验场域，在局部范围内测试新政策，根据信息反馈持续改进政策安排。作为一种预设学习策略的政策测试机制，政策试验的目的在于增进对不确定性的认知，为政策制定提供充分的证据支持。决策议题的不确定性可分解为信息来源、政策选项、结果及效果的不确定性。在不确定性情形下，决策包含多种选择及标准，需要在具体情境中进行审议。

从组织机制来看，政策试验可分为政策实验与政策试点两种类型。政策实验主要针对技术性议题，已经确定了政策选项和技术路径，但结果及效果具有不确定性，通过控制性实验方法进行测试和评估；而政策试点具有更为广阔的适用领域，尤其适合于信息来源、

---

① WALKER J L. The diffusion of innovations among the American states. The American Political Science Review，1969，63（3）：880－899.

② MINTROM M. Policy entrepreneurs and the diffusion of innovation. American Journal of Political Science，1997，41（3）：738－770.

政策选项具有不确定性的议题，通过反思性学习提出新概念，传递新的政策导向，采取“边干边学”的方式，持续改进政策安排。

改革开放以来，中国政府通过组织大规模的政策试验，有效提升国家治理的政策创新能力。有研究者指出，中国在制度创新方面提供的一条重要经验是“分级制试验”①。中国政策制定过程中缺乏竞争性的政策倡议联盟，一切政策学习都是有秩序地展开。一项新政策刚提出时，由于认知尚不充分，需要通过试验途径增加认知。对于复杂的政策问题，决策者需要测试多种可能的方案，以适应不同环境的治理需求。

中国改革通过“双轨制”的运作方式来组织政策试验。② 中国幅员辽阔，各地区的人口、资源和环境条件千差万别。为激励地方政府开展创新探索，改革开放以来，中央决策者对试点地区给予倾斜式授权，对政策试验给予支持和保护。这种授权伴随着优惠政策或财政支持，促使地方官员尽力争取政策试验的资格。如果政策试验取得成功，很快就会引起关注，政策学习也随之展开，上级政府将其树立为“典型经验”，组织经验交流会，提供交流平台。于是，政策试验就会“由点到面”，在更大范围内推广开来。对于趋于成熟的政策方案，中央决策者则下令起草正式文本，经审议通过后以法律或行政法规形式公布实施。

延伸阅读

试点是改革的重要方法

全面深化改革是一项复杂的系统工程，政策试点是推进改革的重要方法。党的十八大以来，习近平总书记就改革试点发表了一系列重要讲话，强调抓好试点对推进改革意义重大，要求认真谋划深入抓好各项改革试点，多出可复制可推广的经验做法。

2012 年 12 月，十八届中央政治局第二次集体学习时，习近平指出：“我国改革开放就是这样走过来的，是先试验、后总结、再推广不断积累的过程，是从农村到城市、从沿海到内地、从局部到整体不断深化的过程。这种渐进式改革，避免了因情况不明、举措不当而引起的社会动荡，为稳步推进改革、顺利实现目标提供了保证。”“要采取试点探索、投石问路的方法，取得了经验，达成了共识，看得很准了，感觉到推开很稳当了，再推开，积小胜为大胜。”

在实践中，对于具有不确定性、一时还不怎么有把握的改革，中央政府采取局部试点的方法，鼓励地方先行探索，取得经验后再推行开来。2014 年 10 月，习近平总书记对《京津冀协同发展规划总体思路框架》做出批示，指出：“目前京津冀三地发展差距较大，不能搞齐步走、平面推进，也不能继续扩大差距，应从实际出发，选择有条件的区域

① 韩博天．中国经济腾飞中的分级制政策试验．开放时代，2008（5）．

② 杨宏山．双轨制政策试验：政策创新的中国经验．中国行政管理，2013（6）．

率先推进，通过试点示范带动其他地区发展。"

2014 年 12 月，中央全面深化改革领导小组第七次会议提出，试点要有整体性考虑和系统性设计，推动改革顶层设计和基层探索互动。会议指出，先在基础扎实、需求迫切的地方开展试点，新开门面要站在高起点上，创造可复制、可推广的机制制度。会议强调，我国地区发展不平衡，要鼓励不同区域进行差别化探索，务必使改革的思路、决策、措施都能更好地满足群众诉求，让群众受益。

2015 年 6 月，习近平主持召开中央全面深化改革领导小组第十三次会议并发表讲话。他强调，试点是改革的重要任务，更是改革的重要方法。试点能否迈开步子、趟出路子，直接关系改革成效。要牢固树立改革全局观，顶层设计要立足全局，基层探索要观照全局，大胆探索，积极作为，发挥好试点对全局性改革的示范、突破、带动作用。

2017 年 5 月，在中央全面深化改革领导小组第三十五次会议上，习近平再次强调，试点是重要改革任务，更是重要改革方法，要求加大对试点的总结评估，对证明行之有效的经验做法，要及时总结提炼、完善规范，在面上推广。本次会议提出，加强改革试点工作统筹，分析各个改革试点内在联系，合理把握改革试点工作节奏；对具有基础性、支撑性的重大制度改革试点，要争取早日形成制度成果；对关联度高、互为条件的改革试点，要统筹协调推进；对领域相近、功能互补的改革试点，可以开展综合配套试点，推动系统集成；对任务进展缓慢、到期没有完成的改革试点，要提前预警、督促落实。

资料来源：根据新华社和《人民日报》相关报道整理。

8.3.2　政策试验的理论发展

政策试验的早期研究可追溯到实用主义哲学。实用主义哲学将实验的应用范围从科学领域拓展到社会领域。杜威（Dewey）提出"价值判断是一种实践判断"，认为价值并不是预先赋予的，而是由将要采取的行动所创造的。换言之，评价标准并非现成的，而是在反思性评价过程中逐步形成和确定的。① 杜威认为，实验方法不仅可以运用于实验室研究，也可应用于社会实验研究。杜威的实用主义哲学强调实践判断的重要性，但并没有就政策试验的制度设计提出具体计划。

20 世纪 60 年代末，坎贝尔（Campbell）提出"试验社会"（experiment society）的设想，开创性地将试验研究从"经验生产"拓展到"政策生产"领域。② 20 世纪 70 年代，美国迎来了政策试验的"黄金时代"，联邦政府在预算中列出专款用于政策试验研究，测试政策干预的效果。自此开始，政策试验的理论研究大体经历了三个发展阶段，分别形成了具有标志性的理论建构。

---

① 冯平．价值判断是一种实践判断：杜威实验主义价值论的核心论题．复旦学报（社会科学版），2019（6）．

② CAMPBELL D T. Reforms as experiments. American Psychologist，1969，24（4）：409－429.

第一代政策试验研究致力于探究科学的社会实验方法，主张采用类似自然科学的实验方法，准确测试并评估预设方案的效果，收集有关政策改革可行性的证据。在坎贝尔看来，政策变革需要采用随机控制实验（RCT）或准实验方法，准确评估干预的效果。① 在科学检验导向下，政策制定遵从循证原则，通过实验精确测量政策干预的结果，进而评估新政策的效果。② 第一代研究提出了政策试验的“科学”方法，提供了明确的技术标准，有利于摆脱政治因素的干扰，具有很强的认知学习功能。然而，对于方案模糊的改革议题来讲，开展科学评估并不具有可行性。

第二代研究从协商民主的视角，认为政策试验并非科学知识的生产过程，而是多方协商生成行动方案的一种治理方式。多夫、萨贝尔提出民主试验主义理论，认为政策试验为协商治理提供了平台，公共机构需要根据试验反馈调整政策安排，以适应新的治理需求。③ 之后，萨贝尔、泽特林将这一思想应用于解释欧盟治理实践，提出试验主义治理理论，认为试验是在战略不确定情境下提升治理能力的重要途径。④ 第二代研究强调多方互动的重要性，主张构建容纳多方参与的议题学习网络，发挥基层官员、政策专家与利益相关者的作用，在持续的协商和讨论中完善政策方案。⑤

第三代研究从变革管理的视角，认为政策试验是创造变革舞台、引导变化和选择的变革过程。在变革管理论者看来，政策试验并非一试就灵、一蹴而就，而是伴随着持续的试点探索，每一次试验都是促进变革的重要一环，通过持续的政策试验，不断汲取经验教训，能够逐步发展出一整套成熟的方案。罗特曼、鲁巴赫提出政策试验驱动变革管理的过程框架，包括建立变革舞台、设置愿景和目标、建立联盟和网络、设计和组织试验、选择有推广价值的新政策、监测评估变革进程六个步骤。⑥ 同一领域的不同试点之间互为参照，借助多次反馈与循环，持续对政策方案进行测试、评估和调整，能够增进对复杂议题的认知。

8.3.3 政策试验的行动逻辑

在中文语境中，与“政策试验”相关的概念有“政策实验”“政策试点”。在英文中，与“policy experimentation”相关的概念有“policy experiment”“policy trial”“policy pilot”“policy test”等。这些概念具有各自的内涵，展现了对政策试验的多样化理解。安塞

---

① CAMPBELL D T. Reforms as experiments. American Psychologist，1969，24（4）：409－429.

② PEARCE W，RAMAN S. The new randomised controlled trials（RCT）movement in public policy：challenges of epistemic governance. Policy Sciences，2014，47（4）：387－402.

③ DORF M C，SABEL C F. A constitution of democratic experimentalism. Columbia Law Review，1998，98（2）：267－473.

④ SABEL C F，ZEITLIN J. Learning from difference：the new architecture of experimentalist governance in the EU. European Law Journal，2008，3（14）：271－327.

⑤ 杨宏山．试验民主与韧性治理：中国改革的行动逻辑．人民论坛·学术前沿，2022（5）.

⑥ ROTMANS J，LOORBACH D. Complexity and transition management. Journal of Industrial Ecology，2009，13（2）：184－196.

尔、巴腾伯格基于对大量文献的研究，总结了政策试验的三种逻辑。①

1. 受控测试的逻辑

这一逻辑将政策试验理解为科学导向的测试方法，目的在于精确测量政策干预的结果和效果，寻找关于因果关系的有效推论，为政策制定提供证据支持。在受控测试的逻辑看来，政策试验需要采取随机对照实验（RCT）或准实验、自然实验的方式，排除干预变量之外因素的影响，对政策干预的效果进行科学评估，以检验推论（假设）的真实性和合理性，从而证明或证伪一项政策推论。随机对照试验通常被视为受控测试的“黄金标准”。

2. 进化学习的逻辑

这是一种达尔文主义的试验思维，它相信成功的创新是在大量的试验探索中产生的，强调多样化是取得成功的关键所在。在这一思维看来，政策创新并不是理性设计的结果，而是依靠试错进行学习。如果说受控测试属于演绎性学习，进化学习则更多是通过归纳进行学习。进化学习强调变化的重要性，从而产生足够的差异性。通过收集、比较和评估不同的结果，可判断哪些试验取得了成功，从中筛选最佳实践。进化学习不需要采取严格的随机对照分组，其核心逻辑是增加变化，而不是严格控制试验过程。

3. 生成政策的逻辑

除了受控测试和进化学习之外，政策试验还具有第三种逻辑，即通过试验生成一项新政策。在这一逻辑看来，政策试验是以解决特定问题为目标，在局部地区生成新政策，基于反馈持续改进解决方案的过程。这种逻辑之所以被界定为“生成政策”，是因为它专注于生成一套解决方案。生成性试验是针对现有问题提出新方案的过程，它通常采用“探索和学习”的策略，先引入原型，然后根据反馈不断改进方案。生成性试验的一个显著特征是，随着时间的推移，试验方案被不断改进，以适应新的发现和不断变化的环境。

8.3.4　政策试验的组织模式

为了满足复杂议题决策的认知需求，政策试验成为一种常态化的议题学习方式，它利用地方政府的信息优势和相机决策机制，在试验学习中加快生成新方案。与中央政府相比，地方政府更了解本地情况。政策试验构建了一种激励相容的制度设计，让地方官员在为改革多做贡献中成就个人事业。当试验达不到预期效果时，决策系统则会调整试验方案。

1. 基于探索权分配的类型划分

在中国制度环境下，政策试验通过探索权分配的方式，将试点权下放给低层级政府。在试点过程中，中央政府拥有最终评价权，通过监督检查和评估，确保地方试点符合决策者的目标诉求。如果一项改革不涉及中央事权，地方政府则拥有自主探索权。

根据探索权分配的差异化安排，政策试验可分为四种组织模式（见图 8－5）。②

---

① ANSELL C K，BARTENBERGER M. Varieties of experimentalism. Ecological Economics，2016（130）：64－73.

② 杨宏山，李娉．政策试点的理论逻辑与知识生产．江苏行政学院学报，2022（6）．

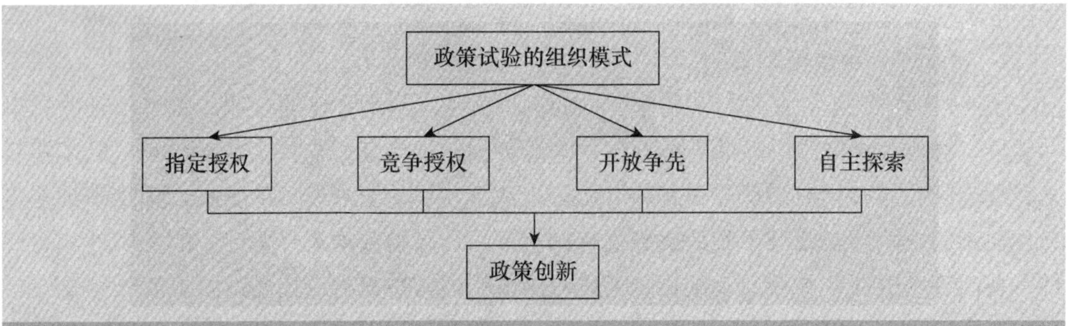

图 8-5　基于探索权分配的政策试验组织模式

（1）指定授权模式。这类试验由中央政府创设政策议程，提出政策规划和激励性安排，指定试点地区，中央与地方之间经由互动沟通，共同商定政策方案，地方政府可根据需要确定政策工具、机制和手段。一般而言，放权让利性质的改革试点普遍采取指定授权模式，对试点地区提供优惠政策，中央政府对试点结果拥有最终评价权。

（2）竞争授权模式。这类试验由中央政府提出新理念，阐述改革取向和目标导向，地方政府予以响应，组织议题学习网络，提出试点方案。然后，地方提交申请，争取中央部委授权试点。这种改革的试点方案突破了上位法规定，需要中央政府提供专项授权，暂时中止执行有关上位法，中央政府仍保留结果评价权。

（3）开放争先模式。这类试验由中央政府提出政策倡议，但不设置试点门槛，也不对试点地区提供特殊政策，鼓励具备条件的地方开展试点探索。地方政府拥有激励安排、方案设计、工具选择、结果评价权，可根据本地实际情况提出新方案，自行组织试点。开放争先型试点适用于问题突显、亟待突破的改革议题，决策者希望通过试点加快新知识的生产。

（4）自主探索模式。这类试验是地方政府率先意识到具有潜在利益可获取，在地方自主权范围内提出新方案，自行启动议程设置，选择政策工具并付诸实施。在统一领导体制下，中央政府对地方试点拥有最终评价权，获得权威认可的试点经验将会形成扩散效应，反之则会导致试点悬置或被消解。

中央政府对探索权的分配具有不同的组合，形成了差异化的政策试验方式。从实际运作来看，对于战略性、敏感性、风险性较为突显的政策议题，决策者普遍采取授权方式，对试点地区实行选择性控制，取得经验后再予以推广；而对于一般性议题来讲，政策试验则采取放权和弱调控方式。

2. 基于议题属性的类型划分

政策试验具有认知学习的功能，可提供政策效果的具体证据，增进对不确定性的认知。根据议题属性及关键行动者的差异性，政策试验的组织模式可分为三种类型。①

① 杨宏山，周昕宇．政策试验的议题属性与知识生产．管理世界，2022（4）．

（1）政社合作型试验。这类试验适用于高度不确定的政策议题，决策系统的知识积累不足，社会精英提出新思路后，决策者予以响应，双方建立合作关系，携手制定试验方案。这类试验在个别地区率先实施，取得成功后，则会提炼新概念，形成概念性知识，加快对成功经验的传播。这类试验的门槛较低，市场主体、社会组织都可能成为合作方。

（2）权威倡导型试验。这类试验适用于中度复杂的政策议题，决策系统接受了新概念，将其纳入正式议程，提供必要的激励机制，动员低层级机构开展试点，进一步深化认知。这类试验的目的不是探寻新方向，而是生成系统化的政策方案，它一般不接受反对意见，并采取措施化解社会批评。

（3）技术检验型试验。这类试验主要针对技术性议题，目的在于检验技术手段的有效性，政府机构委托专家组织实施，通常采用随机对照实验方法，致力于检验新技术、新工具的效果。这类试验需要制定详细方案，通过精确测量结果数据，评估新政策的效果。试验结束后，专家需提交正式报告。

在上述三类试验中，政社合作型试验由地方政府主导，权威倡导型试验由上级政府主导，而技术检验型试验由专家主导。对于争议较大的改革议题，政社合作型试验的可操作性更强，更容易取得突破。当高层决策者接受了新思路，则会组织权威倡导型试验。随着政策试验进入技术性领域，技术检验型试验就成为深化改革的新路径。

8.3.5　政策试验的作用

习近平总书记指出："要鼓励地方、基层、群众解放思想、积极探索，鼓励不同区域进行差别化试点，善于从群众关注的焦点、百姓生活的难点中寻找改革切入点，推动顶层设计和基层探索良性互动、有机结合。"① 面对复杂性和不确定性的挑战，政策试验已经成为推进改革的重要路径。政策试验具有以下积极作用：

1. 激发地方官员的创新动力

政策试验赋予地方政府创新探索权，一些改革试点还提供非均衡激励，对试点地区（单位）提供差异化的优惠政策。为了跟踪试点情况，中央政府部门会与试点地区之间建立直接的沟通渠道，地方试点取得成功，上级政府会提供注意力支持，媒体进行专题报道，当事官员具有更多机会展现政绩，这对地方官员具有激励作用。

2. 促进政策议题的认知学习

对于复杂政策议题来讲，选择局部地区开展政策试验，有利于深化对议题不确定性因素的认知，避免因冒进导致政策失败。政策试验通过创建试验场域，吸纳政策专家、基层官员和利益相关者参与，建立针对具体议题的强化学习机制。多方主体的互动和信息交流，有利于增进对政策议题的认知。在政策试验中，通过观察不同政策方案的效果，可以有针对性地改进政策方案。

---

① 习近平．鼓励基层群众解放思想积极探索 推动改革顶层设计和基层探索互动．人民日报，2014-12-03.

3. 加快成功经验的政策推广

地方政府之间具有竞争关系，为了在竞争中占据优势地位，开拓进取型的决策者注重借鉴其他地区的成功经验，要求辅助决策系统搜集这方面的信息。一个地方的政策试验取得成功，其他地方则会前往观摩、跟进学习。中央政府也会总结地方试点经验，筛选最佳实践，树立典型经验，发挥示范学习作用，促进成功经验的推广。

4. 提升国家治理的适应性

政策试验并非一次性的政策测试过程，而是伴随着连续的迭代学习与知识生产。政策试验中的议题学习可分为问题驱动的概念创造、概念驱动的局部试验、绩效驱动的政策更新、议题再建构驱动的迭代学习等阶段。成功的政策试验会自我强化，失败的政策试验也会吸取教训，推动政策试验走向迭代创新。大规模的政策试验积累了差异化的创新经验，提升了国家治理的韧性和变革能力。

延伸阅读

中国改革为什么如此重视试点

在我国改革开放的进程中，试点发挥了重要作用。如此重视试点，除了因为“尊重地方和基层的经验、智慧和首创精神”这个基本理念外，还有以下几方面的原因。

第一，对新的制度或政策的实施效果还看不准，需要进行小范围实测，观察实效和完善改革方案。大部分试点属于此类。

第二，表明此事仅在小范围试行，有进退余地，容易与持不同意见者达成妥协。例如改革早期的农村承包制、建立开放特区、股权分置改革，以及最近几年的农村土地流转改革等。因为最开始难以统一意见和拿出普适方案，所以就从试点起步。

第三，允许地方因地制宜推进改革。各地情况差距大，工作基础不同，有些政策不一定适合所有地方，或者不能同时起步，就以试点的方式分批分期推进。例如近几年的高考改革，需要地方有较好的工作基础和教育布局，因此就让自愿先改的省市先行试点。

第四，有极少数试点是具体部门的“缓兵之计”，当改革呼声很高、来自上下的压力很大时，先开始“试点”缓解压力，再视情况决定后续政策。

第五，在部门层面，有极少数试点是“设租”的一种方式。这种试点往往内置优惠政策，或者具有政绩显示度，部门有试点决定权，就会有地方前来“寻租”。

概括一下，试点能够积累经验、测试效果、突破障碍和缓冲压力，是推进改革的有效途径。试点中也存在一些问题，不过不算主流。近几年政府推进“放管服”改革力度很大，部门的权力消减了不少，极少数部门似乎有通过“试点”来“设租”的迹象，希望不要形成新的势头。

试点在中国改革进程中如此重要，但是，学者们对试点的分析研究相对较少。从理论分析角度来看，试点效果好并不能得出大面积实施后的效果也同样好的结论。例如，从局部试点到全局推开，是典型的市场均衡问题。小范围试点改变的只是局部均衡，不会改变整个市场的性质。但是全面实行后必定会导致全面均衡的改变，从而影响市场价格或者要素供给的均衡，产生不同于小范围试点时的结果。比如，当小范围试点“政府私人合作伙伴”（PPP）项目时，由于管理精细且关注度高，项目推进过程的可控性较好。而当大面积推广后，就有可能出现严重的利益输送或腐败问题等。

资料来源：江小涓．江小涓学术自传．广州：广东经济出版社，2020：107－109.

8.4　政策扩散

8.4.1　政策扩散的含义

政策扩散通常是指一项政策在空间上发生转移，并被政府系统中的其他成员采纳的过程。在政府间沟通中，一个地方的新政策取得显著成效，会引起其他地方关注并组织学习行动，从而导致政策扩散。

政策扩散研究关注新政策如何在不同层级、不同区域的政府（部门）之间进行传播，致力于探讨新政策在政府系统中的横向及纵向扩散机制。早期的政策扩散研究以美国学者为主，一些研究者注意到政策创新在各州之间存在扩散现象①，州政府被视为“政策创新的实验室”。近年来，政策扩散已成为中国政策过程研究的一个热点领域，相关研究成果明显增多。

政策扩散可分为沟通、采纳和实施三个阶段。第一个阶段是政策沟通，随着时间的推移，一项创新政策会在社会系统不同成员之间进行沟通；第二个阶段是政策采纳，当决策者意识到采纳某项新政策会改进治理绩效时，就可能做出采纳该政策的决定；第三个阶段是政策实施，通过政策调整、政策试点、政策推广等环节将新政策付诸实施。

政策扩散不同于政策执行。政策执行依赖于科层组织体系，通过自上而下的途径进行运作，下级机构有责任落实上级做出的决定，确保上级的决策部署得到落实。而政策扩散是其他政府（部门）自愿采纳的过程，其中也可能存在强制机制，但它只是府际契约所附加的责任条款而已。

① WALKER J L. The diffusion of innovations among the American states. The American Political Science Review, 1969, 63 (3): 880－899.

8.4.2 政策扩散的动因

政策扩散的触发机制具有多样性。道洛维茨、马什分析了导致政策扩散的三种原因：一是某个主体看到了新政策的优势，主动学习进而实现政策扩散；二是某个主体在外部压力之下被迫接受政策扩散；三是出于某种义务实现政策扩散。① 马什、沙曼认为，公共政策扩散主要有四种机制：学习、竞争、强制和模仿。② 多宾、加勒特提出，公共政策扩散现象的发生原因主要有四种不同的理论解释，分别是建构主义理论、强制理论、竞争理论和学习理论。③

概而言之，直接动因主要有以下几种：

1. 理性学习

理性学习是促使创新政策在不同的政府（部门）间扩散的重要动力。决策者看到了新政策的优势后会主动采取学习行动，在成本-收益分析的基础上决定采纳新政策，从而实现政策扩散。理性学习是具有明确目标导向的自愿采纳模式，当决策者面临较为凸显的社会问题时会寻求其他政府的有效经验。④ 有研究发现，中国的政策扩散中的学习机制主要有四种形式：向领先国家学习、向国内发达地区学习、向政策领先地区学习、向历史上的政策学习。⑤

2. 府际竞争

地方政府之间存在竞争关系，各地都不甘落后，竞相采纳有利于经济社会发展的政策。为了吸引资金、技术、劳动力等生产要素，地方政府纷纷采取致力于改进公共服务的政策举措，吸引企业和居民“用脚投票”，从而提升财政汲取能力。⑥ 为促进当地经济增长，中国地方政府很注重借鉴外部经验，采纳其他地区的成功做法。

3. 强制因素

强制因素包括直接强制和间接强制两种形式，前者是指一个政府与其他机构签订协议时要求必须执行某项政策，后者是指间接因素推动政府采纳了某项新政策，例如新技术进步、上级发出的政策信号推动的政策扩散。⑦

4. 跟风模仿

理性学习与跟风模仿的区别在于：前者关注政策绩效，当决策者面临决策困境时借鉴其他政府的政策经验，是对政策问题、政策目标、政策工具深思熟虑后做出的决定；后者

---

① DOLOWITZ D P，MARSH D. Who learns what from whom：a review of the policy transfer literature. Political Studies，1996，44（2）：343－357.

② MARSH D，SHARMAN J C. Policy diffusion and policy transfer. Policy Studies，2009，30（3）：269－288.

③ DOBBIN F，SIMMONS B，GARRETT G. The Global diffusion of public policies：social construction，coercion，competition，or learning? . Annual Review of Sociology，2007，33（1）：449－472.

④ 同①.

⑤ 王浦劬，赖先进．中国公共政策扩散的模式与机制分析．北京大学学报（哲学社会科学版），2013（6）.

⑥ 亨利．公共行政与公共事务：第10版．北京：中国人民大学出版社，2010：285.

⑦ 同③.

只是采纳倡导者提出的政策，以期获得一种外在的认可，并不对该政策的前提条件、具体收益等进行细致分析。① 跟风模仿主要是出于一种正当性或道义的需要而采取的策略，并非期望此项政策能带来实质性绩效。

5. 社会建构

受到焦点事件的影响，一些政策问题引起社会的高度关注，在舆论压力、媒体宣传等因素的推动下，社会建构也会成为政策扩散的一种动力机制。近年来，在危机事件应对中，一些新政策的引入是多方行动者共同推动的结果，公众参与、媒体报道、舆论压力在其中发挥了重要作用。

8.4.3　政策扩散的路径

政策扩散发生在不同政府之间，府际关系的基础性制度安排对政策扩散的具体路径具有显著影响。美国实行联邦体制，联邦与州、地方之间并不具有隶属关系，各自基于法定分权进行运作。我国中央政府对各级地方政府具有直接领导权。中美两国府际制度安排的差异性形塑了不同的政策扩散路径。

1. 美国政策扩散的路径

美国政府系统分为联邦政府、州政府、地方政府，分别具有各自的政策权威和管辖领域。美国宪法只列举了联邦政府的权力，未列举的保留权力归各州所有，联邦无权命令州政府采纳新政策，只能间接地施加影响。根据“狄龙法则”，美国地方政府是“州政府的附属物”，相较于联邦政府，州政府对地方政府的影响力要大得多。②

贝瑞夫妇总结了美国联邦体制下政策扩散的已有研究，提出了政策扩散的四种模型③，分别是：（1）全国互动模型（the national interaction model）。该模型假设在州政府官员之间存在一个全国性沟通网络，未实施新政策的州政府官员能够在交流中得到额外的激励。该模型认为一个州采纳新的政策的概率与其官员和已采纳该政策的州的官员的互动次数成正比。④（2）区域扩散模型（the regional diffusion model）。该模型认为，州政府倾向于学习邻近地区的新政策，二者距离越近，相互影响水平越高。⑤（3）领导-跟进模型（leader-laggard model）。该模型假设某些州政府在一项政策采纳方面是领导者，其他地方政府会采取效仿行动。⑥（4）垂直影响模型（vertical influence model）。在垂直影响模型下，全国性政府扮演了先行者的角色，各州主动学习全国性政府的政策。

---

① SHIPAN C R，VIODEN C. The mechanisms of policy diffusion. American Journal of Political Science，2008，52（4）：840－857.

② 亨利．公共行政与公共事务：第 10 版．北京：中国人民大学出版社，2010：299－300.

③ 贝瑞．政策研究中的创新和传播模型//萨巴蒂尔．政策过程理论．北京：生活·读书·新知三联书店，2004.

④ GRAY V. Innovation in the states：a diffusion study. American Political Science Review，1973，67（4）：1174－1185.

⑤ BERRY F S. Sizing up state policy innovation research. Policy Studies Journal，1994，22（3）.

⑥ 萨巴蒂尔．政策过程理论．北京：生活·读书·新知三联书店，2004：237－238.

在美国制度中，政策扩散路径主要有四种：

（1）政府间的水平扩散。这种扩散既可能是主动学习的结果，也可能是感受到邻近地区的竞争，被迫采纳新政策的结果。在遇到决策难题时，州和地方政府会有意识地采纳先进地区的解决方案。当决策者观察到邻近地区的政策创新取得显著绩效时，也会倾向于采纳类似的政策。①

（2）自下而上的垂直扩散。地方经验会成为联邦或州政府的决策信息，州政府的成功经验也会被联邦政府所采纳。这种自下而上的政策扩散会形成“雪球效应”（snowball effect），促使联邦采纳州的创新政策。② 地方政府创新会在一定程度上抑制州政府的政策创新，当地方政府的某项政策取得成功、有效解决了政策问题时，上级政府会把精力放在其他未解决的事情上，其采纳该项政策的可能性就会降低，这被称为“压力阀效应”（pressure valve effect）。

（3）自上而下的垂直扩散。在联邦制度下，美国自上而下的垂直扩散主要有三种路径：一是联邦政府发出的政治信号对州、地方政府决策具有间接影响，包括美国国会通过的政策法案、联邦政府的政治活动、总统的政策倡议等。二是联邦政府的经济激励促进政策扩散。当联邦政府需求与州政府期望相一致时，联邦政府的激励会推动州政府采纳某项政策，加速政策扩散。三是州政府对地方政府的直接干预会导致纵向扩散。美国政策的强制扩散主要体现在州政府对地方的干预上，由于地方政府在宪法上不具有主权地位，州政府可以出台法律禁止地方对抗州政府的行为。③

（4）选举周期的扩散效应。民选官员为了获得连任，会基于大多数选民的公共需求做出决策，他们会倾向于选择争议较小、选民期望的政策项目。④ 当民选官员竞选压力较大时，这一扩散效应会更为显著，地方官员在竞选投票前夕迅速回应公众的政策偏好，采纳对选民有利的政策。

2. 中国政策扩散的路径

中国地方政府的权力来自上级政府，上级政府在政策扩散中的介入程度较高、影响力较大。中央政府也赋予了地方政府一定的自主权，鼓励地方政府探索公共治理的新思路、新方法。为了争夺人才、资金、技术等优质生产要素，地方政府也会推进政策创新，出台新政策。地方官员在采纳创新政策时更多地考虑政治绩效，倾向于采纳与上级政府的价值、偏好相一致的政策方案。为了谋求自身利益，地方政府除了学习其他地方的“好”经验外，也会学习“坏”经验，基层治理存在“共谋”现象。

一些研究者分析了中国政策扩散的基本模式，具体包括：自上而下的层级扩散模式、

① SHIPAN C R，VIODEN C. The mechanisms of policy diffusion. American Journal of Political Science，2008，52（4）：840 - 857.

② SHIPAN C R，VOLDEN C. Bottom-up federalism：the diffusion of antismoking policies from U. S. cities to states. American Journal of Political Science，2006，50（4）：825 - 843.

③ 同①.

④ 张克．西方公共政策创新扩散：理论谱系与方法演进．国外理论动态，2017（4）.

自下而上的吸纳辐射扩散模式、同一层级的区域或部门间扩散模式、不同发展水平的区域间政策跟进扩散模式。① 有研究者根据上级政府的介入程度将中国政策扩散路径分为三类：地方自主学习型扩散、上级认可型扩散、上级指令型扩散。

具体讲，中国制度环境下的政策扩散主要有五种路径②：

（1）地方政府间的水平扩散。在经济社会政策领域，地方政府具有较大自主权，可根据实际需要制定新政策。一个地区的政策创新取得好的效果后，其他地区就会借鉴或模仿。一般而言，与中央政府的价值导向相同、政治绩效明显、政治形象良好的公共政策在同级政府间横向扩散的可能性较高。③

（2）自下而上的“吸纳-推广”。中国政策扩散还存在一种“地方创新—上级采纳—推广实行”的路径。在这一路径下，地方政府是政策创新的发动者，上级政府通过总结经验教训提出指导意见，促使下级政府修正原政策。随着地方政府取得新的进展，上级政府予以推广，将成功做法在全国范围内扩散开来。

（3）自上而下的“试点-推广”。中国政府还可通过组织政策试验推广新政策。这一做法由中央政府遴选试验地区进行自上而下的政策试验，在取得成效后经中央认可，再在更大范围内进行推广，最后形成正式制度，在全国范围内付诸实施。这是一个反复试验、不断学习、持续调整的过程，可概括为“先行先试—典型示范—以点促面—逐步推广”。

（4）自上而下的强制推行。上级政府可通过自上而下的途径全面推行某项新政策。中央推动是中国政策创新扩散的重要路径，中央政府提出新的政策路线后可通过制定政策规划、出台指导意见、发布行政指令等方式，要求地方政府制定实施细则。

（5）官员异地交流任职导致的政策扩散。上级政府可通过地方主官员异地交流的方式促进政策创新经验在不同地区之间的传播，推动创新政策在异地扩散。当决策者在原任地和履新地都是地方主官，拥有在辖区内决策的支配性权威时，政策扩散发生的可能性就比较高。若决策者在原任地主导的政策受到上级肯定，决策者在履新地采纳创新政策的可能性也就较高。

8.4.4 政策扩散的规律

总结政策扩散的研究文献可得出三个基本规律：采纳新政策的主体数量在时间维度上呈现出“S”形曲线；在空间转移上表现为邻近效应；在多元主体之间存在领导者-追随者效应。④

---

① 王浦劬，赖先进．中国公共政策扩散的模式与机制分析．北京大学学报（哲学社会科学版），2013（6）．

② 杨宏山，李娉．中美公共政策扩散路径的比较分析．学海，2018（5）．

③ 朱亚鹏，丁淑娟．政策属性与中国社会政策创新的扩散研究．社会学研究，2016（5）．

④ BROWN L A，COX K R. Empirical regularities in the diffusion of innovation. Annals of the Association of American Geographers，1971，61（3）：551-559.

1. 政策扩散的“S”形曲线

创新的扩散研究起步于对技术扩散规律的探讨。创新的扩散需要通过学习渠道，在特定社群中进行传播。罗杰斯通过研究农业技术的传播过程发现，每年接受新技术的累计采用者人数呈“S”形曲线变化[①]：在创新扩散初期，每年只有少数人接受创新；随后扩散走势急速攀升，直到体系中有一半成员接受创新为止，这一阶段又称为“起飞”阶段；接下来，扩散走势变得缓慢，后期采纳者零星地接受创新。公共政策学者对新政策在各地的采纳情况进行的实证分析发现，政策扩散在时间维度上也呈“S”形曲线变化[②]：曲线中间陡峭、两端平缓，创新者和早期采纳者位于“S”形曲线的初段，早期大众和后期大众位于“S”形曲线的中段，后期采纳者位于“S”形曲线较为平稳的末端（见图 8-6）[③]。

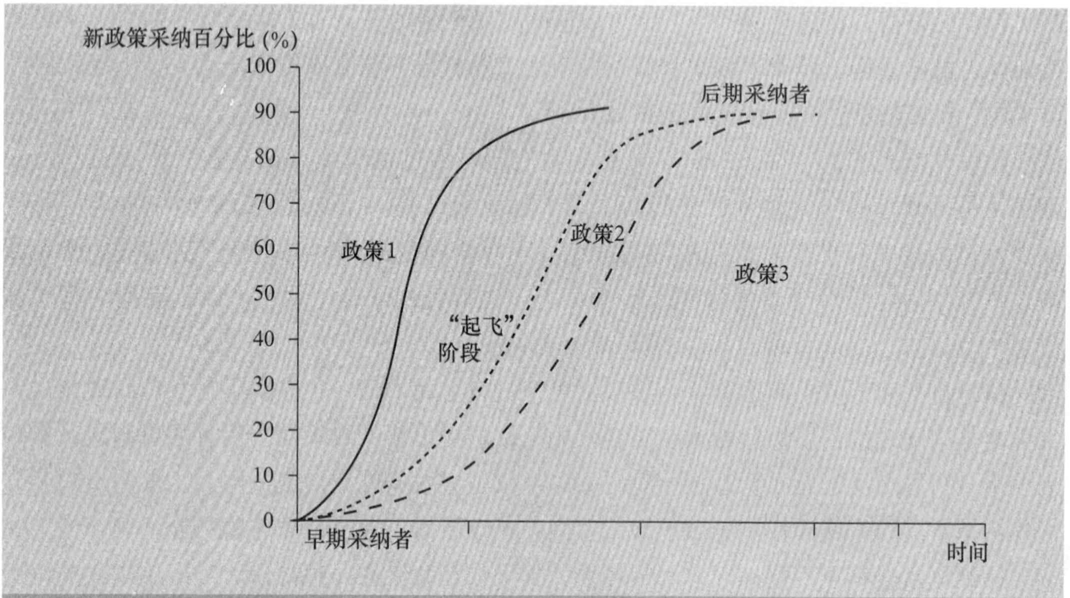

图 8-6　政策扩散的“S”形曲线

资料来源：罗杰斯．创新的扩散：第 5 版．北京：电子工业出版社，2016：14.

有学者对“S”形扩散曲线提出质疑，认为政策扩散曲线存在差异性，虽然很多政策的扩散采取渐进式的学习模式，扩散过程符合“S”形曲线，但也有一些政策在短期内引起广泛的学习，迅速被接纳，一些政策的扩散呈现出间断扩散的特征，扩散过程受到焦点事件、公众情绪的影响。[④]

2. 空间转移的邻近效应

从空间转移来看，地方政府是否采纳一项新政策在很大程度上会受到地理上相邻的地

① 罗杰斯．创新的扩散：第 5 版．北京：电子工业出版社，2016：37.

② GRAY V. Innovation in the states：a diffusion study. American Political Science Review，1973，67（4）：1174－1185.

③ 同②.

④ BOUSHEY G. Policy diffusion dynamics in America. Cambridge：Cambridge University Press，2010：24－28.

方政府的影响。对于土地广袤的国家来讲，各地的地理条件和经济、社会发展具有差异性，亟待解决的政策问题也各不相同。在这种情况下，各地政府倾向于与同一区域的地方政府开展政策竞争。当相邻地区的地方政府采取一项新政策取得成效时，邻近地区的居民就会要求本地政府采纳该政策。为了在竞争中不至于落后，本地政府也会倾向于采纳该项政策。

3. 领导者-追随者效应

在政策扩散过程中，政策主体之间存在着领导者-追随者的层级效应，有的地方扮演着领导者角色，率先提出新理念、出台新政策，成为政策创新的先行者，其他地方则扮演追随者的角色。一般而言，在政策扩散过程中，领导者居于领跑地位，具有较强的政策创新能力，在全球事务、国家或区域发展中发挥着引领作用。在领导者-追随者效应下，追随者主要是通过理性学习进行效仿，而不是迫于压力而展开竞争。在实践中，人们经常看到某个地方的政策创新取得成效后，其他地方就会前去观摩学习，希望能够"取经"。

本章小结

创新研究最早由熊彼特提出，他认为创新是"生产要素的重新组合"。创新不同于发明，发明强调首创性，而创新是指新的工具、方法或观点的运用，并不要求它们是第一次创造出来的。政策创新研究继承熊彼特的创新研究思路，关注点不是政策的首创性，而是政策采纳的首次性。政策创新需要具备三个条件：接受新观念、开展新实践、创造新价值。

政策学习是决策系统开展的有组织的学习行动，目的是增进对政策议题及备选方案的认知，提升政策安排的科学性和正当性。政策学习的理论模型有三阶段模型、"4I"模型、SECI模型、类型学框架、倡议联盟框架等。影响政策学习的因素有很多，这些因素可归纳为政策问题的显著性、政策方案的相对优势、地方政府的学习意愿、府际合作的网络体系四个方面。

政策试验是中国改革经常采用的一种治理方式，可分为政策实验与政策试点两种类型。政策试验的理论研究经历了三个发展阶段：第一代研究致力于探索科学的社会实验方法；第二代研究凸显了协商民主的重要性；第三代研究将政策试验视为试验驱动的变革管理过程。研究者从不同视角解读政策试验，提出了多样化的理论建构，代表性的理解有受控测试、进化学习、生成政策三种逻辑。

根据探索权分配的差异化安排，政策试验可分为指定授权、竞争授权、开放争先、自主探索四种模式。根据议题属性的差异性，政策试验可分为政社合作型试验、权威倡导型试验、技术检验型试验三种类型。随着情境发生变化，政策试验的组织模式也会做出调整。

政策扩散研究关注新政策如何在不同层级、不同区域的政府（部门）之间进行传播。政策扩散的直接动因有理性学习、府际竞争、强制因素、跟风模仿、社会建构。府际关系的制度安排对政策扩散的路径具有显著影响。与美国联邦政府相比，中国政府推动政策创新扩散的能力更强。政策扩散具有以下基本规律：采纳新政策的主体数量在时间维度上呈现出“S”形曲线，在空间转移上表现为邻近效应，在多元主体之间存在领导者-追随者效应。

关键术语

政策创新　政策发明　政策学习　政策试验　双轨制　政策扩散

复习思考题

1. 简述政策创新与政策发明的区别。
2. 简述政策创新的含义及分类。
3. 简述关于政策创新动因的理论解释。
4. 简述政策学习的含义及研究维度。
5. 简述政策学习的三阶段模型。
6. 简述政策学习的“4I”模型。
7. 简述政策学习的 SECI 模型。
8. 简述政策学习的类型学分析框架。
9. 简述地方政府学习能力的主要影响因素。
10. 简述政策试验研究的理论发展。
11. 试论政策试验的三种行动逻辑。
12. 试论政策试验的代表性组织模式。
13. 试论政策试验对于推进政策创新的积极作用。
14. 政策扩散有哪些直接动因？
15. 简述公共政策扩散的基本规律。

第9章

政策变迁与终结

在政策过程中，大多数政策变迁保持着稳定和渐进的特征，然而，公共政策有时也会在短期内大幅调整，导致政策变迁或政策终结。政策变迁研究关注政策议程的不稳定现象，致力于探究政策变迁的发生过程、驱动力量、因果关系及基本规律。政策终结研究关注政策终止的方式和策略。

9.1 政策变迁的研究

9.1.1 政策变迁的含义

一项公共政策出台后并非亘古不变，而是不断发展变化的，以适应内部和外部环境的变迁。政策变迁（policy change），是指现行政策被新政策取代的现象，包括新政策的采纳、现行政策的修正或废止。政策变迁是政策过程中的常态现象，是决策者为适应内部和外部环境变化做出的调适性变革。安德森指出：“绝大多数政策过程——尤其是重大问题上的决策过程——是连续不断的。某一政策被正式通过后，评价和反馈便会发生，政策的变化和调整便会随之而来。”①

政策变迁具有三种表现形式：（1）现行政策的局部修改。根据环境变化对现行政策做出渐进修正，表现为对政策目标、政策工具的调整，但并不涉及价值定位、总体目标等基本政策安排。（2）现行政策的重大调整。这种调整涉及特定领域的基本政策，如新政府上台后推进重大政策调整。（3）创设新的公共政策。这种政策变迁不再遵循已有的政策安排，而是通过制定新的公共政策形成新的制度安排。

---

① 安德森．公共决策．北京：华夏出版社，1990：217.

公共政策在制定和实施后很少能保持内容不变，它们总是处于演化之中。观察中国近年来的重要政策可以看到，不论是财政政策、税收政策、货币政策，还是教育政策、住房政策、就业政策、最低工资政策、医疗保险政策、养老保险政策等，都处于持续的调整之中。[①] 随着时间的推移，公共政策与时俱进，不断提出新的政策目标，发展出新的政策工具。

9.1.2 政策变迁的研究路径

在政策科学发展的早期阶段，政策变迁现象并未引起学者关注。早期的政策研究认为政策过程发端于议程设置，终止于政策终结。在早期文献中，基本上找不到对政策变迁现象的专门研究。然而，一项政策出台后不经历变迁过程就直接走向终结的现象是非常罕见的。

自 20 世纪 70 年代以来，随着社会经济环境的急剧变化，政策制定面临的不确定性增加，迫切需要进行政策调整，以适应不断变化的外部环境。另外，改进政策制定也要总结政策变迁的基本规律及经验教训，为以后的政策制定提供依据。[②]

在上述背景下，政策学者开始关注政策变迁现象，产生了大量的研究成果。其中，影响较大的有间断均衡理论（punctuated equilibrium theory）、倡议联盟框架、多源流理论等。早期的政策变迁研究主要借助政治科学的研究路径，后来的研究引入了政策学习、话语联盟等新路径，进一步深化了对政策变迁机理的认知。

1. 制度主义路径

制度主义路径通过分析特定制度安排下的行为，剖析行动者的相互作用模式及其结果，进而预测和解释政策变迁的方向。制度是一套共享的规则、规范或策略，它们存在于行动者的头脑之中，或者以明确的成文规范存在，或者以不成文的惯例、习俗存在。如果特定制度安排所形成的行动场域及其对行动者构成的约束，致使行动者相互博弈的结果与预期目标存在差距，那么政策评估之后，政策变迁就会随之而来。奥斯特罗姆等人开发的制度分析与发展框架为理解政策变迁提供了重要途径（见图 9－1）。[③]

2. 博弈主义路径

博弈主义路径以政治博弈为出发点，认为在政策过程中，不同行动者之间存在利益矛盾，不同社群之间具有利益冲突，甚至在基本价值导向上截然对立。各方都希望主导政策过程，形成有利于自身的政策制定。在这一研究视角看来，公共政策对社会价值的权威性界定和分配实际上反映着多元主体相互博弈形成的一种均衡状态。当不同群体之间的力量对比发生变化时，作为政治博弈的结果，占据优势的一方的利益诉求反射到政策系统就会引发政策调整。

---

① 斯图尔特，赫奇，莱斯特．公共政策导论：第 3 版．北京：中国人民大学出版社，2011：126.

② 杨代福．西方政策变迁研究：三十年回顾．国家行政学院学报，2007（4）.

③ 奥斯特罗姆．制度的理性选择：对制度分析与发展框架的评估//萨巴蒂尔．政策过程理论．北京：生活·读书·新知三联书店，2004：56.

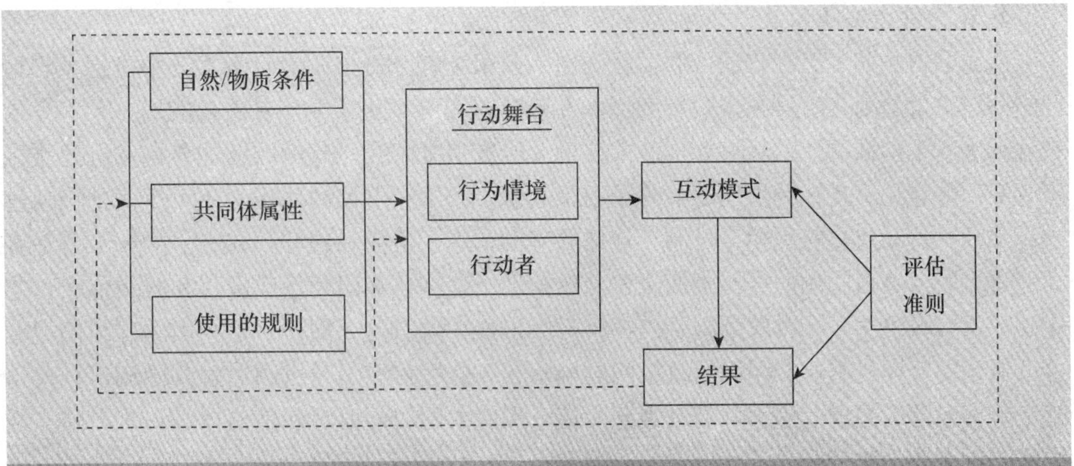

图 9-1　制度分析与发展框架

具体来讲，博弈主义的研究路径具有社会中心论、国家中心论两种不同的解释。① 社会中心论强调利益集团在政策变迁中处于中心地位，国家和政策精英的行为被理解为从属的变量。在此视角下，政策变迁和政治精英的政策选择是可预测的，可通过社会阶层分析、利益集团分析、公共选择分析等方法来把握其演化趋势。而国家中心论认为在界定政策问题、提供解决方法时，国家具有很强的自主性。在政策变迁过程中，与政府官员的价值观和看法相比，社会利益集团的价值观、意识形态偏见和政策偏好就显得不那么重要了。在实际政策议程中，政治精英的价值观、集体记忆对于政策发展具有重要影响力，同时，政治精英也不是完全自主的，他们总是受到复杂现实环境、利益集团、社会舆论等外部因素的约束。

3. 政策学习路径

从政策学习的分析视角来研究政策变迁的现象，最早出现于 20 世纪 70 年代，赫克罗在这方面做出了开创性的贡献。② 他对 20 世纪早期英国和瑞典的福利政策进行了研究，提出政策变迁是两方面因素共同作用的产物：(1) 大范围的社会、经济和政治变迁；(2) 特定政策领域中专家之间的互动，这种互动既包括对权力的争夺，也包含开发更多更好的方法用以处理政策问题。③ 政策学习理论提出，政策变迁过程中存在一种以政策为导向的学习，它在政策子系统内部建立起专项学习机制，系统地收集与特定政策领域相关的情报和资料，通过开展专业化的政策分析深化对特定政策问题的认知，并通过互动交流机制推进政策学习，传播新的政策知识和信念体系，从而放弃旧的信念体系。随着决策系统接受了新的政策信念体系，政策变迁就会水到渠成。

---

① 格林德尔，托马斯．公共选择与政策变迁：发展中国家改革的政治经济学．北京：商务印书馆，2016：28-29.

② HECLO H. Modern social politics in Britain and Sweden: from relief to income maintain. New Haven: Yale University Press, 1974: 306.

③ 萨巴蒂尔，詹金斯-史密斯．政策变迁与学习：一种倡议联盟途径．北京：北京大学出版社，2011：15.

4. 话语联盟路径

话语联盟的研究路径将倡议联盟行为引入政策变迁分析，认为政策系统中占据主导地位的联盟力量的变化直接影响政策变迁。在政策议程中，随着参与者数量的增多，各方的利益诉求互不相同甚至截然对立，政策议题就会变得复杂化，政策问题的界定和陈述难以形成统一的意见。在这种情况下，为了凝聚共识，政策企业家的作用必不可少。他们通过游说和动员行动建立跨界学习机制，传播共享的信念、价值和偏好，在分散的政策行动者之间建立联盟关系。例如，在政策企业家的推动下，利益集团、行政部门和政策专家可能建立专项学习机制，针对政策问题及解决方案形成一致意见。同样，社会团体和新闻记者也可能建立合作机制，共同探究政策问题的真相。这些跨界学习机制通过共同调研，共享特定政策问题的情报和信息，促进观念交流，形成共同的价值观和信仰体系，从而建立话语联盟，对推动政策变迁具有重要的影响力。①

9.2　政策变迁的类型

根据一定标准可对政策变迁进行类型学划分，从而深化对政策变迁的理解。

9.2.1　常规变迁与范式变迁

根据调整内容的差异性，政策变迁可分为常规变迁和范式变迁。②

1. 常规变迁

常规变迁是指新政策保持原政策的大部分内容，只对局部内容有所发展。换言之，常规变迁只涉及“量”的调整，并不涉及“质”的变化，新政策继承了原政策的价值定位和目标导向，对具体目标和政策工具做出调整，以适应政策环境的变化。绝大多数政策变迁属于常规变迁，即基于有限认知对原政策进行渐进修正。媒体经常报道的“新政策”，其主体内容往往并不是“新”的，只是对原政策有所取舍并加入了少量“新”内容而已。在第 5 章中“政策学习”的分类中提及了建构性学习和工具性学习，这两者引起的政策变迁基本上都属于常规变迁，学习者通过吸取教训，对政策内容进行局部修补。

2. 范式变迁

范式变迁指在新观念的影响下，公共政策的价值和目标定位具有重大调整，政策内容出现了根本性变化。库恩提出“范式”的概念，用以界定一套新的观念体系。范式变迁属于非常规变迁、非连续突变。范式变迁总是要经历间断均衡的发展过程。不断出现的异常现象会削弱现行范式的公信力，最终会被新的政策范式所取代。异常现象刚出现时，决策

---

① MARIN B，MAYNTZ R. Policy networks：empirical evidence and theoretical considerations. Boulder：Westview Press，1992.

② HALL P A. Policy paradigms，social learning，and the stata：the case of economic policymaking in Britain. Comparative Politics，1993，25 (3)：275 - 297.

者试图从操作层次寻找解释，力求掩盖政策本身的问题。随着异常大量出现，操作层面的解释变得越来越牵强，现行范式的权威性受到挑战。在质疑和批评中，利益相关者和专家提出新方案。在政策论战中，得到各方支持的新范式获得了正当性，经过政策抉择和合法化途径，转化为正式制度安排，形成新的政策范式（见表 9-1）。

表 9-1　政策范式的变迁过程

阶段	特征
范式稳定阶段	占支配地位的正统政策学说被制度化，政策变迁在很大程度上由相对封闭的政策系统（专家和官员）支配
异常现象积累阶段	“真实世界”出现的一些现象既不能用正统政策学说预测，也难以对其做出充分解释
试验阶段	现行范式被用于牵强解释异常现象，新的解释也在萌发之中
权威分裂阶段	专家和官员出现分裂，参与者提出新的解释，挑战现行范式
论战阶段	争论在社会扩散，并且扩大到更大范围的政治过程，包括选举因素和党派因素
新范式的制度化阶段	经过或长或短的时期之后，新范式的倡导者确立了权威地位，通过政策抉择和合法化过程，新范式成为正式制度安排

资料来源：豪利特，拉米什．公共政策研究：政策循环与政策子系统．北京：生活·读书·新知三联书店，2006：330.

根据政策变迁的模式和速度不同，豪利特和拉米什提出了一个类型学分析框架，将政策变迁分为四种类型（见表 9-2）。① 党的十八大以后，中共中央政治局于 2012 年 12 月出台了《关于改进工作作风、密切联系群众八项规定》，在全国范围内展开从严治党的制度建设，该政策具有典型的快速范式变迁的特征。中央推进供给侧结构性改革则呈现出慢速范式变迁的态势，这项改革提出了新的发展理念——从要素驱动转向创新驱动，致力于调整经济结构、提升发展质量，在政策调整上实行渐进改革、稳步推进。

表 9-2　豪利特和拉米什对政策变迁的分类

		政策变迁的速度	
		快	慢
政策变迁的模式	范式	快速范式变迁	慢速范式变迁
	渐进	快速渐进变迁	慢速渐进变迁

资料来源：杨代福．西方政策变迁研究：三十年回顾．国家行政学院学报，2007（4）.

9.2.2　政策替代、合并、分解与非线性变迁

根据调整形式的差异性，政策变迁可分为政策替代、政策合并、政策分解、非线性变迁。②

① HOWLETT M，RAMESH M. Policy subsystem configurations and policy change：operationalizing the postpositivist analysis of the politics of the policy process. Policy Studies Journal，1998 26（3）：473.

② PETERS B G. American public policy：promise and performance. Chatham，NJ：Chatham House，1986：143-144.

1. 政策替代

政策替代也称“线性变迁”，是指用一项政策替代另一项政策。例如，一些城市用公共租赁住房政策取代了廉租房政策，政府不再提供廉租房，之前廉租房政策覆盖的人群都被纳入公共租赁住房的保障范围。线性变迁通常涉及旧政策的终结、新政策的创立两个方面，既要终止现行政策，也要接续新的政策或项目。

2. 政策合并

政策合并是指将两个或多个政策（项目）合并为一项新政策（项目）。政策合并通过内容整合的方式，把原来分散在多个领域的政策合并在一起。为了推进“多规合一”，构建统一的空间规划管理体系，2018 年，国务院机构改革，设立了自然资源部，由其统合空间规划管理机构和职能，这是政策合并的典型例证。自然资源部整合了原国土资源部的土地利用规划职责、国家发展改革委的主体功能区规划职责、住房城乡建设部的城乡规划管理职责，统一行使国土空间用途管制职能。

3. 政策分解

政策分解也称“政策拆分”，即将一个政策（项目）拆分为两个或多个政策（项目）。随着社会分工的发展，社会结构越来越复杂，人们的需求也越来越复杂。面对复杂的政策环境、众多的政策目标，为了提升政策效果，须对原来的政策进行适当分解，进一步区分不同的政策人群，有针对性地出台具体政策，实行分类管理。政策分解不同于政策废止，它不是取消原来的政策，而是对其进行拆分，将部分内容分离出来，形成一项新政策。

4. 非线性变迁

非线性变迁是指涉及多种变化形态的政策变迁。这种政策变迁不是单向度或单维度的，它兼有政策替代、政策合并、政策分解等变化的特征。

9.3 政策变迁的理论

学者们针对政策变迁现象进行研究，提出了一些理论模型，致力于提炼政策变迁的演化规律。这里介绍四种理论，它们从不同的视角展示了公共政策演化的规律性特征。学习这些理论有助于增进对政策变迁规律的认知。

9.3.1 钟摆式变迁理论

钟摆式变迁理论也称循环式理论，认为公共政策在自由与平等、公平与效率、公共利益与个人利益等价值诉求之间存在周期性摆动的现象。小施莱辛格（Arthur M. Schlesinger，Jr.）对 20 世纪美国政策演化进行分析，提出了政策变迁的循环式论点（cyclical thesis）。[①] 他发现公共政策演进遵循一定的规律：依赖私人解决问题之后，总是

---

① SCHLESINGER A M. Jr. The cycles of American history. Boston：Houghton Mifflin Company，1986.

跟着政府干预的时期；在经历了自由主义时期后，总是跟着保守主义的时期。[①] 国家的政策走向总是在自由主义与保守主义、公共目的与私人利益之间循环摆动。

小施莱辛格提出，20 世纪美国公共政策的演进大约每隔 30 年就会出现反方向的调整。在一个时期强调国家作用，主张公共利益，把政府看作促进社会福利的有效工具；在另一个时期则注重保护私人利益，强调市场机制才是解决问题的有效途径。例如，西奥多·罗斯福在 1901 年提出进步主义改革，富兰克林·罗斯福在 20 世纪 30 年代推出“新政”，肯尼迪在 20 世纪 60 年代提出“新边疆”计划，里根在 20 世纪 80 年代开创了保守主义的新时代，而这正是 20 世纪 20 年代“哈丁-柯立芝时代”重建政府信任以及 50 年代美国政治所奉行的政策路线。

这种钟摆式政策变迁的影响因素有很多，小施莱辛格提出，其中一个因素与代际更替有关。30 年左右是一代人的成长期，当一代人掌权后，他们往往追随年轻时的理想。当强势的总统推进积极政策时，政府发挥的作用更为突显，为了增进公共利益，财政支出大幅增加，普通家庭的税负增多，最终弄得民怨四起。随之，保守主义成为一种政治理想，每个公民都会受到影响，人们希望调整政策取向。国民情绪的这种变化会引发新一轮的政府改革。

9.3.2　锯齿式变迁理论

锯齿式变迁展现了政策变迁的另一种轨迹，即从有利于一个群体转向有利于另一个群体，两者之间形成锯齿状的作用力与反作用力关系。阿门塔（Edwin Amenta）、斯考切波（Theda Skocpol）提出了政策变迁的“锯齿式”论点（zigzag thesis），认为政策变迁是刺激和反应交替作用的过程，一个时期出台的公共政策是对前一个阶段政策的负面结果做出的反应，是对过去政策的反作用。[②] 在持续的反作用中，公共政策经历着“锯齿式”的变迁过程。

一般认为，社群联盟和抗争行为是导致锯齿式变迁的重要原因。当公共政策偏向于某个社群，导致一部分人获益时，利益显著受损者就会联合起来进行抗争。随着抗争者不断集聚并扩大联盟，形成反作用力，从而促使公共政策进行调整。由于内外部因素的变化，这种调整不是在两端之间循环摆动，不是政策回归原点，而是在博弈中形成新的均衡。

阿门塔、斯考切波提出，与其说美国政策是在自由主义与保守主义之间摆动，不如说是从有利于一个群体转向有利于另一个群体。例如，在 19 世纪末期，政府财政支出向白人倾斜，内战养老金体系的受益者是为保护联邦出了力的北方人，该政策遭到南方各州的强烈反对；在党派分配上，联邦政府的职位偏向于给共和党人。到了进步主义时期，美国社会要求废除任人唯亲的做法。公务员法出台后，联邦公务员不再由选举产生，行政官员

---

① 斯图尔特，赫奇，莱斯特．公共政策导论：第 3 版．北京：中国人民大学出版社，2011：128－129.

② AMENTA E，SKOCPOL T. Taking explaining the distinctiveness of American public policies in the last century//CASTLES F G. The comparative history of public policy. New York：Oxford University Press，1989.

实行政治中立。进步主义时期制定了童工法，通过了限制妇女工作时间的立法，在公共卫生、安全等领域制定了多部法律。20 世纪 20 年代，美国民主党兴起，它们与工人运动联盟，促使政府增加在社会领域的支出。

“新政”时期，凯恩斯主义经济学大行其道，得到政府采纳，美国出台了更多的社会保障和福利计划，形成大规模的社会福利支出。这一时期，美国鼓励财政赤字，不再实行平衡预算。二战期间及战后初期，在社会福利支出方面，退伍老兵、退休工人得到了更多好处。20 世纪 70—80 年代，“新联邦主义”兴起，在政策反思中，反对大规模联邦福利计划的呼声日益高涨。结果是，美国政府大幅度调整 20 世纪 60 年代实行的“伟大社会”计划，致力于削减政府支出，通过减税来刺激经济。总之，锯齿式变迁理论认为政策变迁存在刺激与反应机制，一个时期的政策反馈为下一阶段的政策变迁提供了刺激，结果是公共政策处于持续演化之中。

9.3.3 倡议联盟框架

倡议联盟框架由萨巴蒂尔及其同事提出，他们把政策变迁看作两方面因素共同作用的结果：（1）政策子系统中相互竞争的倡议联盟之间的互动；（2）经济社会环境变化、新技术应用、新的执政联盟等外部因素。① 根据该框架，在政策子系统中，参与者分为不同的倡议联盟，每个联盟的成员具有共同信念，通常采取一致行动。各个联盟的目标诉求相互冲突，通常由第三方斡旋调解，第三方被称为“政策掮客”，它们致力于寻找妥协方案，减少激烈冲突。

倡议联盟框架特别关注政策导向的学习，认为这种学习是影响政策变迁的关键机制，但只是改变了联盟信念体系的次要方面，核心信念的转变通常由子系统外部的非认知性因素的变化所触发，包括宏观经济和社会环境的变迁、新技术的产生和应用、新联盟的形成并占据主导地位、其他政策子系统的影响等。

该框架将政治精英的信念体系分为三类：（1）核心信念，即基本的价值体系；（2）接近核心的基本战略，它们以实现核心信念为目标；（3）次要方面，包括各种工具性的决定和判断。在倡议联盟内部，大部分参与者对政策核心信念持基本相同的看法，但在次要方面则存在不同意见。只要一个倡议联盟仍掌握权力，政府政策的核心就不会发生重大改变。在外部环境没有重大变化的情况下，公共政策的核心部分不会发生改变。

当社会经济状况、占据支配地位的联盟力量发生重大变化时，联盟内部针对信息充分的问题就可能出现认知冲突。在这种情况下，如果构建开放性的论坛，不同信念体系的相互交流，就会引发政策导向的学习。根据外部获得的新信息，倡议联盟可能修改其信仰体系，或者改变行动策略。当联盟成员的次要信念发生变化时，公共政策就会做出小幅度的修改；当核心信念具有变化时，公共政策则会做出重大的调整。

---

① 萨巴蒂尔，詹金斯-史密斯．政策变迁与学习：一种倡议联盟途径．北京：北京大学出版社，2011：19.

倡议联盟框架认为，相互竞争的倡议联盟的实力保持稳定时，公共政策的核心价值也会保持稳定。公共政策发生重大变革往往是子系统外部环境变化的产物，尤其是社会经济条件的重大变化引发执政联盟的重新组合。尽管公共政策的核心内容相对稳定，但在政策学习机制的作用下，政策体系的次要方面经常发生变化（见图9-2）。

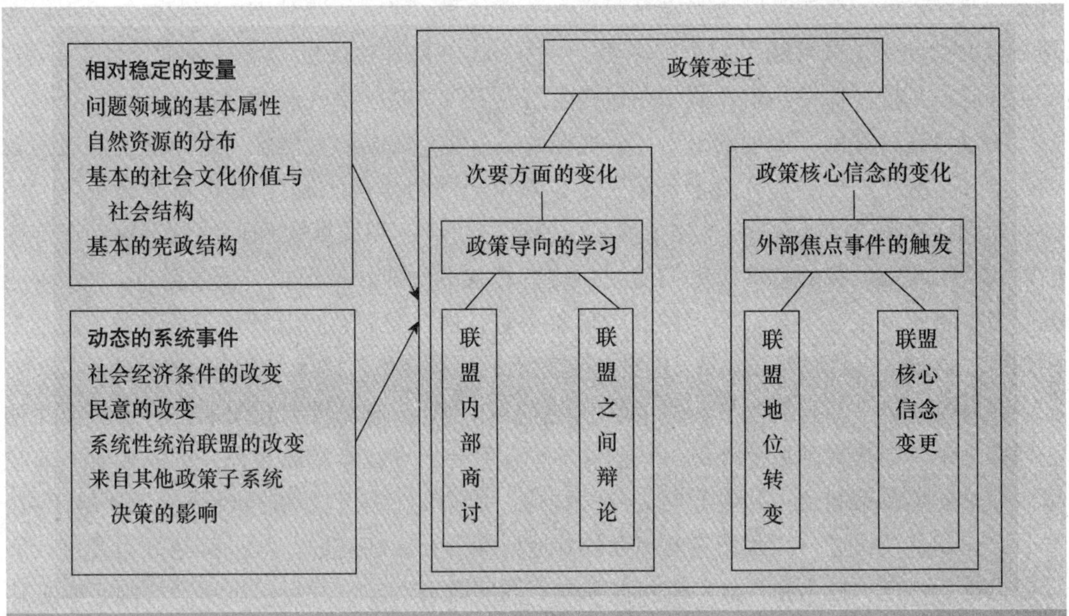

图9-2　政策变迁的倡议联盟框架

资料来源：萨巴蒂尔，詹金斯-史密斯．政策变迁与学习：一种倡议联盟途径．北京：北京大学出版社，2011：18.

9.3.4　间断均衡理论

间断均衡理论由鲍姆加特纳和琼斯提出，他们发现政策制定通常遵循稳定和渐进的逻辑，偶尔也会出现重大变迁，并对这种现象做出解释。在大多数情况下，政策变迁具有渐进主义的特征，有的时候也会出现剧烈变化，出现连续的政策变革。对于公共政策的停滞（稳定性）和变迁（间断）现象，都有相关理论分别进行过解释，而间断均衡理论则对两者同时做出了较好的解释。①

间断均衡理论建立在政治制度与有限理性决策的双重基础之上，它聚焦政策过程中的问题界定和议程设置两个环节，这两者相结合导致现行政策要么被加强，要么受到质疑。鲍姆加特纳、琼斯研究了不同领域的案例，发现政策制定存在重大变迁和几乎停滞的现象，就如同公众议程中政策问题的聚焦和淡出一样。他们认为，美国政治制度加剧了这种间断式平衡的发展趋势。美国实行分权制度，在总统与国会之间形成了权力制约，它通常倾向于渐进主义变迁。要推翻既定的利益格局，公开和广泛的动员就变得相当重要。只有

① 鲍姆加特纳，琼斯．美国政治中的议程与不稳定性．北京：北京大学出版社，2011：3.

通过问题界定、公开讨论形成新的政策形象，才可能凝聚广泛的社会支持，从而打破小集团（“铁三角”、技术官僚、专家等）对公共政策的垄断。一旦某种动议的支持力量超过了保守力量，就可能冲破既得利益的障碍，导致重大政策变迁。

根据间断均衡理论，政策变迁既有平衡的时期，也有不平衡的时期。在平衡时期，政策变迁是渐进的，有的时段近乎停滞；在不平衡时期，政策问题被纳入宏观政治议程，客观环境的微小变化都可能引起重大变革。① 打个比方，这种间断均衡现象就像地震一样，政策变迁在长期内保持稳定，偶尔在短期内出现强烈、高频率的震动。

为解释这种现象，该理论提出“政策形象”（policy image）概念，认为政策变迁是政策形象发生变化的结果。政策形象是关于“政策问题的公众认知”，是个体对政策的“经验信息和情感诉求的混合物”。政策形象由两部分组成：经验观察和评价性看法，评价性看法构成了政策形象的基调。人们对同一政策具有不同的政策形象，通常而言，“政策的倡导者会将政策聚焦于某一特定的政策形象谱系，而反对者会将其诉诸另外一种政策形象谱系”②。在政策垄断情形下，人们通过接受正面的政策形象，排斥与之竞争的政策形象。

在政策制定中，有的政策议题由单一利益群体主导，有的涉及多个利益群体，彼此处于博弈之中。当政策子系统被单一利益主导时，就会出现政策垄断现象，形成强有力的政策观念来支撑政策制定，并主导与公众的沟通。成功的政策垄断可减轻政策变迁的压力，导致政策调整缓慢进行。政策垄断也面临其他行动者介入的问题，如果其他行动者对政策议题做出新界定、提出新认知，则可能形成不同的政策形象，并要求出台新规则，或是建立新平衡。随着新政治力量的介入，原来的政策垄断被打破，重大政策变迁就会发生。随着新政策的出台，公众的注意力和政治参与度开始下降，政策领域建立了新均衡，政策变迁又进入了稳定发展阶段。

那么，什么时候其他行动者会积极介入呢？为理解这一过程，鲍姆加特纳、琼斯提出了“正反馈”和“负反馈”两种机制。③ 通常情况下，政治行动者的资源投入与边际收益呈现“负反馈”的特征，随着行动者将更多资源投入政治斗争，当达到一个临界点之后，他们获得的边际收益会递减。反对者采取抗争行动可能会改善自身处境，但改善终究是有限的；既得利益集团受到抨击时，也会让出部分利益，但仍处于优势地位。在“负反馈”的控制下，政策系统保持相对稳定，政策变迁呈现渐进性。然而，在某些时候，政策行动也会出现“正反馈”的现象，行动者用很少的投入便会得到巨大的产出，从而导致重大政策的变迁。把握正负反馈变化的临界点，有助于更好地判断政策变迁的态势。

间断均衡理论注意到政策变迁的非线性特征，对渐进决策理论做出了重要修正，增进了对长时期政策变迁规律的认知。该理论运用“政策形象”“正反馈”“负反馈”“注意力”

---

① 特鲁，琼斯，鲍姆加内特．间断平衡理论：解读美国政策制定中的变迁和稳定性//萨巴蒂尔．政策过程理论．北京：生活·读书·新知三联书店，2004：131.

② 鲍姆加特纳，琼斯．美国政治中的议程与不稳定性．北京：北京大学出版社，2011：25.

③ 同②16－17.

等概念，对政策变迁的稳定性、间断性做出理论解释。① 根据间断均衡理论，政策系统具有“负反馈”的长期性和“正反馈”的短期暴发特征，“以负反馈为特征的稳定时期通常紧跟着快速变迁的时期”。在较长时期内，政策系统保持稳定，也存在快速的、戏剧性的、非渐进变化的可能性。

延伸阅读

“闯黄灯”处罚的政策变迁

2013年1月1日起，《机动车驾驶证申领和使用规定》正式实施，规定驾驶机动车违反道路交通信号灯通行的，一次记6分，但“闯黄灯”的情形是否属于违反道路交通信号灯通行，并没有明确规定。公安部在该规定颁布后发布了《公安部令第123、124号一百问》，明确表示抢黄灯行为属于违反道路交通信号灯通行，对驾驶人处20元以上200元以下罚款，并记6分。

根据公安部的解释，黄灯是对司机发出警示、对交通起缓冲的作用。黄灯亮时应停车，不停车属于违法行为；若黄灯亮时车身任何一部分已越过停止线，车辆都可继续通行，不认定为闯黄灯行为。如未越过停止线的则应刹车，哪怕越过斑马线也要停住，只要停住就不做处罚。

这一规定立即引起网民热议。有的网民认为，新规定违反惯性定律，信号灯突变急刹车容易导致后车追尾；新规定将导致车辆减速通过路口，加剧交通拥堵；新规定取证存在难点。有网民认为，公安部新规与《中华人民共和国道路交通安全法》发生冲突，后者规定黄灯表示警示，红灯才表示禁止通行。一些网民认为新规定缺乏配套措施，比如，应改进交通信号装置，把红黄绿三色灯改为倒计时模式。

一部分司机提出，新规不符合行车习惯，遇黄灯立即停车难以做到，在快速通过路口时，如果路口亮起黄灯，即使是紧急刹车，车辆也很容易越过停车线。有网友公布实验数据表示，提前8秒刹车才可以避免不闯黄灯，即使照章行驶也难免闯黄灯。

一些学者也通过网络发表批评意见。有专家提出，设置黄灯是为了缓冲绿灯与红灯的瞬间变换，以免驾驶员急速刹车而发生危险。新交规的规定与设置黄灯的初衷相背离。1月3日，北京大学城市与环境学院一名教授向公安部递交信息公开申请，要求公安部明确“黄灯禁行”的执法依据。该教授提出，2011年修订的《中华人民共和国道路交通安全法》、2004年通过的《中华人民共和国道路交通安全法实施条例》及2012年通过的《机动车驾驶证申领和使用规定》皆未有“黄灯禁行”的规定。

各地交警在实际执法中的标准也不一致。深圳市公安局交通警察局率先表示“闯黄灯”暂不处罚，引发社会广泛关注。北京市交管部门表示，先要对相关设备进行改造，

① 鲍姆加特纳，琼斯．美国政治中的议程与不稳定性．北京：北京大学出版社，2011：16-20，24-25.

待具备条件后执行。哈尔滨市于1月4日宣布，由于当地严寒多雪、路面结冰，暂缓对“闯黄灯”的处罚。珠海交警部门表示，目前电子警察正在进行系统调试，“闯黄灯”行为暂时无法拍摄。

深圳市公安局交通警察局表示暂不执行新规后，一度被外界误读为拒不执行上级命令。为此，深圳市公安局交通警察局一位副局长接受媒体采访时表示，闯黄灯是违法行为，其社会危害显而易见，深圳市不是不予处罚，而是在等待公安部的实施细则，并且正在对监控设备进行排查，待细则与设备具备条件后实施。该副局长提出，目前全国的交通信号灯系统并不统一，如何认定闯黄灯需要统一标准。深圳市目前的交通信号灯系统在切换为红灯前有3秒的绿闪和3秒的黄闪。此外，倒计时红绿灯也具备提示功能。究竟在哪一个时间点闯黄灯才算违法行为，是黄闪的第一秒、第二秒还是第三秒，须等待公安部的实施细则进行明确。

面对社会各界的质疑，2013年1月6日，公安部交管局发出通知，指出针对公众对“闯黄灯”的相关处罚规定提出的意见和建议，公安部高度重视。通知要求各地交管部门对目前违反黄灯信号的，以教育警示为主，暂不予以处罚。公安部交管局表示将听取各方意见，科学论证，根据我国道路交通管理的实际，进一步明确对违反交通信号灯违法行为的查处情形和处罚规定。由此，“闯黄灯”处罚实施6天后被“叫停”。

对于公安部交管局的政策调整，有网友批评道，“黄灯停”的决策“朝令夕改”，过于草率。但也有网友赞扬说：“快速的政策调整反映了新一届政府‘注重民意’‘有错即纠’。”一位法学教授表示：“做出具有如此广泛影响力的决定，公安部门应该召开论证会，听取包括驾驶人在内的各界人士的意见。”

资料来源：王殿学．公安部：闯黄灯暂不处罚．南方都市报，2013-01-07.

9.4 政策终结

9.4.1 政策终结的含义

政策终结即某一政策或政府项目的终止。作为政策过程的最后环节，政策终结意味着一项政策完成使命或者存在功能障碍，不具有继续执行的价值。一项政策在完成使命后，如果不及时予以终结，不仅会浪费资源，还会延误应对新问题的时机。从政府管理来看，政策终结既包括一套规则的终止，又包括新期望的提出、新政策的接替以及原执行机构的裁撤、执行人员的安置等内容。

政策终结具有强制性、衔接性和稳妥性的特征。首先，作为公共组织做出的一项决策，政策终结具有强制性。一项政策宣布终结后，其政策效能即告结束，执行机构须在规定的时间内停止实施。对于政策客体来讲，一项政策终结后，其规定的权利和义务就不再具有约束力。其次，政策终结具有衔接性。一项政策被废止后往往会出台新政策，确保社会生活处于有序状态。一般而言，新旧政策也要相互衔接，不能“新官不理旧账”“新政不理旧事”。最后，政策终结要采取审慎稳妥的态度，确保新旧政策相互衔接，不引发矛盾和社会风险。

近年来，中央政府推进“简政放权”改革，要求政府转变职能，减少行政许可事项，推进“放管结合”，优化公共服务。为此，各部委加大了对政策、规章、文件的清理力度，一些“过时”政策走向终结。终止一项政策需要制定替代政策，对相关的人财物做出安排，在短期内可能导致成本增加。在机构改革中撤销的机构，须做好职能划转工作，工作人员也要予以妥善安置。随着时间的推移，终止“过时”政策的潜在收益就会表现出来。

9.4.2　政策终结的类型

1. 根据终结内容划分

根据终结内容，政策终结可分为四种类型：

（1）功能终止。终止某个领域的政策功能，意味着政府管理的价值和职能定位发生了重大变化，如宣布停止“以阶级斗争为纲”、停止“福利分房”等，这种功能终止涉及很多部门的具体政策安排，需要系统地清理相关政策文件，开展大量组织协调工作。

（2）组织终止。调整和撤销某个组织机构，不再履行某方面的行政职能，通常通过机构改革予以落实。有些组织同时承担多项职能，组织终止也可通过裁撤内设机构、缩减规模、调整隶属关系等方式实现。

（3）政策终止。终止某项具体政策的实施，以新政策替代旧政策，但不涉及机构调整或撤销。如国务院于2017年宣布废止《中华人民共和国营业税暂行条例》，于2018年宣布废止《劳动教养试行办法》。

（4）项目终止。终止某个具体项目或措施。在政策终结的所有内容中，项目终止涉及的范围最小，是最常见、最容易达成的终结行为。[①] 撤销一个具体项目比终止一项政策更为容易。

2. 根据终结方式划分

根据终结方式，政策终结可分为五种类型：

（1）政策废止。有权机关宣布终止某项政策的效力。政策废止是政策终结的最彻底的方式，一般针对已经过时或失效的政策。具有明确前提条件的公共政策在所设置的条件消失时，该政策的效力也会自然终止。

（2）政策替代。用新政策取代旧政策。当在相同领域出台新政策时，被替换的政策就会自然失效。政策替代要求新旧政策具有连贯性，能够实现有效衔接。

---

① 斯图尔特，赫奇，莱斯特．公共政策导论：第3版．北京：中国人民大学出版社，2011：136.

（3）政策分解。将原有政策分解为几个部分，每个部分发展为一项新政策。当某一领域的问题趋于复杂化，涉及不同类型目标群体，需要推进分类管理时，就要对原政策进行分解，分别制定具体政策。

（4）政策合并。将被终止政策的部分内容与其他政策进行合并，合并后的政策继续付诸实施。

（5）政策缩减。这是一种渐进的政策终止方式，它对原有政策持续地“做减法”，以缓和政策终结带来的冲击。政策缩减的具体方式有很多，如缩小目标群体的范围、减少经费投入、放松监管力度等。

9.4.3 政策终结的成因

当一项政策完成使命，不再具有继续执行的必要时，终结政策有利于节省财政开支、减少资源浪费，有利于避免政策僵化、促进政策更新，有利于更好地维护公共价值。

1. 政策终结的原因

政策终结的原因可分为两种：

（1）反对行动导致的政策终结。公共政策是对社会价值的权威性分配，总有群体对现行政策提出异议，认为它挑战了某种价值观，损害了某些群体的经济、社会或政治利益，有的群体出于政治或意识形态考虑，要求终止现行政策。[①] 广泛动员起来的反对力量可能导致现行政策的终止。

（2）新思想导致的政策终结。倡导新的意识形态、价值导向、目标规划，可能引发原有政策的终止。新思想可能是基于经济考量，也可能是基于政治或社会考量。例如，一些社会群体出于削减预算的考虑，要求终止某个政府项目。面对财政危机、生态问题、环境问题的挑战，政治系统提出新思想，倡导出台新政策，也可能导致政策终结。

2. 政策终结的推动因素

政策终结的推动因素主要有以下几个方面：

（1）利益分化。利益分化导致原来的利益结构发生分解，一部分支持者的政策倾向发生变化。当反对群体越来越大，要求改变或废止某项政策时，就会推动建立政策终结的议程。

（2）焦点事件。焦点事件引发人们关注某一政策领域，放大某些政策问题，是政策终结的主要导火索。如果某一焦点事件引起众怒，决策者为了维护公信力，就需要回应公众关切，废止引发广泛不满的政策。

（3）大众传媒。大众传媒是公众议程的载体，在政策过程中发挥着重要作用。当公共舆论对政策终结持支持态度时会促进这一进程。相反，则会阻碍政策终结的实施。

（4）政策评估。政策评估得出的结论可为政策终结提供依据。如果正式评估得出某项政策已经过时或无效的结论，则会加快政策终结的进程。

---

① BARDACH E. Policy termination as a political process. Policy Science，1976，7（2）：123－132.

(5) 领导者偏好的变化。与普通民众不同，领导者对政策过程的影响是举足轻重的。在很多时候，领导者的偏好直接决定着政策命运。如果领导者的偏好发生变化，政策终结也会随之发生。

延伸阅读

"短命"政策的终结

在地方治理中，有的"短命"政策出台几天后就停止实施，甚至当天即被废止。"短命"政策大多是由于决策者的效率冲动、利益冲动、政绩冲动，决策过程缺少公众参与和民主审议，导致政策不具有公信力。针对社会问题，地方官员"拍脑袋"决策，仓促发布行政命令，引发公众强烈反对，容易导致政策"短命"的现象。①

2011年7月，江门市出台"禁狗令"，该政策仅仅实施9天，就因受到广泛质疑而被新政策所取代。当年1—7月，江门市"110"报警台共接到犬类扰民投诉电话4 000多起，"12345"热线共受理犬类投诉电话800多起，投诉量呈逐月上升趋势。在此背景下，7月28日，江门市公安局、农业局、城管局、工商局、卫生局联合下发了《关于加强市区犬类管理的通告》，规定蓬江、江海、新会三区为犬类禁养区，不得饲养包括宠物犬在内的各类犬只。该通告要求，未经批准饲养的犬只需由市民自行处理，或送交指定的农牧部门处理，执法人员将对禁养区内违规饲养的犬只统一收缴、捕杀。

当时，江门市共有犬只约9.6万，其中，禁养区有约2.1万。根据该通告，城区内超过2万只犬要么送到动物实验基地，进行注射安乐死，要么转移到乡下寄养。该通知发布后，绝大多数市民表示反对，强烈质疑政策的正当性。也有少数人表示赞成，认为养狗容易引发狂犬病等传染病，有些主人不负责任，导致流浪犬增多，不时发生伤人事件。微博投票结果显示，反对者占87%，赞同者仅占2%。

面对各方质疑，8月3日，江门市宣布废除"禁狗令"，并于当日公布了《接纳民意改进城市犬类管理办法》。新办法提出规范养犬，不得携带犬只进入市区公共场所，公共场所的流浪犬将被送往非禁养区养殖。江门"禁狗令"出台9天即匆匆收场，反映了该政策不得民心。汲取江门"禁狗令"的教训，政府部门出台管制型规定，需要征求民意，听取多方主体意见。

资料来源：根据媒体报道整理。

9.4.4 政策终结的策略

政策终结会触及既得利益者的利益，决策者需要运用策略予以妥善处置。如果处置不

① 王振波："短命"政策产生-终结的内在逻辑研究．东北大学学报（社会科学版），2017（3）．

当，政策终结有可能引发社会冲突甚至导致危机。美国学者罗伯特·贝恩总结了政策终结的十二条策略，具体包括：不释放试探气球；扩大支持者群体；聚焦政策危害性；利用意识形态变化的有利条件；抑制妥协；吸收局外人参与；避免立法投票表决；不侵犯立法机关的特权；接受短期成本上升；妥善安排受益者；倡导采纳新政策，而非终结已有政策；只废除须终结的政策。①

基于中国情境，政策终结可以采取的策略性行为主要包括：

1. 不释放试探信息

在尚未做出正式决策前，决策者不要放出风声，以免引起反对者采取联合行动，对政策决策造成干扰。因此，终结者在做出正式决定前要防止信息泄露。

2. 扩大支持者群体

政策终结往往是各方权衡的结果，行动者需要建立联盟，吸收局外人参与，有组织地开展动员行动，放大原政策的危害，阐释为什么要制定新政策，扩大支持政策终结的声音。

3. 凸显原政策的危害性

相对于对政策无效或低效的解释，解析原政策的危害性更容易被公众所接受。

4. 善于利用意识形态

人们常常根据某种价值观念对公共政策进行评估，终结者要善于利用意识形态的有利因素，如引用领导人的讲话和权威人士的言论，阐释原政策的危害性。

5. 坚定立场、拒绝妥协

仅仅证明一项政策具有危害性，并不必然就会导致政策终结，因为批评者也会进行政策论证，提出这种危害性是正面效益的副产品，是有必要付出的代价。为促使政策终结，关键行动者须坚定立场，拒绝妥协。关键行动者的妥协往往会导致政策延续。

6. 妥善安排原政策的受益者

承诺对被终止政策的相关人员提供就业或培训机会，向该政策终结的利益受损者提供补偿，可缓和这些人的反对态度。

本章小结

一项公共政策出台后，如果没有达到预期效果就可能出现政策变迁或政策终结。政策变迁是决策者为适应内部和外部环境变化所做出的调适性变革。政策变迁研究主要有制度主义、博弈主义、政策学习、话语联盟等分析路径。根据政策内容的变革程度，政策变迁可分为常规变迁和范式变迁；根据政策调整的形式，政策变迁可分为政策替代、政策合并、政策分解、非线性变迁。

在政策变迁研究中，具有较大影响的理论有钟摆式变迁理论、锯齿式变迁理论、倡议联

① BEHN R. How to terminate a public policy: a dozen hints for the would-be terminator. Public Policy, 1978, 4 (3): 393 - 413.

盟框架、间断均衡理论。钟摆式变迁理论认为，政策变迁是一种在一些对立的价值诉求之间周期性摆动的现象。锯齿式变迁展现了政策变迁从有利于一个群体转向有利于另一个群体、在两者之间形成锯齿状的轨迹关系。倡议联盟框架提出，政策参与者可分为不同的倡议联盟，每个联盟的成员具有共同的信念并采取一致的行动。间断均衡理论提出，政策制定通常遵循稳定和渐进的逻辑，偶尔也会出现政策的重大变迁。

政策终结即某一政策或政府项目的终止，是政策过程的最后环节。政策终结的具体原因有很多，归纳起来有两种类型：反对行动导致的政策终结、新思想导致的政策终结。政策终结难免会触及既得利益者的利益，须妥善处置。基于中国情境，政策终结可采取的策略性行为主要包括：不释放试探信息，扩大支持者群体，凸显原政策的危害性，善于利用意识形态，坚定立场、拒绝妥协，妥善安排原政策的受益者。

关键术语

政策变迁　范式变迁　钟摆式变迁　锯齿式变迁　倡议联盟框架　间断均衡理论　政策形象　政策终结

复习思考题

1. 简述政策变迁的代表性研究路径。
2. 简述公共政策的常规变迁与范式变迁的区别。
3. 简述钟摆式政策变迁理论的基本内容。
4. 简述锯齿式政策变迁理论的基本内容。
5. 简述倡议联盟框架的基本内容。
6. 简述间断均衡理论的基本内容。
7. 简述政策终结的原因。
8. 简述政策终结的类型划分。
9. 简述政策终结的有效策略。

第 10 章

政策网络与反馈

政策网络、政策叙事、政策反馈是近年来政策过程研究领域较为活跃的议题，学者们提出新的研究视角和分析框架，形成新的知识积累。本章主要介绍了政策网络、政策叙事框架、政策反馈研究的进展情况、核心议题及相关理论建构，并分析了这些理论的贡献与不足。

10.1 政策网络研究

10.1.1 政策网络的含义

对于复杂的公共事务来讲，政策应对涉及多个行动主体，各方需要开展合作，构建可行的政策安排。在此背景下，“政策网络”这个概念得到了越来越广泛的应用。政策网络提供了超越科层体系的新型治理结构，它允许公共部门在解决公共问题时，采取网络方式调动其他主体及其支配的资源。

1. 政策网络的概念

政策网络也称为议题网络，类似的概念还有政策子系统、政策社群、倡议联盟、府际网络等。这些概念的含义具有细微的区别。例如，政策社群、倡议联盟、府际网络强调成员之间的紧密联系，而议题网络中成员之间的关系则较为松散。在话语表述中，这些概念常被替换使用。政策网络是指由于资源相互依赖而形成的一群组织或者行动者之间的联合体，它反映了多个行动者之间的正式和非正式联系。政策网络中的行动者，既包括政府部门，也涵盖社会组织、公众等利益相关者。多方主体通过沟通和对话进行利益协调，在政策制定和执行过程中形成共同信念和利益诉求。政策网络以信任为基础，参与者基于互惠原则，通过磋商对话达成共识，制定具有约束力的集体规则。①

政策网络既不同于科层制的组织体系，也不同于市场化的交易体系（见表 10－1）。科层制以权威为基础，依靠规则和命令进行协调；在政策网络中，组织之间并不存在权力上的隶属关系，地位相对平等，各自拥有独立的自主权。市场体系以契约为基础，在价格机制的引导下，通过议价和竞争进行利益协调；而政策网络中的行动者以共同价值为基础，组织行为不完全是个体化的，彼此相互作用，促成了合作行动。

表 10－1　科层、市场与网络的比较

核心特征	科层	市场	网络
基本规范	雇佣关系	契约（产权）	优势互补
沟通方式	规则	价格	关系
冲突解决方式	行政命令	讨价还价	互惠互利
灵活度	低	高	中
参与方的承诺度	中或高	低	中或高
组织氛围	正式的、官僚的	精准的、猜疑的	开放的、互惠的
行动者的偏好	从属	独立	独立

资料来源：POWELL W W. Neither market nor hierarchy：network forms of organization. Research in Organizational Behavior，1990，12：300.

2. 政策网络的特征

政策网络强调了多元主体参与政策过程，不仅包括行政部门，还涉及专家学者、新闻媒体、利益相关者。作为一种协调机制，政策网络具有以下几个特征：

（1）涉及多个行动主体。政策网络是行动者之间的一种制度安排，以解决单个行动者无法解决或解决不好的问题。通过网络化的组织设计，可跨越不同部门或组织的边界。

（2）基于沟通和信任进行合作。与科层制组织不同，政策网络中的行动者的地位相对平等，不存在命令服从关系。沟通可增进了解，更好地把握对方的诉求。坦诚的沟通有利于集聚共识，增进信任。信任是政策网络存在的基础，通过持续的对话和协商，有利于建立稳定的合作关系。

（3）行动者之间具有相互依赖性。政策网络的形成是由于行动者必须依赖其他主体来获得自身发展所需要的资源，为此，不同行动者之间需要进行资源互换，依靠其他主体促成目标。

（4）遵循互利互惠原则。政策网络的建构需要具有互惠性，参与者在承担义务和责任的同时，享有相应的权利，能够获得一定的回报，从而使各方保持长期的稳定关系。在沟通过程中，行动者需要运用策略和技巧，传递重要信号，注重换位思考，帮助他人实现目标，以争取对方的支持和配合。

① 罗茨．如何管理政策网络．中国行政管理，2015（11）．

3. 政策网络的发展

政策网络的发展过程大致包括协商、承诺、执行和评估四个阶段。①

（1）协商阶段。在此阶段，各方就集体行动的动机、预期收益、各方权利、责任、潜在风险等问题进行讨论，经过讨价还价，达成共识。这个过程既包括非正式的互动，也包括正式的磋商。

（2）承诺阶段。达成共识后，各方需要将口头承诺落实到文字上，签订具有约束力的正式契约。由于契约具有不完备性，各方还需要就没有明文规定的内容形成心理契约，从而增进信任和依赖。

（3）执行阶段。履行契约规定的各项承诺，制定达成的项目，完成预期的任务。在执行过程中，各方要增进互动和沟通，针对问题进行协调。

（4）评估阶段。政策网络的运作效果需要通过评估进行检验。如果网络运作的绩效良好，各方会扩大合作，拓展项目运作。反之，如果评估结果表明运作效果不佳，则要进行问题溯因，采取补救措施，甚至重新协商或改变承诺。

10.1.2 政策网络的纽带

随着组织间网络的发展，政策网络分析已经成为公共政策研究的一种分析范式。它反映了政策过程涉及多元行动主体，各方参与网络活动并要求分享权力。在政策网络中，各方通过对话和协商集聚共识，通过集体行动实现协作目标。对于复杂政策问题来讲，行动者之间往往需要形成政策网络，建立更为紧密的联盟关系。构建政策网络既要增进沟通，也要找到连接的纽带。学者们区分不同的连接机制，提出差异化的理论建构。其中，以下三种理论视角的影响较大。②

1. 基于资源依赖的政策网络

一些研究者以资源依赖理论为基础，提出政策网络形成的基础是行动者之间具有资源依赖性。在此视角下，政策网络是基于资源依赖而形成的互惠合作关系。任何组织都要依赖其他组织所拥有的资源，为了实现组织目标，不同组织之间需要进行资源交换。政策网络是在不同组织之间构建的合作模式，借助正式或非正式规则来管理资源的交换过程，实现资源的有效利用。

资源依赖理论提出，组织的生存需要资源，任何组织都无法做到资源完全自给，都要与环境进行交换，从环境中获取资源来维持生存。这就是说，组织与环境具有相互依存的关系。由于组织之间的资源依赖性，一些组织对其他组织具有外部控制关系。维持组织运行需要多种资源，这使得任何组织都不可能完全自给，而是对其他组织都具有依赖性。资源依赖理论揭示了组织与环境的相互依赖关系，组织与其他行动者需要进行合作，从而获取关键资源。

---

① 田凯．组织理论：公共的视角．北京：北京大学出版社，2020：50－52.

② 范世炜．试析西方政策网络理论的三种研究视角．政治学研究，2013（4）.

根据资源依赖理论，为了实现预期目标，组织发展需要识别掌握关键资源的行动主体，通过策略性行为，与其建立合作关系，通过资源交换方式，更好地利用对方拥有的资源。资源依赖理论对政策网络研究产生了深刻影响，它强调政策网络的资源交换、整合和利用功能。英国学者罗茨将政策网络定义为包括国家行政部门在内的各种组织，基于权威、资金、正当性、信息、人员、技术等方面的资源依赖关系，形成一种联盟或利益共同体。①

2. 基于共同信念的政策网络

一些研究者从共同信念的视角，对政策网络的形成提出了新解释。在制度主义学派看来，所谓规则就是共享的信念和认知，有利于减弱或化解“搭便车”之类的投机行为。②当人们接受了一种观念或信念规范之后，就会接受相应的规则，在规则引导下开展合作，从而形成政策网络。与资源依赖视角的解释不同，共同信念论者呈现了价值观念的重要性。萨巴蒂尔提出的倡议联盟框架，就属于这一视角的理论建构。该框架提出假设，倡议联盟的大部分成员对政策的核心价值持基本相同的看法，形成一致的信念体系，但在次要价值方面，联盟成员之间则存在不同的看法。③

在倡议联盟框架看来，公共政策的产生或变迁是不同联盟相互竞争的结果。在政策子系统中，存在数量众多的行动者，具备相同信念的行动者对一项政策议题采取相同的立场，彼此之间更容易建立信任，从而开展集体行动。倡议联盟的核心信念往往保持稳定，只要倡议联盟仍然掌握权力，政府政策的核心内容就不会发生重大变化。

面对经济社会环境变化，以问题解决为导向的政策学习会影响倡议联盟的信念体系，从而影响联盟信念的次要方面。在不同联盟之间的对话中，各自的核心价值难以改变，但对话可能引发次要观念的变化。当具有很高声望的专业人士参与进来，通过公开论坛发表专业意见，则会引发政策学习和观念变化，进而导致政策变迁。

3. 基于共同话语的政策网络

倡议联盟框架为理解公共政策的稳定性和变迁规律提供了理论解释，该模型也有局限性。在现实世界中，围绕特定政策议题，不同倡议联盟的成员之间也会构建合作网络，针对具体问题采取合作行动，如何理解这一现象呢？一些研究者提出了以共同话语为纽带的网络建构模式。在话语论者看来，现实中政策网络的构建门槛要低得多，行动者之间通过议题建构，在对话和讨论中就可能集聚共识，形成政策网络。

哈吉尔提出了“话语联盟”（discourse coalition）的概念，它不是基于共同的信仰和目标，而是基于共同的术语（terms）和概念（concepts），通过概念化赋予社会现象、社会行动以某种意义，进而提出政策议题。④“话语”是通过概念化、理念化和分类化等方

---

① 王洛忠．公共政策学．北京：北京大学出版社，2022：284－285.

② 周雪光．组织社会学十讲．北京：社会科学文献出版社，2003：80.

③ 萨巴蒂尔，詹金斯-史密斯．政策变迁与学习：一种倡议联盟途径．北京：北京大学出版社，2011：33.

④ HAJER M A. Discourse coalitions and the institutionalization of practice：the case of acid rain in Great Britain//FISHER F，FORESTER J（eds.）. The argumentation turn in policy analysis and planning. London：UCL Press，1993：44.

式，对社会实践赋予某种结构和意义，行动者被嵌入在结构之中，分别具有不同的角色定位，并被赋予特定的意义。政策话语通过语言进行阐述和描述，通过情节化的故事展现具体的场域、人物、冲突和结果，促使人们进行思考、分析和讨论，从而集聚共识。在话语的表述中，叙事者也会嵌入规则、价值观和判断，促使人们采取行动，从而调动多方资源，携手解决某个社会问题。

在话语联盟中，行动者之间的相互依赖并不是基于权力或实际收益，而是基于个体性质的认知、情感、意义等判断。这样，建构政策网络就变成了一种具有辩论和说服性质的竞争，政策行动者不仅要阐述自己的立场、态度和判断，扩大在政策议程中的影响力，也要倾听他方意见和观点，从而调整话语建构，兼容不同意见，争取更多的支持者。从这一意义上来讲，话语建构对于拓展政策网络来讲具有关键性作用。为了争取社会支持，政策主体需要创新话语体系，兼顾法律、规则和情理，在政策讨论中争取主导地位。

10.1.3 政策网络的类型与功能

1. 政策网络的类型

学者们从不同的维度对政策网络进行分类研究，提出了多样化的分类模型。

根据行动主体的差异性，政策网络可分为府际网络、专业网络、跨界网络、议题网络等。其中，府际网络是政府之间的政策网络，包括纵向的跨层级网络、横向的府际合作网络；专业网络是指专业团体和人士组成的同行网络；跨界网络涉及不同性质的组织机构，包括政企合作、政社合作、社企合作网络；议题网络是围绕某一政策议题形成的互动网络，可将广泛的利益相关者纳入议事网络。

根据功能定位的差异性，政策网络可分为服务提供网络、信息传播网络、问题解决网络、能力建构网络。服务提供网络致力于在不同的服务提供者之间增进协调，提高服务效率、匹配性和质量；信息传播网络致力于促进信息传播和分享，改善政府对政策问题的回应；问题解决网络的作用是设定政策议程，推动各方集聚共识，形成集体决策，开展协同行动；能力建构网络致力于积累社会资本，提升解决问题的能力。

根据组织成员的系统程度，政策网络可分为信息型网络、议事型网络、行动型网络。信息型网络针对某一领域的政策问题进行信息分享和交流，个人也会思考应对策略；议事型网络不仅可以进行信息交流，也可以帮助成员之间探讨解决方案，形成议题建构与发展；行动型网络通过协商议事达成共识，进行集体决策，出台行动方案，各方采取合作行动。

2. 政策网络的功能

政策网络具有多方面的功能，其基本功能主要体现在以下几个方面：

（1）获取和交换资源。由于组织对外部资源具有依赖性，在政策过程中，有抱负的行动者会提出动议，作为发起方，推动构建政策网络，获取其他组织所拥有的资源，彼此基于互惠原则进行资源交换。政策网络中的资源，包括权威、资金、信息、声誉等多种表现形式。

（2）促进信息传播和创新。政策网络在多元主体之间建立联系，可加快信息传播，促进信息分享和使用。在政策网络中，不同组织之间具有较强的信任关系，这种信息传播也会增进互动学习，促进知识分享，从而激发创新活力。

（3）增进利益协调。政策应对涉及多方行动主体，彼此的利益诉求具有差异性，为提升政策制定和实施的公信力，需要在多方主体之间增进协商对话，协调不同的利益诉求，提升兼容性。

（4）提升问题解决能力。依托政策网络，动员多方主体及其拥有的资源，有利于改进资源配置，快速做出反应，多方承担责任，更好地应对公共治理面临的挑战和难题，提升政府治理的回应性和韧性。

10.1.4　政策网络研究的评价

1. 政策网络研究的贡献

政策网络研究从组织间网络的视角，为理解政策过程、政策学习和政策变迁提供了新维度。政策网络的理论建构涉及网络的行动者、网络的形成、网络的结构、网络的功能等多个方面。政策网络理论倡导构建议事平台，在公共部门之间、政府与社会之间增进互动，对于改进政府治理，提升政策制定、执行与评估的群众支持度，提供了有效的行动路径。政策网络研究的贡献在于：

（1）突破了单一主体视角的政策过程研究。政策网络研究跳出了科层制、市场化这两种传统的组织视角，提出了一种新型组织结构。在网络结构中，合作行动不再以权威或契约关系为基础，而是融入了共同价值、共同信念、共同话语，形成了相互依赖的组织模式。政策网络的行动主体具有很强的包容性，它可以将包括公共部门、企业、社会组织、公众等多方主体纳入政策议程，提升决策理性和公信力。

（2）凸显了政策过程的互动和反馈属性。早期的公共政策研究将政策过程视为连续的线性过程，由若干个阶段组成。政策网络研究强调政策过程是多元主体的互动和博弈过程，政策主体的反馈渗透于政策过程的整个生命周期。新议题提出后，利益相关者会高度关注，并寻求参与机会。推进政策创新需要构建议题学习网络，收集各方诉求和反馈，在协商议事中凝聚共识，持续创造公共价值。

（3）修正了多元主义的理论建构。多元主义理论认为，公众的利益诉求具有多元性，在政策过程中，各种利益团体都在追求自身利益最大化，国家扮演裁判者的角色。政策网络理论对该理论提出了批判，认为国家与社会具有多方面的联系，政府通过构建政策网络，与社会各界进行互动，从而协调不同的利益诉求。[①] 在网络协调过程中，行动者之间采用谈判、妥协、合作等多种策略。

① 石凯，胡伟．政策网络理论：政策过程的新范式．国外社会科学，2006（3）．

2. 政策网络研究的不足

作为理论建构的一种取向，政策网络研究尚未形成具有重要影响的理论模型。随着时间的推移，学界也发现这一研究路径存在局限性，主要表现在以下几个方面。

（1）政策网络研究尚未形成系统化的理论体系。政策学者从不同的制度情境视角，提出了多样化的政策网络分类，剖析了政策网络的特征、参与方及互动机制。然而，已有研究大多属于描述性分析，缺乏足够的解释力和追问能力。迄今为止，有关政策网络的已有研究较为分散、零碎，适用性也有待改进，尚未形成系统化的理论体系。

（2）政策网络理论并不能替代科层制理论。政策网络研究主张超越科层制，发展互动与协调机制，然而，在政策网络中，权力仍发挥着重要作用。政府作为公共利益的捍卫者，在关键时候往往发挥着主导性作用。将政府机构与其他组织置于相同地位，并不符合政策网络运行的真实情况。从这个意义上来讲，政策网络理论是对科层制理论的新拓展，政策网络的概念有助于增进对跨层级、跨部门、跨系统合作的理解，但并不能替代科层制组织体系。

（3）政策网络研究的理论解释力有限。政策网络研究提出了很多新概念，建立了不同场景下行动者之间的互动和合作网络，但已有研究对政策网络的本质并未形成共识性看法，缺乏具有很强解释力的理论框架。作为一种研究方法，政策网络分析可以证明结构因素对政策形成和实施具有重要影响，但对政策后果的解释力有限。

10.2 政策叙事框架

10.2.1 政策叙事研究概述

早期的叙事研究关注小说、电影、戏剧等文学和艺术作品，进而拓展到新闻学、历史学等学科领域。20世纪90年代，叙事研究被引入公共政策领域，开启了从叙事的视角对政策过程、政策文本、政策信念和策略进行分析。近年来，在公共政策分析中，政策叙事框架得到了一定的应用。

1. 政策叙事研究的发端

“叙事”这个概念最初应用于文学领域，是指在时间和因果关系上具有联系的一系列事件的话语或符号表达。[①] 叙事通过语言、符号或媒介呈现出来，例如书面语言、口头语言、视觉形象、肢体语言等。作为一种文学理论，叙事理论分为修辞性叙事理论、结构主义叙事理论两大派系。修辞性叙事理论继承了亚里士多德传统的“修辞”内涵，将叙事界定为作者与读者进行交流的方式或技巧，关注“叙事做什么或如何运作”；而结构主义叙事理论关注“叙事是什么”，注重对叙事的结构进行研究，致力于探讨文学作品叙事内部

---

① 程锡麟．叙事理论概述．外语研究，2002（3）．

的结构规律，以及各个要素之间的相互关系，包括对情节、人物、主题、象征等要素的总结。

20 世纪 60 年代，一些研究者开始使用定量统计方法，来评估影响政策制定的相关因素。到了 90 年代，一些学者意识到纯粹的统计分析方法不能完全解释政策现象，转而采用叙事研究方法（narrative approach），推动叙事研究拓展到政策分析领域。① 2004 年，麦克贝斯、沙纳汉发表了《政策推销员在黄石公园环境政策冲突中的角色》一文，提出政策营销在环境政策冲突管理中的作用这一命题。② 此后，麦克贝斯等人在实证研究中进一步提出“政策叙事要素可通过量化方法进行分析，并用来反映政策核心信仰，总结了倡议联盟在政策辩论中经常使用的叙事策略”。2010 年，琼斯、麦克贝斯正式提出“叙事式政策框架”（narrative policy framework，NPF），主张从叙事的视角研究政策过程。③ 2011 年，沙纳汉、琼斯、麦克贝斯发表了《政策叙事与政策过程》一文，讨论了叙事式政策框架与倡议联盟框架的关系，指出前者既受到后者的启发，又对后者做出拓展和深化，可以更好地测量倡议联盟的政策信念和策略选择，为理解政策学习提供新路径。政策叙事框架引入后现代分析视角，并结合实证主义的研究方法，试图解析叙事在政策建构中的作用。

2. 政策叙事研究的视角

公共政策领域的叙事研究不仅关注个体或群体对于政策认知的表达，而且致力于探究政策叙事背后的逻辑，即从“故事中找‘故事’”。人类的知识本身就具有叙事性质，从讲故事和对故事的理解中能够推演出各种知识。从这个意义上来讲，叙事是一项具有创造性的工作，它不仅描述发生了什么，而且还会暗示这些事件背后所隐藏的逻辑关联性。

政策叙事研究具有两种分析视角，分别是结构主义的视角与后结构主义的视角。

在结构主义的视角看来，叙事存在共同要素，可以进行结构化分析，不同行动者的叙事在内容和策略上具有差异性，但基本结构是相同的，从差异性中可提炼出一般化的特征。沙纳汉等人曾将叙事的形式要素概括为六个方面：问题陈述（statement of problem）、角色（characters）、背景（setting）、情节（plot）、因果机制（casual mechanism）、寓意（moral）。④ 后来，他们进一步将因果机制纳入叙事策略，并将问题陈述与情景合并，提出政策叙事的四个形式要素，分别是背景、角色、情节、寓意。⑤

在后结构主义的视角看来，政策叙事往往是独一无二的，对于不同政策的叙事难以进行结构化分析。后结构主义视角关注叙事本身，持这一视角的学者将对话和符号作为研究

① HUKKINEN J，EMERY R，ROCHLIN G I. A salt on the land：a narrative analysis of the controversy over irrigation - related salinity and toxicity in California's San Joaquin Valley. Policy Sciences，1990，23（4）：307 - 329.

② MCBETH M K，SHANAHAN E A. Public opinion for sale：the role of policy marketers in Greater Yellowstone policy conflict. Policy Sciences，2004，37（3）：319 - 338.

③ JONES M D，MCBETH M K. A narrative policy framework：clear enough to be wrong？. Policy Studies Journal，2010，38（2）：329 - 353.

④ SHANAHAN E A，JONES M D，LANE R R，et al. An angel on the wind：how heroic policy narratives shape policy realities. Policy Studies Journal，2013，41（3）：453 - 483.

⑤ 王洛忠．公共政策学．北京：北京大学出版社，2022：367.

重点，认为对话和符号具有说服、操纵和意义赋予的作用。后结构主义视角的研究者倡导解释主义，他们将语言纳入公共政策研究的范畴，重视语言对于议程设置和问题建构的意义。话语由一系列观念、概念和分类构成，它们是意义建构的基础，“话语联盟”（discourse coalition）是具有相同话语体系的成员形成的团体，他们通过故事寻找共同目标，政策变迁过程是新的话语体系形成和占主导地位的过程。①

3. 政策叙事研究的方法

政策叙事研究认为公共政策是社会建构的产物，强调叙事在政策过程中发挥着重要作用。政策叙事研究具有解构主义的特征，通过对多方行动主体的立场、观点和叙事策略进行解析，揭示叙事如何塑造了政策信念。在方法论上，政策叙事研究注重采用实证主义研究方法，通过演绎推理提出理论假设，通过实证研究进行检验，保证研究设计的可复制性。在具体方法上，政策叙事研究领域的文献既采用定量分析方法，也运用定性分析方法。②

政策叙事研究的定量分析方法，注重通过演绎推理提出因果假设，然后收集客观数据，运用统计方法进行检验。具体方法有内容分析法、访谈法、调查法、实验法和准实验法。其中，内容分析法是一种较为流行的研究方法，从政策文本、媒体报道中收集数据，通过量化分析呈现信念体系和叙事策略的演化。有研究者通过量化研究解析媒体如何运用政策叙事促进了政策变迁，其数据来源于媒体的公开报道。也有研究者运用精英调查法，对调查数据进行内容分析，揭示叙事如何影响政策变迁。在 NPF 定量研究中，实验和准实验法也有应用，例如通过实验设计来验证叙事结构和逻辑对个人、团体、政府偏好的影响。

政策叙事研究中的定性分析方法，是运用研究者的已有知识来诠释和解释政策，但并不注重严格的理论假设构建和验证。定性研究以归纳分析为主，具体方法有案例分析法、访谈分析法、人类学研究法、内容分析法等。与定量研究方法相比，定性研究基于研究者的经验感知来挖掘问题、理解现象、分析行为，并不以统计数据为基本依据，对研究资料的分析也不遵循严格的信度和效度检验。例如，通过案例分析阐述在政策制定过程中，行动者如何通过政策叙事提升了政策营销的效果，探讨政策叙事如何促进了社会共识的形成。也有定性研究采用内容分析法，通过对政策叙事进行话语分析，比较不同联盟所采取叙事逻辑的差异性。

10.2.2 政策叙事框架的构成要素

政策叙事框架强调叙事在政策过程中的重要作用。在政策制定和执行过程中，不同的群体和个人对同样的政策问题会采取不同的叙事，富有感染力的叙事有利于推进政策创新并付诸实施，不成功的叙事则会延缓政策方案的采纳。对不同的叙事进行研究，需要识别叙事背后的共性特征，提炼政策叙事框架的构成要素。

---

① 李文钊．叙事式政策框架：探究政策过程中叙事效应．公共行政评论，2017（3）．

② 明翠琴．政策科学中的叙事政策框架及其研究前沿．陕西行政学院学报，2019（5）．

政策叙事框架的构成要素包括形式要素、内容要素、基本假设三个方面。

1. 形式要素

政策叙事框架强调叙事的重要性，致力于对叙事进行一般化定义，从不同叙事中寻找共同特征，这些共性特征即政策叙事的形式（form）要素，它们为比较分析和检验奠定了基础。政策叙事的形式要素包括背景、角色、情节、寓意四个方面。

（1）背景。背景是叙事发生的场域，政策叙事总是与一定的场域相关联，需要解决特定情景下的政策问题。一般而言，背景涉及政治体制、法律制度、历史地理因素、经济社会状况、自然环境、社会规范、风俗习惯等因素。一般而言，背景因素属于常量，在短期内不会发生大的变化，构成了政策叙事的共同情境。

（2）角色。政策叙事总是与具体的行动主体相关联，他们构成了政策过程中的具体人物。政策叙事通常涉及三类角色，问题的生产者、受害者和解决者，他们可能是个人，也可能是组织。问题的生产者是困局的制造者，受害者是问题的承担者，解决者是问题化解的组织者。

（3）情节。情节是连接背景与角色的纽带，它将特定的时空环境与人物、事件联系起来，形成具有时间顺序的事件史。叙事的情节有可能是问题迫在眉睫的故事，需要立即予以解决，也可能是缺少共识的故事、正在好转的故事，或者是稳操胜券的故事。对问题及情节的不同描述，展现了解决问题的不同导向和思路。

（4）寓意。寓意通常是指叙事所暗含的关于政策问题的推荐解决方案。例如，对于城市基层治理面临难题的叙事，可能发展为推动城市治理重心下移、资源下沉的政策建议。在政策叙事中，行动者对解决方案的具体偏好，直接影响政策叙事的策略选择。

2. 内容要素

除了共同的形式要素外，不同叙事还具有各自独特的内容诉求。政策叙事的内容（content）要素包括政策信念、叙事策略两个方面，它们反映了不同叙事的独特性。

（1）政策信念。政策信念是政策叙事所表达的核心价值观，它与倡议联盟框架所表述的核心信念具有类似性。在讲述政策故事时，行动者往往会嵌入自身的信念和价值倾向，不同讲述者的政策信念不同，对故事的叙事也存在差异性。对政策叙事的信念体系进行分析，可测量一定时期内倡议联盟内部的稳定性和凝聚力。

（2）叙事策略。政策叙事者会采取一定的策略，通过选择性发布信息，有意凸显政策问题的某些方面，控制其他方面的信息发布，从而达到操纵或控制政策议程的目的。叙事策略是政策行动者为了实现政策偏好而采取的主要手段，包括识别赢家和输家、建构成本与收益、运用隐喻手段、寻找替罪羊、凸显因果关系等方式。不同联盟对自身是赢家还是输家的感知具有差异性，其叙事策略也会不同。如果将自身描述为赢家，就倾向于采取维持现状的叙事策略；如果将自身视为输家，则会夸大政策问题，要求调整政策安排。

3. 基本假设

政策叙事框架提出了一些基本假设，主要包括社会建构假设、有边界的相对性假设、一般化的结构要素假设。

（1）社会建构（social construction）假设。政策叙事框架提出，对于同样的事实和过程，不同群体和个人会赋予其不同的含义，导致不同的认知、主张和意义阐释。基于这一立论，政策叙事框架认为，叙事在政策过程中发挥着重要作用，公共政策乃是社会建构的结果，政策变迁意味着社会中主导性的价值观念发生了变化，并通过调整叙事方式重塑公共政策的内容。

（2）有边界的相对性（bounded relativity）假设。在这一假设看来，尽管不同群体和个人对于同一社会事件存在不同的理解和认知，但这种认知差异是有限度的，不同联盟的意识形态、价值观和信念系统不是绝对对立的，彼此也有共性认知，这使得社会建构并不是完全随意的，不是没有边界的各说各话，而是具有交集的。不同联盟之间可以通过求同存异的方式，在具体政策议题领域集聚共识。

（3）一般化的结构要素（generalizable structural elements）假设。政策叙事论者大多从结构主义的视角讨论叙事话语，认为透过不同的叙事风格，可以看到相同的结构要素，包括形式结构和内容结构。形式结构包括背景、角色、情节、寓意等要素；内容结构包括政策信念和叙事策略两个方面。

10.2.3 政策叙事框架的分析层次

政策叙事框架将政策叙事作为核心概念，致力于探讨叙事与个人、团体、公众的互动影响。该框架借鉴了埃利诺·奥斯特罗姆提出的制度分析与发展框架，将叙事研究分为微观、中观和宏观三个层次，分别发展出独立的分析单位、研究问题或假设。

1. 微观层次

微观层次的政策叙事研究以个体为分析单位，关注政策叙事与个人态度、信念系统之间的互动关系，既包括政策叙事对个人观点和偏好的影响，也包括个人信念体系对政策叙事的影响。政策叙事框架认为叙事在人类认知中发挥着重要作用，微观层面的经验研究关注的核心问题包括：政策叙事如何影响个人的偏好和态度？个人的信念系统会影响个人对政策叙事的态度吗？微观层面的政策叙事研究提出了一系列的假设和命题①，概括而言，形成了以下基本观点：

（1）叙事的感染性会提升说服力。对现状的正统描述通常不会产生深刻印象，突破常规规范，打破正统，提升叙事的感染性，产生强烈期望和共鸣的故事，才会具有说服力。

（2）叙事的通道增加会提升说服力。叙事是对客观事实的解码过程，通过这一过程给读者提供一个认知框架。随着叙事通道的增加，接触这种叙事的通道越多，个人越有可能被说服。

（3）认知的一致性会提升说服力。当面对与个人原有认知不一致的叙事时，人们出于

① JONES M D，MCBETH M K. A narrative policy framework：clear enough to be wrong？. Policy Studies Journal，2010，38（2）：329－353.

自我保护的目的，会本能地选择拒绝或接受。当政策叙事符合个人的认知模式和信念系统，与个人对世界看法一致时，人们更可能接受这种叙事。

（4）叙事的信息源会影响说服力。叙事者的地位、声望和意识形态会影响受众的认可程度。个人对叙事者越是信任，就越容易被叙事所说服。当叙事来源于个人认可的权威渠道时，人们就更容易接受这种叙事。

（5）叙事的角色刻画会塑造受众偏好。与科学或技术信息相比，在政策叙事中对人物和角色的刻画更为真切，并与具体情境相关联，具有鲜明的情感评价。比如，将人物区分为英雄、受害者和恶棍，这些有血有肉的角色刻画，对公众、官员、决策者的意见和选择具有显著影响。

政策叙事的目的是促使个人接受政策主张，它在本质上是一个说服的过程。采取差异化的叙事风格和叙事通道，可增进个人对政策叙事的认可程度。在此过程中，叙事信任、叙事角色、叙事观点也发挥着重要作用。

2. 中观层次

中观层次的研究以联盟或团体为分析单位，观察叙事对团队或联盟的影响，以及倡议联盟的叙事策略。中观层次在借鉴倡议联盟框架的基础上，提出了基于叙事的一些概念模型。在政策子系统中，各方行动者都会提出叙事，试图影响其他行动者的政策信念，进而影响政策结果。不同的政策叙事之间存在竞争关系，甚至相互对立。为了在叙事竞争中获胜，不同联盟通常会采取差异化的叙事策略，以实现对政策议程、方案及结果的影响。

在政策过程中，对于一项政策议题，行动者会形成若干联盟，不同联盟对政策问题及解决方案具有不同的看法，彼此的竞争具体表现为政策叙事的竞争。中观层次的政策叙事研究围绕叙事策略、政策信念、政策学习等议题，也提出了一系列假设与命题，形成了以下基本观点：

（1）议题叙事的输家和赢家会采取差异化的叙事策略。琼斯指出，在政策议题的竞争中，当一个团体将自身视为输家时，会利用叙事要素来扩大议题领域，动员更多的人支持其主张，从而扩大联盟规模，试图扭转不利局面；当一个团体将自身描述为赢家时，则会控制议题范围，维持联盟现状，保持现有优势。①

（2）议题叙事者会采取“操纵游说”的叙事策略。在议题竞争中，当一方处于劣势时，会使用说服、操纵等手段，有策略地增加新话题或调整价值维度，分裂占据主导地位的对手，争取有利于自身的格局。沙纳汉等人发现，对于难以解决的政策议题，倡议联盟经常采用“恶魔/天使转换”策略，在叙事中将对手描述为恶魔，将本联盟描述为天使、担当者或英雄。②

① JONES M D，MCBETH M K. A narrative policy framework：clear enough to be wrong? . Policy Studies Journal，2010，38（2）：329－353.

② SHANAHAN E A，JONES M D，LANE R R，et al. An angel on the wind：how heroic policy narratives shape policy realities. Policy Studies Journal，2013，41（3）：453－483.

（3）媒体是参与政策辩论的重要行动者。在叙事研究中，沙纳汉发现媒体未必是客观的信息输送管道，它会有选择性地扩散与自身信仰一致的信息。① 为了厘清媒体与叙事策略的关联，克罗、劳勒进一步提出了以下四个假说②：第一，作为政策信息渠道，媒体的政策叙事具有稳定性，而作为政策辩论的贡献者，媒体的叙事结构和框架呈现出较大的差异性；第二，与利用技术或知识进行沟通的群体相比，使用叙事和修辞策略的政策行动者更可能在政策辩论中占据上风；第三，政策行动者采用主题框架界定政策问题，比采用事件框架更有可能说服公众接受其政策主张；第四，采用与受众信仰一致但在不同媒体平台上略有不同的故事框架，能够影响政策结果朝着行动者的政策偏好发展。

3. 宏观层次

宏观层次的研究以文化和制度为分析单位，关注更为宏大的叙事对政策结果的影响。与微观和中观叙事相比，宏观层次的叙事相对稳定，但也会随着时空环境的变化而变化，形成制度变革和文化变迁。倡议联盟建构叙事，目的在于吸引政治家或决策者的注意力，推动议题进入议程，政策叙事产生的反馈则会影响政策结果。

与微观和中观层次的研究相比，政策叙事框架的宏观层次研究相对薄弱。政策叙事框架的创始人麦克贝斯、沙纳汉在开创性论文中，提出了“政策推销员”（policy marketers）的概念，讨论了宏观层次的消费主义文化对美国经济和政治习惯的影响。③ 政策营销者通过建构政策叙事，将新政策兜售给公民。他们发现，政策方案的生产过程并非遵循理性讨论原则，更多受到政策营销者创造的政策话语的影响。

彼得森在汲取间断均衡模型相关理念的基础上，提出了叙事研究的注意力视角，指出宏观政策叙事能促成正反馈和负反馈，正反馈导致政策变迁，负反馈则会维持现状。④ 叙事能够吸引个人注意力，并对一项政策形成新图景⑤。由于注意力有限，每个人都有一套标准决定是否关注某一信息。不同的叙事方式会使人们的注意力发生序列转移，引发从渐进到突变性的认知变化。通过叙事建构新的政策形象，能够吸引先前漠视一项议题的群体参与到辩论中。叙事一旦进入议程，就会引起反馈，促成政策变迁或维持现状。根据间断均衡理论的描述，正反馈能够引发政策变迁，而负反馈则会削弱政策变迁的动力。在宏观层面上，政策反馈在政策叙事与政策结果之间建立了更为紧密的逻辑联系。

制度和文化决定着叙事建构，它们代表了宏观层面的变量和限制条件，这些因素如何影响政策叙事？产生了什么样的影响？作用机制是什么？这些问题还有待进一步的探索。

---

① SHANAHAN E A，ARNELL R J，HATHAWAY P L，et al. Conduit or contributor? the role of media in policy change theory. Policy Sciences，2008，41（2）：115－138.

② CROW D A，LAWLOR A. Media in the policy process：using framing and narratives to understand policy influences. Review of Policy Research，2016，33（5）：472－491.

③ MCBETH M K，SHANAHAN E A. Public opinion for sale：the role of policy marketers in Greater Yellowstone policy conflict. Policy Sciences，2004，37（3）：319－338.

④ 朱春奎，李玮．叙事政策框架研究进展与展望．行政论坛，2020（2）.

⑤ PETERSON H L. Political information has bright colors：narrative attention theory. Policy Studies Journal，2018，46（4）：828－842.

宏观层面因素的发展和变迁，对政策叙事框架的完善具有至关重要的影响。抛开制度和文化层面的政策叙事研究，仅仅从微观的视角进行分析，难以从根本上把握叙事结构对政策变迁的影响。

10. 2. 4　政策叙事框架的评价

1. 政策叙事框架的贡献

政策叙事框架从提出到如今，经历了十多年的发展历史。该框架采用实证方法研究叙事在政策过程中的作用，力图在话语建构与实证主义的研究方法之间搭建桥梁。尽管起步较晚，但该框架已被广泛应用于环境和能源政策、卫生政策、财政政策、应急政策、垃圾回收与处理等议题领域。政策叙事框架的贡献在于：

（1）政策叙事框架突显了话语建构在政策过程中的影响作用。政策叙事框架指出叙事策略对目标群体的观念和行为具有影响作用，凸显了话语建构在政策过程的影响力，叙事具有明确的结构化要素，通过讲述故事，可将公众的注意力聚焦到某项议题上，让公众更好地理解并支持某项政策主张。这样，讲故事就成了一种话语建构，叙述者通过叙事争取公众的支持，进而对决策者产生影响。

（2）政策叙事框架发展出叙事研究的三个层次。该框架包括微观、中观和宏观三个分析维度：微观层面聚焦叙事对个体认知和观念的影响；中观层面以联盟为分析单位，观察叙事对联盟的影响，以及倡议联盟的叙事策略；宏观层面的研究以文化和制度为分析单位，关注政策叙事的制度和文化制约，剖析它们对政策结果的影响。

（3）政策叙事框架在话语建构中引入了实证主义分析方法。长期以来，公共政策研究的实证主义与建构主义之间存在着一道“鸿沟”，两种研究路径各说各话，彼此之间缺少交流。政策叙事属于社会建构的范畴，它通过运用叙事策略来彰显一种政策信念或主张。尽管如此，政策叙事研究拓展出多种实证研究方法，例如内容分析法、访谈法、调查法等。其中，通过收集政策文本、媒体报道，获取数据，可对政策策略和信念体系及其变化进行分析。也可采用深度访谈、社会调查、实验法收集数据，用于实证分析。

2. 政策叙事框架的不足

政策叙事框架作为一种研究路径也存在一些不足，主要表现在三个方面：

（1）政策叙事框架提出的很多推论有待进一步检验。迄今为止微观和中观层面的叙事研究提出了很多推论或假说。一些推论得到了初步检验，有的假说的外部有效性还存在争议，尤其是微观层面的叙事效果分析，在实证研究中存在不一致的检验结果。在现实世界中，政策叙事处于复杂的语境中，公众同时接触多种叙事，对一项叙事产生影响的评估可能存在偏差。

（2）政策叙事框架在宏观层面的理论和实证研究相对薄弱。已有的实证研究大多属于微观和中观层面，至于微观和中观层面的影响如何拓展到宏观层面，还需要识别关键变量，发展基于政策叙事的政策选择和政策变迁理论。另外，宏观层面的制度和文化因素如何影响政策叙事，以及产生影响的作用机理，这些问题还有待深化探究，提出有解释力的理论模型。制度和文化因素不仅决定着政策叙事的价值导向，而且影响着叙事策略的正当性，对叙事的说服力具有直接影响，这方面的研究有待拓展议题，推进理论发展。

（3）政策叙事框架过于凸显叙事的重要性，容易忽略其他关键变量的影响作用。在政策变迁过程中，发挥作用的因素有很多，除了叙事策略之外，关键因素还包括权力控制、理性判断、利益权衡等。其中，到底是叙事重要，还是权力重要，抑或是利益诉求重要？在不同情景下，起支配作用的因素具有差异性。探究叙事对行动者观念的影响作用，不能无视其他因素的作用。

10.3 政策反馈理论

10.3.1 政策反馈研究的演进

政策过程的传统研究将公共政策理解为政治系统的输出结果，致力于探究制度结构与行动者是如何影响政策过程与政策变迁的。然而，一项公共政策出台以后，政策安排会塑造政治过程，进而影响未来的政策制定。1992 年，历史制度主义学者斯考切波提出“政策反馈”这一概念，用以表达在“时间节点 1”制定的政策，可能会重塑国家的政治目标和能力，并影响社会团体的行为，进而影响“时间节点 2”的政策制定。[①] 政策反馈反映了公共政策对政治过程和政策发展两个方面的影响。

1. 历史制度主义研究的兴起

政策反馈的早期研究可追溯到历史制度主义研究，这一研究路径致力于探讨历史事件如何影响着制度的起源和变迁，探究随着时间的推移已有政策如何影响政治以及未来的政策制定。基于对行为主义研究路径的反思，20 世纪 80 年代，美国政治科学界开始重新思考国家和制度研究的重要性，并提出了“找回国家”命题。[②] 在此背景下，历史制度主义成了一种独立的研究路径，它强调制度演化的内生性以及时间过程在制度变迁中的作用。制度不仅是特定时间点的公众偏好或权威性分配带来的结果，随着时间的推移，制度也能塑造公众的偏好和政治格局。

历史制度主义研究所探究的是社会运行的基本规则，包括宪法、法律、行政规章等正式规则，以及社会伦理、道德准则、风俗、惯例等非正式规则。其中，正式规则是一种结构性

---

① SKOCPOL T. Protecting soldiers and mothers: the political origins of social policy in the United States. Cambridge, MA: Belknap Press, 1992.

② EVANS P B, RUESCHEMEYER D, SKOCPOL T. Bringing the state back in. Cambridge: Cambridge University Press, 1985.

约束，它们规定了政策形成的程序和机制。一项公共政策在很长时期内发挥作用，就具有正式制度的属性，不仅用于分配资源，还具有推行规则、传达规范、传递信息的功能。历史制度主义学者关注公共政策的演化特性，强调“政策影响政治”“新政策创造新政治活动”。

2. 政策反馈理论的提出

在 20 世纪 90 年代之前，早期的政策反馈研究表现为零散的案例研究，用于描述公共政策产生的政治影响，但并未形成系统化的政策反馈理论框架与话语体系。1992 年，历史制度主义学者斯考切波在著作中提出“政策反馈”的概念，在学界引起广泛的关注。该概念刻画了一项新政策的反馈效应，在“时间节点 1”制定的政策会重塑国家、社会团体的目标与能力，进而影响在“时间节点 2”的政策制定。1993 年，保罗·皮尔森发表了具有里程碑性质的论文，正式提出政策反馈理论。① 政策反馈理论指出，已经颁布的新政策，会通过资源效应和解释效应两种机制，对政府精英、利益集团和大众产生塑造作用。其中，资源效应为政治活动提供了手段与激励，解释效应向政策受众传达信息和价值。至此，政策反馈概念从历史制度主义的话语体系引入公共政策领域。皮尔森的理论建构提供了新的知识积累，引发了大量的后续研究。

政策反馈领域的研究关注公共政策与政治系统的互动关系，认为新政策会影响国家与行政能力，进而影响未来的政策制定。②政策反馈理论被提出后，在政治和政策分析领域迅速出现关于反馈效应的文献。相关研究解析了公共政策的反馈效应与锁定效应。公共政策通过影响行政组织和利益集团的政治行为产生反馈效应，通过产生锁定效应从而限制了未来的政策选择，以此实现新政策的自我强化。

政策反馈理论脱胎于历史制度主义研究，认为历史上的政策可能通过塑造行动者的态度和偏好，从而影响政策结构，并带来政策的变迁。历史制度主义认为，制度结构与行为具有辩证关系，结构塑造行为，行为也会影响结构。这种辩证思想为政策反馈理论提供了逻辑支持。制度的创设和发展具有路径依赖效应，正反馈会形成自我强化，有利于维护既有政策；负反馈则会导致自我弱化，从而引发政策变迁。

10.3.2　政策反馈理论的内容

1. 政策反馈的含义

政策反馈理论所叙述的反馈，不同于通常所讲的信息反馈。政策反馈强调政策对政治系统具有塑造和反作用。政策反馈理论的提出深受历史制度主义学派的影响，早期的研究者遵循历史制度主义的研究路径，将历史和时间的因素嵌入理论建构中，随着时间的推移，政策会形成力量从而产生反馈作用。在这一理论建构中，政策反馈具有三个方面的含义：

---

① PIERSON P. When effect becomes cause: policy feedback and political change. World Politics, 1993, 45 (4): 595 - 628.

② BÉLAND D, SCHLAGER E. Variety of policy feedback research: looking backward, moving forward. Policy Studies Journal, 2019, 47 (2): 184 - 205.

首先，从时间线索来看，过去的政策遗产会塑造未来的政治与政策。政策反馈是指在“时间节点 1”制定的政策可以重塑国家和社会群体的政治目标和能力，进而影响“时间节点 2”的政策制定。一项政策颁布后，随着时间的推移，会重塑后续的政治过程，对未来的政治行为和政策选择产生影响。换言之，政策走向不仅取决于目前的需求或功能，还取决于过去的政策安排。

其次，从因果机制来看，公共政策既是政治系统的产物，也会反作用于政治系统。传统的观点认为，公共政策是政治博弈的产物，而在政策反馈研究中，“结果变成了动因”，政策也会影响政治，早期政策的反馈结果会限制或促进后来的政策发展。政策与政治具有互动性，政策是政治运作的结果，它自身也是一种政治力量，会作用于政治系统。

最后，从反馈过程来看，政策通过资源分配和认知功能，重塑行动者的态度与行为，进而影响后续政策结果。现有政策界定了政策环境，提出新的价值导向，建构了新的价值导向，不仅会塑造政治家、行政机构、利益集团的偏好和选择，也会影响公众的态度和行为，两者都会对政治决策以及后续的政策结果产生影响。

2. 政策反馈中的行动者

政策反馈中的行动者可分为公众、政治精英、行政组织、利益团体四种类型。

（1）公众。政策通过塑造公众的身份认知，提供或剥夺参与机会，影响公众的态度和偏好，进而影响政治系统。通过政策设计与执行，界定或区分目标群体，增加或减少收益，可强化或弱化公众的政治身份、认知态度与能力。公众的支持度会影响政策系统的决策，改变未来的政策问题或议程。一方面，公共政策可以决定哪些人有机会参与新项目，赋予其权利、责任和义务。当某个社群有机会参与政治，就会影响其利益分配，从而塑造新的政治格局。另一方面，公共政策也会影响公众对自身和他人的认知，这些认知会塑造政治态度，促进或抑制某些群体的政治参与行为。当一种认知给特定社群贴上歧视性标签，就会引发相关群体的抗议，也会抑制该群体的政治参与积极性。

（2）政治精英。政治精英既包括政府系统中的决策者，也包括政府外部的政策企业家。公共政策对于决策者的反馈主要是学习和认知层面的影响，而对外部的政策企业家的反馈则是资源和能力层面的影响。一项已颁布政策的实施成效，会影响决策者对该政策的认识，从而影响后续的决策选择。如果现有政策安排能够有效解决问题，就会得到强化学习；如果现有政策实施效果不佳，在负反馈机制的作用下，则会被视为“负面典型”。决策者对一项政策的偏好会影响执行者的态度，决策者的肯定具有内部动员的作用，促使执行者采取措施，维护并发展该政策。

（3）行政组织。新政策带来新的制度安排，改变了行政组织的治理结构，建立新的行政组织，或者撤销、合并原行政组织，会对未来的政策制定产生影响。随着政府推进市场化改革，可能会重组或撤销原管制机构。当一项政策带来正反馈，就会形成路径依赖，产生“锁定效应”，基于该政策而设置行政组织的合法性就会得到强化。反之，如果治理绩效不佳，新机构的正当性则会受到质疑。

（4）利益团体。政策反馈研究十分关注新政策对社会团体的组织目标和能力带来的变化。在特定政策领域，利益格局的调整会催生新的利益团体，它们通过开展活动，提出政策倡议，动员利益相关者行动起来，组建倡议联盟，要求政府改进政策安排。在政策辩论中，利益团体发挥着重要作用，它们提供资源，讲究叙事策略。已有政策的反馈作用，可能产生“反向动员”，促使利益集团采取联合行动，反对某项政策安排。

3. 政策反馈的路径

政策反馈研究基于“政策能够影响政治”这一命题，致力于探究政策如何影响政治过程中的行动者。根据行动者的差异性，政策反馈的路径可分为行政组织、利益团体、政治精英、公众四类（见图 10－1）。早期的历史制度主义研究关注政策对政治精英、行政组织、利益团体的影响，而忽视了政策对公众的影响。自 20 世纪 90 年代以来，大众政治的研究成为政策反馈研究的流行路径，很多学者们运用政策反馈理论来解释政策遗产对于大众政治的影响。

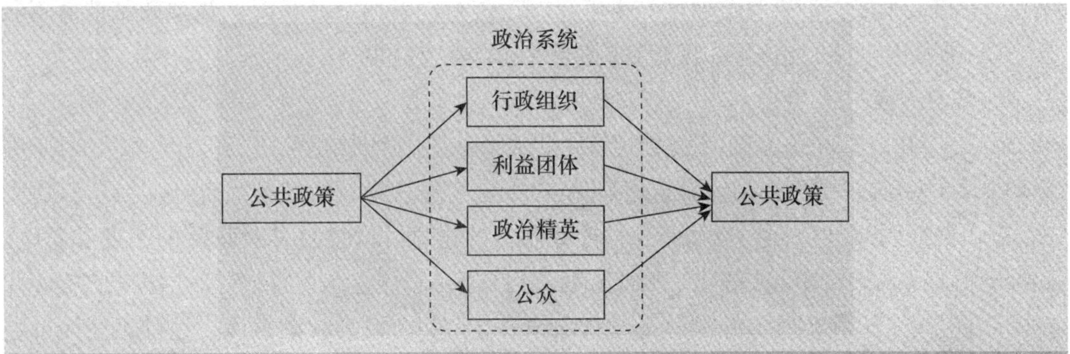

图 10－1 政策反馈的路径

例如，坎贝尔认为，美国社会保障政策提高了高龄人群的政治参与热情，提升了政治参与度，进而影响了社会保障政策的后续发展。索斯、施拉姆发现，公共政策对公众的影响作用在不同的政策领域具有较大差异，影响程度随着政策的可见性以及与公民的贴近程度而发生变化。[①] 有研究发现，美国佛罗里达州飓风事件后领取救济的选民与未领取救济的选民投票率有明显的差异。

10.3.3 政策反馈的发生机制

公共政策实施后，通过政策反馈和学习环节，引起决策者和公众的态度变化，从而强化或逆转对政策形象的认知，进而影响政治系统对政策效果的评价。政策反馈主要依赖于解释效应、资源效应、学习效应产生影响。

1. 解释效应

解释效应（interpretive effect）是指公共政策面向目标群体进行社会建构，通过传递

① SOSS J, SCHRAM S F. A public transformed? welfare reform as policy feedback. American Political Science Review, 2007, 101 (1): 111－127.

信息和意义，具有塑造不同主体对政策规范、价值观的认识和态度的作用。① 公共政策通过设定目标，阐述新的价值观，设置规则和程序，提供物品、服务和报酬，传递出新信息，会影响公众的偏好。政策规则和程序塑造了公众对执行机构和监管权限的认知，会影响公众的政策倾向，进而影响公众的政治参与。

2. 资源效应

公共政策对社会资源进行权威性分配，新政策导致资源分配发生变化，会影响公民政治参与的能力。一项新政策带来资源的增加，有利于促进公民的政治参与。不仅如此，公共政策提供的资源也会激发解释效应。公民感受到新政策对某一类人群的关心和照顾，会影响自身的政治态度和参与模式。当公民感受到自身所在的群体受到政府尊重，会内化为肯定的政治态度，进而影响其在政治和政策制定中的参与意愿和模式。② 除了公民之外，政治家、行政组织、利益团体也会受到资源效应的影响，从而增进或削弱对一项政策的支持。当一项政策实施带来收益递增，能够持续改进行动者的资源状况，该项政策就会不断强化并拓展作用领域，持续提升政策的正当性和群众支持度。

3. 学习效应

在政策执行过程中，决策者、公众、行政组织、利益团体也会进行政策学习。对于决策者来讲，根据过往经验或新的外部信息，他们会有意识地调整政策目标或工具，以适应新情况。普通民众也会根据个人经验和搜寻获得的信息，调整自身对政策的态度和看法。如果政策执行的结果符合决策者的预期目标，在正反馈效应下，该项政策会继续实施，并扩展应用领域。一项政策实施能够提升公众的收益，拥有较高的满意度，这种正反馈也会转化为自我强化效应。相反，随着时间的推移，政策实施的负面效果越来越显著，则会产生自我弱化效应，对政策的合理性构成挑战。

总之，一项公共政策实施后，在政策反馈机制的作用下，会产生自我强化或自我弱化效应。政策执行带来良好的正面效果，会形成自我强化效应，使得行动者对该政策产生路径依赖；政策执行导致意外事件或结果，产生明显的负面影响，则会形成自我弱化效应，导致行动者的负面认知，进而提出新方案，改变原有政策方向。

10.3.4 政策反馈理论的评价

政策反馈理论将时间带入政策过程，认为随着时间的推移，政策变化会反馈到政治进程中。早期的政策反馈文献关注政策与后续政治之间的具体联系，最近的研究将重点扩展到了从政策到后续政治再到后续政策的反馈循环。

1. 政策反馈理论的贡献

首先，政策反馈理论为政策过程研究提供了新视角。长期以来，公共政策过程研究一

① METTLERS S, SOSS J. The consequences of public policy for democratic citizenship: bridging policy studies and mass politics. Perspective on Politics, 2004, 2 (1): 55 - 73.

② 郑石明，薛雨浓．政策反馈理论：政策如何重塑政治过程与政策发展？．经济社会体制比较，2023（1）．

直聚焦于什么影响了政策、如何影响、政策产生的结果等问题来建构理论。然而，政策也会影响政治，进而影响后续政策。政策反馈理论打破了单纯从政治因素的视角讨论政策制定的分析路径，提出政策也会影响政治；剖析了政策如何影响政治，包括对行政机构、政策社群、公众参与的影响，更好地把握了政策实施带来的联盟力量聚合与消解，从而增进对政策后续影响的认知。

其次，政策反馈理论在微观层面的行为研究与宏观层面的政策变迁之间建立了连接。行为层面的微观研究有助于解释新政策引发个人观念和偏好的变化，制度层面的宏观研究有利于增进对总体性问题的理解，微观层面的作用机制如何传导到宏观层面，一直是理论研究的难题和挑战。政策反馈理论剖析了政策影响政治的作用机制：新政策出台后，随着时间的推移，凭借叙事产生的解释效应、实施产生的资源效应、效果产生的学习效应，来塑造新的政治格局，影响未来的政策制定。

最后，政策反馈理论有助于深化对中国改革的理解。在政策反馈文献中，公共政策既是政治系统的输出的结果，也是重新塑造政治系统及集体行动的中介。观察中国改革的发展历程，可以看到较为显著的政策反馈效应。成功的政策试点产生正反馈效应，各方对试点效果给予肯定性评价，试点政策得到自我强化，各地开展政策学习，实现“由点到面”的推广。失败的政策试点则会自我弱化，经由持续的问题积累，形成负反馈效应，通过政策学习增进认知后，决策系统转移注意力，导致试点悬浮，最终形成政策变迁。

2. 政策反馈理论的不足

政策反馈理论涉及的变量较多，不同行动主体对政策实施的反馈效应具有差异性，有的行动者持正反馈，有的持负反馈，各方反馈是如何聚合并产生影响的呢？政策反馈理论分析框架较为宏观，更适合于定性分析，在应用中面临一些挑战。

首先，政策反馈理论对不同反馈路径的聚合效应缺少明确的阐述。政策反馈理论以具体政策作为自变量，学者们关注政策实施的反馈效应，包括对公众、政治精英、行政组织、利益团体产生的影响作用。与倡议联盟框架及其他政策变迁理论相比，政策反馈文献讨论了更为广泛的行动主体。然而，对不同主体的影响如何形成聚合效应？已有文献对因果机制的阐释不够细致，对于理解政策变迁的解释效果有待改进。

其次，已有理论未能很好地解释反馈循环的动力机制。在过去 20 多年，政策反馈研究者在多个领域检验了皮尔森关于“政策影响政治”的推论。已有文献解析了政策的利好程度和可见性、政策是否属于行政责任、政策是否属于管制型政策等具体情境，对行动者的政治态度和行为产生的不同影响。然而，许多研究只是检验政策如何影响政治，未能阐明受到先前政策影响的政治条件如何影响未来的政策制定，尚未就政策反馈循环的完整结构做出系统的理论阐述。

最后，已有研究主要关注政策带来的自我强化效应，而对有意识的政策设计研究不足。早期的政策反馈研究聚焦于政策带来的非预期性的政治“副产品”，使得其通过自我强化得以持续。后续研究表明，政治精英会有意识地利用政策反馈机制，谋求政治目的。例如，政治精英针对不同的目标群体制定政策时，会有意识地支持正面的社会建构，对拥有较大政治影响力的社群提供隐性利益，以巩固自己的政治优势。这样的策略则会损害公共政策的民主性。如何利用政策反馈机制，更好地体现民意，并利用反馈机制进行政策纠偏，是政策制定者、研究者需要考虑的一个重要问题。

本章小结

近年来，政策网络、政策叙事、政策反馈视角的议题研究和知识生产较为活跃，学者们提出了新的分析框架和理论模型。作为一种协调机制，政策网络基于沟通和信任进行合作，行动主体之间具有相互依赖性，网络建构遵循互惠原则。政策网络的联结机制主要有三种类型，包括基于资源依赖、共同信念、共同话语形成的政策网络。政策网络具有获取和交换资源、促进信息传播和创新、增进利益协调、提升问题解决能力的功能。

政策叙事研究具有结构主义和后结构主义两种视角。前者对政策叙事进行结构化分析，致力于识别共同要素；后者认为政策叙事是独一无二的，难以进行结构化分析。政策叙事的形式要素包括背景、角色、情节、寓意四个方面。政策叙事的内容要素包括政策信念、叙事策略两个方面，它们反映了不同叙事的独特性。叙事研究分为微观、中观和宏观三个层次，分别发展出独立的分析单位、研究问题或假设。

政策反馈理论提出，政策对政治具有塑造作用，前一阶段制定的政策，随着时间的推移，会塑造公众偏好，重塑政治格局，影响后续的政策制定。从因果机制来看，公共政策既是政治系统的产物，也会反作用于政治系统。政策反馈的行动者包括公众、政治精英、行政组织和利益团体。政策反馈依赖于解释效应、资源效应、学习效应产生影响。

关键术语

政策网络　资源依赖　共同信念　共同话语　政策叙事　叙事策略　政策反馈
历史制度主义　解释效应　资源效应　学习效应

复习思考题

1. 简述政策网络的含义及特征。
2. 简述建构政策网络的纽带有哪些。
3. 简述政策网络的类型与功能。
4. 简述政策网络研究的贡献与不足。
5. 简述政策叙事框架的构成要素有哪些。
6. 简述政策叙事框架的三个分析层次及核心观点。
7. 简述政策叙事框架的贡献与不足。
8. 简述政策反馈理论与历史制度主义的关联性。
9. 简述政策反馈中的主要行动者有哪些。
10. 简述政策反馈的主要作用机制。
11. 简述政策反馈理论的贡献与不足。

第 11 章

政策分析

政策分析是一种问题导向的政策研究，它运用社会科学理论和科学方法来解析政策问题，提出政策方案，预测备选方案的结果。在政策过程的每一个环节，优化政策方案都离不开政策分析。政策分析以政策问题为研究对象，运用多学科的知识和方法，为政策决策提供理论支持，致力于提出更好的解决办法。

11.1 政策分析的含义与类型

11.1.1 政策分析的概念

政策分析是政策研究的一个常用概念，学者们的理解具有差异性：

一种观点将政策分析界定为以问题为导向的公共政策研究。这是一种广义的理解，政策分析等同于应用型研究，以具体的政策问题为研究对象，致力于探究影响政策结果的变量及相互关系，探寻解决问题的方案，预测备选方案的结果。公共政策研究是以解决实际问题为中心，而不是以生产科学知识为中心，从而区别于纯粹的学术研究。

另一种观点将政策分析理解为以客户为导向的职业研究行为。这是一种狭义的界定，它强调客户导向。韦默等人提出“政策分析是一种客户导向的建议”①。在这一理解看来，政策分析是一种职业行为，政策分析师不以在专业杂志上发表论文为第一诉求，其主要动机是获得经济收入或影响政府决策。

我们采用广义的理解，将政策分析界定为以问题解决为导向的应用型研究。政策分析不仅包括以客户为导向的职业研究，还涵盖更广泛的政策探究行为。当一项研究关注政策

① 韦默，维宁．政策分析：理论与实践．上海：上海译文出版社，2003：25.

议题，致力于改进政策安排，该研究就属于政策分析。随着公共事务趋于复杂化，政策决策有赖于外脑的辅助支持，提供必要的背景知识及实践方法。政策分析正是适应这种需求而出现的，其提供的产品是政策建议。[①]

政策分析需要运用多学科知识，采取跨学科分析方法。政策分析既有实证性、描述性的内容，也具有规范性诉求，需要开展质性分析。在实证性方面，政策分析依靠科学方法提出政策问题，展现观察到的政策结果；在规范性方面，对预期效果的评价、对政策目标和手段的选择离不开价值判断，须在竞争性的立场和价值导向之间进行权衡。

11.1.2 政策分析的信息收集

邓恩提出，政策分析需要回答五个问题[②]，分别是：（1）要解决的问题是什么？（2）为了解决问题，我们应该采纳的行动方案是什么？（3）选择这种方案的结果是什么？（4）这种结果是否有利于解决问题？（5）如果选择其他行动方案会出现什么结果？

回答这些问题需要获取五个方面的信息，即关于政策问题、预期结果、优先政策、政策结果、政策绩效的信息。对这些信息的搜寻构成了政策分析的五个环节（见图 11－1）。[③]

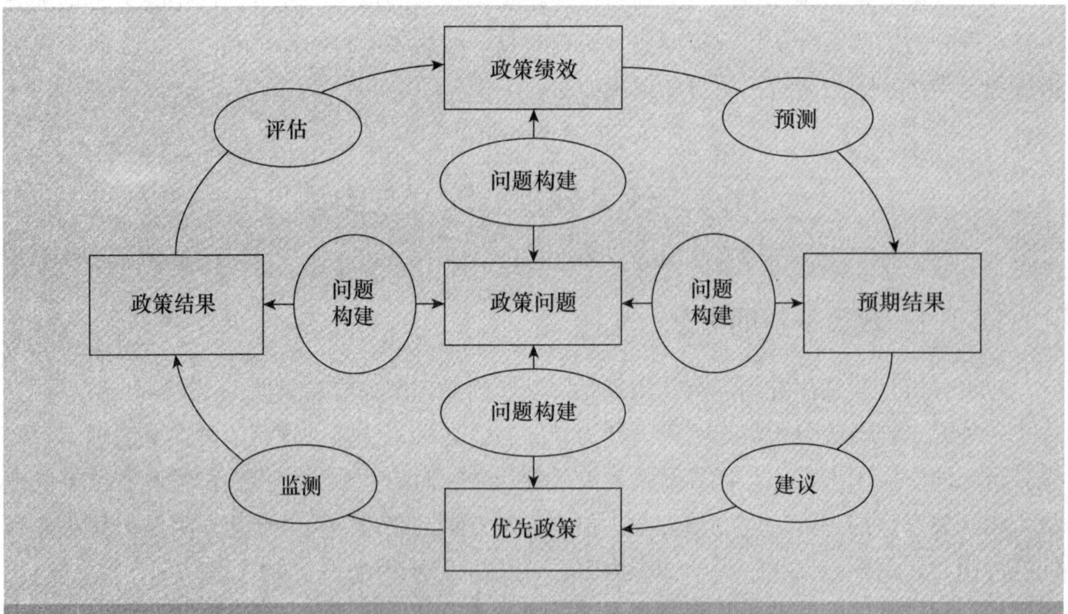

图 11－1 政策分析的信息收集过程

资料来源：邓恩．公共政策分析导论：第 4 版．北京：中国人民大学出版社，2011：3.

1. 获取政策问题的信息

政策问题（policy problem）是指有待改进的公共问题。这方面的信息包括：问题产

① 韦默，维宁．政策分析：理论与实践．上海：上海译文出版社，2003：25.
② 邓恩．公共政策分析导论：第 4 版．北京：中国人民大学出版社，2011：2.
③ 同①3.

生的环境信息、政策问题的表现、化解问题的预期目标等。只有获取充分的问题信息，才能准确界定并构建政策问题，进而探寻可行方案。

2. 获取预期结果的信息

预期结果（expected outcome）是指一项政策干预的可能结果。由于外部环境的复杂性，对问题信息的掌握常常不够充分，分析师既要关注现实环境，也要运用想象力，善于通过碎片化信息推理一项政策干预的可能结果。

3. 获取优先政策的信息

优先政策（preferred policy）是指解决问题的优先方案。从备选方案中选择优先政策需要获得关于预期结果的信息。基于一定的价值或效用导向，对不同方案的预期结果进行比较，可提出优先的政策选项。

4. 获取政策结果的信息

政策结果（policy outcome）是指政策实施所产生的实际结果。一项政策付诸实施后，有的结果在意料之中，有的结果出乎预料。有些结果是决策者期望的，有些结果并非是决策者期望的。通过观察和测量可获得政策结果的信息。

5. 获取政策绩效的信息

政策绩效（policy performance）是指政策实施对预期目标的实现程度。一项政策投入实施后，其结果与期望之间总是具有一定的反差。收集关于政策结果的信息，可为判断政策绩效提供基本依据。

上述五个环节相互依存，共同构成了政策分析的总体过程。其中，获取政策问题的信息居于中心地位，直接影响其他环节的政策分析。对政策问题的界定总是要突显某些因素，同时忽略其他因素，对问题的取舍则涉及价值判断。

11.1.3　政策分析的类型

1. 前瞻性分析与回溯性分析

根据政策信息的来源，政策分析可分为前瞻性分析与回溯性分析两类。

前瞻性分析也称事前的预测性分析，即在执行之前，通过预测的方法分析政策方案的可能结果。前瞻性分析是一种常见的政策分析形式，它通过提供预测性信息，回答应该做什么、会发生什么，目的在于探寻最佳方案，论证其正当性。

回溯性分析也称事后的政策分析，是指在政策付诸实施后，通过一定的检测手段，解析政策执行的绩效状况。回溯性分析关注政策实施产生了什么结果，可为政策优化提供依据。与前瞻性分析相比较，回溯性分析的信息更为翔实。

2. 描述性分析与规范性分析

根据分析方法的差异性，政策分析可分为描述性分析和规范性分析。

描述性分析通过监控和预测手段获取第一手资料，对政策问题、政策结果和绩效情况进行描述，形成具有一致性的观点或主张。描述性分析普遍采用实证分析方法，通过推理提出假设或推论，基于数据收集和分析，检验假设或推论，用以解释或预测政策现象。

规范性分析基于一定的价值定位或无须论证的前提，运用演绎推理方法，提出一项政策问题，使用数据和证据来论证某种政策主张，论证一项政策立场的正当性。规范性分析涉及价值判断，其结论与分析者的价值偏好密切相关。

3. 演绎性分析与归纳性分析

根据推理逻辑的差异性，政策分析可分为演绎性分析和归纳性分析。

演绎性分析是从一般到特殊的分析过程，它从一般原理出发，将其运用于特定情境，对事物发展的趋势和结果做出判断。演绎性分析由大前提、小前提、结论三部分组成。其中，大前提是已知的一般原理或基本定理，小前提是分析的具体场景，结论是将具体场景纳入一般原理之下得出的结论。

归纳性分析是从特殊到一般的分析过程，它从观察特殊现象开始，从许多个别现象中提炼出具有普遍性的一般认知。归纳性分析对收集到的原始信息进行研究，通过抽丝剥茧的过程从中提炼概括性的结论。从逻辑严密性来讲，归纳性分析不如演绎性分析缜密。

4. 问题发现分析与问题解决分析

根据分析对象的差异性，政策分析可分为问题发现分析和问题解决分析。

问题发现分析以提出政策问题、预判潜在风险为核心关注，提出问题是政策分析的起点。提出一个好问题、准确界定利益相关者，是解决问题的前提。如果政策分析师前瞻性地提出一个利益攸关的重大议题，引起决策者的关注，将其纳入政策议程，可能会规避重大风险，带来重大收益。相反，在错误的认知下，也可能对问题做出误判。

问题解决分析是探究化解问题的有效方案。与问题发现分析相比，问题解决分析更强调技术性和可操作性，常用的分析方法有成本-收益分析法、时间序列分析法、决策树分析法、统计分析法等。一般而言，经济学更偏好量化分析方法，政治学更偏好案例分析方法。

11.2 政策分析的过程

政策分析运用多学科的知识和方法，致力于提出和优化政策方案。对于同一政策现象，研究者运用的理论和分析方法不同，也会形成差异化的问题界定。尽管如此，我们仍可归纳政策分析的总体过程。

11.2.1 构建政策问题

问题构建是政策分析的起点，提出政策问题需要对特定政策领域的基本情况有所了解。为此，分析者需要收集专题资料，有针对性地开展调研，了解政策领域的实际情况。分析者不可能掌握特定问题的所有信息，需要根据搜寻获得的信息判断和感知问题情势，形成问题意向。问题意向是个人判断的结果，带有主观性。

政策问题的构建过程包括四个相互联系的阶段：问题感知、问题搜寻、问题界定、问题详述（见图 11-2）。成功的问题构建要求分析者清晰、准确地阐述政策问题。如果提出的问题含糊不清或者对问题的界定出现错误，则会误导后续的政策分析。从这个意义上来讲，准确构建政策问题在很多时候比正确地解决问题更为重要。[①] 如果对问题的界定具有前瞻性，后续的政策分析则会形成乘数效应。

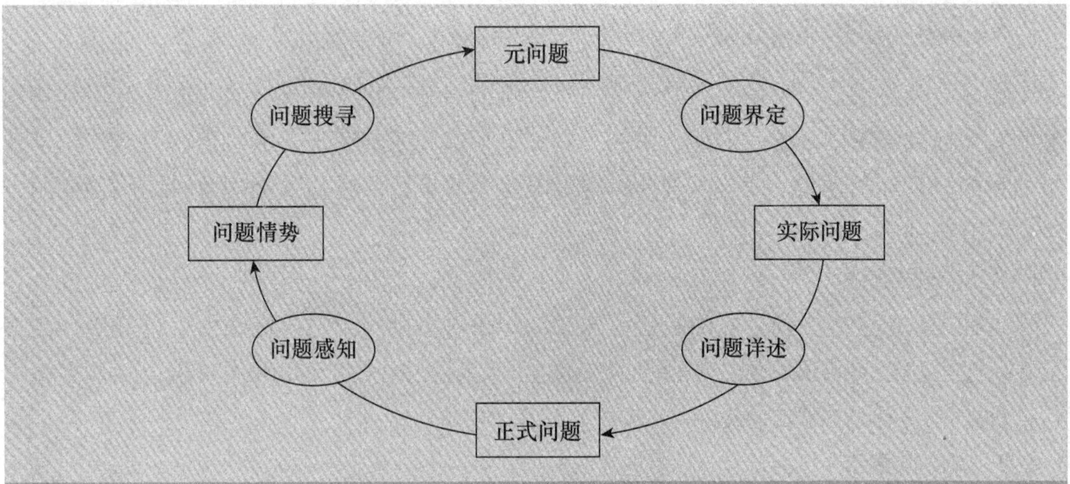

图 11-2　构建政策问题的步骤

资料来源：邓恩．公共政策分析导论：第 4 版．北京：中国人民大学出版社，2011：58.

政策分析者会借助一些政策模型来阐述政策问题。其中，描述性模型一般用于解释产生政策问题的原因，预测政策行动的结果；规范性模型的功能不在于解释或预测，而是要凸显某些价值或社会福利。

构建政策问题要运用一些方法，常用的有边界分析法、类别分析法、头脑风暴法、多视角分析法。[②]

（1）边界分析法。它通过评估和界定问题的边界，将政策分析限定在一定的范围内。政策问题往往是相互关联的，分析者需要通过抽样调查、面对面访谈、电话访谈等方式，获得关于问题特征的描述性信息，识别利益相关者，进而界定政策问题的边界，确定哪些问题应纳入考虑范围、哪些问题当前不予考虑。

（2）类别分析法。这是对所提出的问题进行分类。在感知问题情形时，分析者会根据自身经验进行分类。类别分析有赖于一定的逻辑归类，例如将家庭分为低收入家庭、非低收入家庭等类别。分类要求依据明确的标准，具有事实依据，并且不同类别具有互相排斥性。

① 朱春奎．公共政策学．北京：清华大学出版社，2016：202.
② 邓恩．公共政策分析导论：第 4 版．北京：中国人民大学出版社，2011：67-68.

（3）头脑风暴法。这是一种鼓励专家提出关于政策问题的新观点、意见和建议的方法。头脑风暴法要求挑选对特定问题较为了解的专家，营造开放、自由的讨论氛围，在参与者都发言后再进行总结评价。运用这种方法可以帮助分析者获得关于问题情势的丰富信息，有助于进一步识别和界定问题。

（4）多视角分析法。这种方法从个人、组织、技术等多个视角分析问题情形，从而深化对政策问题及潜在解决方案的认知。

11.2.2 预测政策结果

预测政策结果，即根据一定的方法，对政策的未来变化及结果做出判断。它以政策问题的有关信息为基础，通过推理、猜测等方式，形成关于政策未来的信息。一旦确定了政策的目的、目标和方案，就可以选择一定的方法对政策结果进行预测。政策结果预测的方法主要有三种。

1. 趋势推测法

这种方法基于历史和当前的趋势对未来的结果做出推测。它假定在没有外部干预的情况下，过去和当前的现象及趋势会在未来发生。趋势推测法基于归纳逻辑从个别观察中进行推理，形成关于未来的结论。

2. 理论推演法

这种方法从一般原理或假设出发，将其运用于具体场景，预测在特定条件下会发生什么，得出一项政策的可能结果。理论推演依赖于逻辑演绎，它由大前提、小前提、结论三部分组成，大前提是已知的一般原理，小前提是具体场景，结论是将具体场景纳入一般原理之下，通过因果关系分析得出结论，用来解释和预测事物的发展。

3. 经验判断法

这种方法通常在理论数据缺乏的情况下采用，它以个人经验和洞察力为基础，对未来状态做出判断。经验判断法不依赖于归纳或演绎的过程，通常由专家或资深人士做出判断，例如德尔菲法、可行性评价等。

11.2.3 建议优先政策

提出政策建议不仅要获取不同方案及预期结果的信息，还要判断哪些结果更有价值，这就涉及价值判断。推荐一种政策方案不能仅仅基于个人偏好，还需要基于结果比较和评估。当面对两个或多个方案时，政策分析者须先收集信息，对不同方案的结果进行比较，再提出优先的方案建议。

在简单的情形下提出政策建议较为容易。例如，第一个方案 A_1 产生结果 B_1，第二个方案 A_2 产生结果 B_2，当 B_2 的价值大于 B_1 时，自然就可得出 A_2 为优先方案。然而，对复杂方案进行的比较分析面临多方面的结果，分析者需要对不同的结果进行赋值，选择具有最大值的方案。在此过程中，分析者不仅要考虑经济效益，也要考虑政治、社会、技术的可行性，需要对公平与效率、绩效与权利、个人福利与集体福利进行权衡，从而做出理性的选择。

公共决策涉及不同机关以及下属单位，对目标群体具有直接影响，不同机构的目标诉求具有差异性，行动者之间存在博弈，不同政策目标之间可能出现冲突，公共政策的选择比私人选择更为复杂。私人选择的利润、净收益逻辑有可能运用于一些公共项目，但难以运用于所有的公共管理领域。

11.2.4　监测政策结果

决策者采纳了一项政策方案后，需要监测政策实施的结果。开展政策监测（policy monitoring），分析者既要了解政策制定的目标信息，包括价值定位、总体目标、具体指标，也要收集政策实施和结果的信息①，通过数据来感知问题情势，评估政策实施的绩效状况。

政策结果监测的常用方法有以下几种：

1. 社会指标监测

这是由分析者对政策执行引起社会变迁的主观和客观指标进行监测的一种分析方法。社会指标可以是客观的，如监测失业率、住房条件低于规定标准的家庭数量；也可以是主观的，如测量市民对公园服务、公共交通的满意度。使用社会指标监测可提醒决策者注意社会变迁的某些领域，有利于提出新的政策问题。

2. 政策试验

政策试验主要包括政策实验和政策试点。政策实验适用于技术性议题，通过设定实验组和控制组，测量政策干预的结果信息，常被用于公共卫生、社会福利、药品监管等领域，适用于目标单一的政策项目，它已经成为精确检测政策结果的一种重要方式。② 政策实验也可能存在霍桑效应，导致因果推理只适用于实验环境，而在其他环境中可能并不适用。政策试点适用于综合性议题，具有多重目标，需要通过局部试点来观测实际效果。

3. 项目审计

在政策结果监测中，社会指标监测、社会实验法都注重结果，侧重于衡量政策投入和产出，而忽略了政策实施过程。项目审计的方法有利于弥补这一缺陷，它通过监测项目实施过程，促使项目规范化运作。运用项目审计方法进行监测，可提供项目实施过程中形成的重要信息。

4. 综合性案例研究

这种方法选择一项政策执行的典型案例进行跟踪研究，形成关于特定政策实施的评价。案例研究基于调研获得的第一手信息，形成关于政策结果的基本数据。这一监测方法

---

① 邓恩．公共政策分析导论：第 4 版．北京：中国人民大学出版社，2011：189.

② FAIRWEATHER G W，TORNATZKY L G. Experimental methods for social policy research. Oxford and New York：Pergamon Press，1977.

的成本较低。

上述四种监测方法各有优缺点：社会指标监测更注重结果监测，对实施过程中的信息获取较少；政策试验、项目审计、综合性案例研究可提供关于执行过程的丰富信息。需要根据议题属性，选择合适的监测方法。

11.2.5 评估政策绩效

评估政策绩效基于一定的价值导向，以事实为依据，对政策执行的结果做出评价。政策监测侧重于获得政策结果的事实信息，而绩效评估则涉及“价值”判断，需要形成结论性看法。评估政策绩效不仅要收集结果方面的信息，还要判断其价值或社会效用。政策绩效评估常用的标准有成本、效益、效率、充分性、公平性、回应性、适当性、执行力等。政策绩效评估的具体方法有很多，在前述阶段采用的方法，都可运用于政策绩效评估。

11.3 政策分析中的双重权衡

11.3.1 事实与价值的权衡

1. 事实判断与价值判断

政策分析收集的信息可区分为事实信息和价值信息。事实是客观世界的事物、事件、事态和现象；价值是一种立场和偏好，它植根于人们的信仰、生活经验或意识形态，表现为一种强烈的信念。通常而言，事实问题可通过观察、测量或计算进行感知，并在社会成员之间形成共识；对于价值问题来讲，个人判断经常存在分歧，有些分歧可以调和，有些则无法调和。政策分析既涉及对事实问题的判断，也涉及对价值问题的判断。事实判断属于描述性判断，而价值判断属于规范性判断，反映了分析者对事物发展的态度。

一种观点认为，政策分析应区分事实问题与价值问题，事实问题可通过科学的实证研究获取信息，政策分析者没必要在价值讨论方面花费时间。有学者提出，不同的个人拥有不同的价值观，并且争论也无法改变这些价值观。“当分歧源自价值观的不同时，再多的辩论也无法消除分歧。”①

另一种观点认为，政策分析不可能做到价值中立，分析者需要批判性地看待价值问题，探求通过公共政策来调和不同价值观之间的分歧。有研究者提出，“评估对事实的依赖与对价值的依赖一样多，宣称每项政策取得了高水平的绩效不仅要求政策结果对某些个人、团体或整个社会具有价值，而且要求政策绩效是为解决某一特定问题而采取行动的结果”②。

---

① 韦兰．公共政策导论．上海：格致出版社，2014：42.

② 邓恩．公共政策分析导论：第4版．北京：中国人民大学出版社，2011：248.

延伸阅读

公共决策中价值观的分歧

公共政策需要共同决策，这些共同决策决定了社会如何运行。在决策过程中，每个人都有一套自己的核心价值观。在很多情况下，一个人的核心价值观也许会与其他理性人的价值观发生激烈的冲突。没有绝对的真理，科学、技术以及任何知识探寻过程都难以改变一个人的思想。相反，宗教信仰、文化、教育以及生活经验对一个人的价值观具有重要影响。

美国关于堕胎的争论就是一个很好的例子。科学实验不能决定受精胚胎是否应该具有与充分发育的胎儿同样的权利。科学家能够测量胚胎、描述它的生长状况，甚至可以冷冻胚胎以供将来使用。但是在美国关于堕胎的激烈争论中，科学界不能够回答这样一个哲学问题：人类生命是起始于卵子受精，还是起始于婴儿出生，又或是起始于两者之间的某个阶段。

在社会问题上，基本价值观的分歧随处可见：堕胎、枪支管制、婚前性行为、校园祷告等。实际上，价值观往往是政策争论的核心。公共政策也常常迫使我们在相互冲突的价值观中做出取舍。大部分人可能会说政府应该尽可能地省钱。确实，政府有义务向纳税人保证尽可能快捷且廉价地采购所需的产品和服务。同样，有些人也许会说，为保护就业机会，政府无论在什么时候都应该优先采购国内产品和服务。

每种价值观都是很有道理的，但是不同价值观之间可能是相互冲突的，如果把这些价值观放到一起会发生什么呢？看看美国陆军更换制服的情况就知道了。

2001 年，美国陆军决定为所有士兵提供黑色贝雷帽。6 月 14 日是美国陆军的建军日，这一天也是订购的 130 万顶黑色贝雷帽交货的截止日期。美陆军总参谋长为士兵们换上贝雷帽设定了一个非常紧迫的期限，他认为此举可以“证明美军能够迅速有效地完成这一改变”。但是，由于接收订单的这家公司没有能力在最后期限前生产出这么多的贝雷帽，美国陆军便向中国、斯里兰卡、罗马尼亚、加拿大、南非能够制作贝雷帽的公司下了订单。

刚开始，美国陆军为能够在紧迫的截止日期前完成这项工作备感骄傲，但当美军穿上国外制造的制服时，这种骄傲感迅速消失了。来自新泽西州的众议员帕斯奎尔批评说：“想象一下，当我们一身制服的小伙子和姑娘摘下贝雷帽擦拭额头时，读着‘南非制造’的字样，这会是一个怎样的场景？”他宣称，“必须要有人对这一问题负责”。

当认为让美军穿上美国制造的制服比政府及时、廉价地采购到制服更为重要时，美国陆军就收回且销毁了数万顶外国制造的贝雷帽。

或者，让我们考虑一下正在进行的反恐努力。大部分人认为保护国家免遭恐怖分子的袭击应该是政府的首要任务之一。但是，也有一些人认为个人自由是需要坚持的核心价值观。在没有确凿证据证明一个人有罪时，应该限制政府侵犯个人隐私。广泛的监控对预防恐怖袭击是非常必要的，但是这也导致了国家安全优先与个人自由优先的观点发生冲突。很多公共政策问题迫使我们在不同的价值观中进行取舍。

资料来源：韦兰．公共政策导论．上海：格致出版社，2014：30－32.

2. 实证主义取向与价值中立

受科学主义的影响，政策分析存在一种实证主义取向，主张将数理逻辑方法与经验主义结合起来，形成基于证据的理论建构。实证主义的基石是经验证实原则，它强调任何命题只有在能被证实或证伪时才具有意义，不可证明的“形而上学”问题是毫无意义的“虚假问题”。

西方社会科学曾经掀起行为主义革命，强调对人类的行为进行研究。行为主义者认为，个体的偏好会通过行为表现出来，集体行为是个体行为的聚集。行为主义研究主张运用科学方法，对研究对象进行实证分析。在实证主义看来，观察、解释和预测是科学的正当目标，价值问题不属于科学问题，不是科学研究的正当主题。

实证主义将事实问题与价值问题区分开来，主张政策分析人员应致力于事实分析，解释和预测政策结果，主要探究“是什么”，而不是回答“应该做什么”。实证主义研究具有局限性，它一味地强调价值中立和研究手段的科学化，使社会科学远离了国民情绪，行为主义研究远离了宏观层面的制度分析，难以预测现实世界的重大变化趋势。①

3. 共识规范取向与价值选择

由于实证主义对社会发展的重大变迁缺乏预测能力，20 世纪 70 年代以来，这一分析路径受到了不少的批评。价值包括各种需求、需要、利益或偏好，它与政策目的密切相关。人们都追求美好生活、幸福生活，至于什么是美好生活，是一个价值判断问题，不同的个人具有差异化的理解。政策选择是对“社会价值的权威性分配”②，在既定的制度规范下，政策分析人员需要对多样化的价值诉求进行排序。

为了提升政策分析的公信力，一些共识性的价值规范必须得到遵守，成为不证自明的基本原则。例如，公民本位、社会福利最大化、公众参与等。这些规范能够增进公共利益，只有与这些共识性的价值规范相一致的行为才是正当行为。

在共识性规范导向下，政策分析形成了后实证主义的方法，包括新制度主义分析法、

---

① 在美国社会学界，受实证主义影响而兴起的行为主义研究，对 20 世纪六七十年代发生的民权运动、学生运动和越南战争等重大政治事件缺少预测能力，这引起了理论家的反思和批判。1984 年，马奇、奥尔森发表《新制度主义：政治生活中的组织因素》一文，指出组织和法律制度乃是政治生活的主导者，集体决策不是个体偏好聚集的结果，而是决策规则影响的产物，而且集体决策无法还原为个体偏好。他们提出重新复兴制度分析的作用。参见：MARCH J G，OLSEN J P. The new institutionalism：organizational factors in political life. The American Political Science Review，1984，78（3）：734－749；MARCH J G，OLSEN J P. Rediscovering institutions. New York：The Free Press，1989.

② 伊斯顿．政治体系：政治学状况研究．北京：商务印书馆，1993：123.

利益相关者分析法、参与式分析法等。后实证主义的方法注重将科学知识与共识性规范结合起来，将利益相关者参与、协商民主等价值诉求纳入政策分析之中。[①] 政策分析需要识别利益相关者，收集不同群体的诉求和意见，形成包容性方案，从而兼顾各方诉求，寻求共识性的政策方案。

11.3.2　政府与市场的权衡

福利经济学从政府与市场的关系出发，通过分析市场失灵的领域，提出公共政策发挥作用的手段和方法，为政策分析提供了重要的理论资源。[②] 市场是一种高效率的资源配置方式，然而，市场机制不是万能的，也存在市场失灵的问题，需要通过政府手段来弥补市场缺陷。

1. 市场机制的功能

市场机制是一种富有效率的资源配置方式，它具有以下功能：

(1) 需求满足功能。需求满足功能是市场发挥的最基本的功能。由于个人偏好不同，各自的需求也是千差万别的。这种复杂的社会需求是任何中央计划者都无法准确预测的。只有依赖于市场交换才能满足消费者的多样化需求，并引导生产者提供多样化的商品和服务。

(2) 情报传递功能。市场是各种经济情报的集散地，它通过价格变化传递和反馈供求关系、产品质量、竞争情况等市场信息，帮助生产者、经营者和消费者了解市场行情，做出理性选择。

(3) 资源配置功能。市场机制依靠价格杠杆的传导作用对社会资源进行优化配置。当某种商品供大于求时意味着生产过剩，反之意味着资源投入不足。市场供求的这种变化会引导经营者扩大或缩小生产规模。市场还可以调节产品和产业结构，实现资源合理流动和优化配置。

(4) 激励创新功能。市场竞争具有优胜劣汰的功能，一种商品或服务是否能够满足消费者的需要、是否能为社会所接受，最终要通过市场进行检验和评价。市场竞争促使经营者不断改进生产和经营条件，提高劳动生产率，推进技术进步。

2. 市场失灵问题

市场失灵主要表现在以下几个方面：

(1) 公共产品问题。公共产品的消费不排他，个人即使没有付费也能够享受好处，因此人们普遍存在“搭便车”的心理，希望别人提供公共产品而自己坐享其成。福利经济学认为，单纯依靠市场机制难以实现公共产品的有效供给，政府有责任矫正市场失灵，提供

---

① 海涅曼，布卢姆，彼得森，等．政策分析师的世界：理性、价值观念和政治．北京：北京大学出版社，2011：33.

② 韦默，维宁．政策分析：理论与实践．上海：上海译文出版社，2003；韦兰．公共政策导论．上海：格致出版社，2014.

公共产品和公共服务。

（2）外部效应问题。由于存在外部效应，交易双方在经济活动中可能给第三方带来额外的收益或损害。如果一种行为具有正外部效应，常常会出现供给不足的问题；在缺少外部约束的情况下，负外部效应的行为则会受到激励。鉴于此，政府需要采取措施遏制具有负外部效应的市场行为，对具有正外部效应的行为提供激励。

（3）市场垄断问题。当出现市场垄断现象时，厂商可以通过控制产量来提高价格，形成远高于成本的价格，导致社会福利的损失。垄断市场缺少竞争，也会抑制技术创新，降低经济效率。在福利经济学看来，政府需要监管自然垄断领域，防止垄断厂商操纵市场。

（4）信息不对称问题。传统经济学假定在市场交易中，生产者和消费者拥有充分信息并据此进行理性决策。然而，在市场交易中，各方占有的信息总是不对称的，一方处于信息优势地位，另一方处于信息劣势地位。以医疗市场为例，医生知道各种药物的价格和疗效，病人处于信息劣势地位。医生有可能为了得到回扣滥开高价药，导致道德风险。信息不对称还可能导致逆向选择问题，即劣质产品驱逐优质产品。信息不对称无法从根本上消除①，政府需要采取措施矫正信息不对称造成的不良影响，如整治虚假广告、打击假冒伪劣产品等。

（5）分配不公问题。由于天赋和能力存在差异，即使个人被赋予相同的发展权利和机遇，其收入水平也可能相差很大。市场机制会扩大收入差距，导致贫富分化。市场不均衡导致不同生产要素的收入存在差距，也会引发分配不公的问题。因此，政府需要提供社会保障，维护社会公平。

（6）宏观经济问题。市场经济建立在分散决策的基础上，各种经济主体依据市场发出的价格信号进行自主决策。市场供求关系引起的价格变化具有时滞性，决策者做出反应也有时滞性，从而引起市场总供求失衡。虽然市场可以自发地进行调节，但这种调节具有滞后性。在市场机制的自发作用下，宏观经济难免会发生周期性的波动。政府可通过财政、税收、货币等政策工具保障宏观经济稳定。

3. 政府失灵问题

市场失灵问题为政府管理提供了正当性。政府管理的基本使命在于：弥补市场失灵，提供公共产品和公共服务；对具有正外部效应的行为提供激励，遏制具有负外部效应的市场行为；监管市场垄断现象，遏制不良影响；矫正信息不对称的不良影响，整治虚假广告、打击假冒伪劣产品等；提供社会保障，维护社会公平；通过财政、税收、货币等政策工具保障宏观经济稳定。

---

① 信息不对称难以被消除，原因在于：（1）社会分工造成信息不对称，通常所说的“隔行如隔山”就是这个道理。（2）信息搜寻需要支付成本，包括时间、精力、费用。（3）信息优势者的策略行为。信息优势者为了获取主动权，往往会垄断真实信息，发出虚假信息，误导消费者和竞争者。参见：王俊豪．政府管制经济学导论．北京：商务印书馆，2001：352－353.

政府也存在失灵问题，具体表现为：

（1）政府部门扩张。政府干预市场需要设置一定机构安排专职人员。行政学研究早就发现，政府具有一种天然的扩张倾向，机构膨胀、人员增加、财政预算规模越来越大。

（2）公共决策失误。科学的公共决策需要充分的信息提供支持，信息分散在无数的个人之间，政府不可能全面了解市场信息从而导致决策失误。政府决策还受到决策者偏好的影响。

（3）政策执行低效。即使政府制定了一项好政策，在执行环节也会出现失灵问题。执行方法不当、执行人员素质不高、沟通和协调不到位等都会影响执行效果。

（4）再分配不公。市场机制导致初次分配收入差距悬殊，然而政府介入也存在再分配不公的问题。各种利益集团为谋求小团体利益常常与政治家、官员结成联盟，政治家批准项目，官员实施项目，利益集团从中得利。

（5）政府腐败。政府部门和官员以权谋私，常见的政府腐败领域主要有经济管制、行政审批、特许经营、配额限制等。

4. 政府与市场的权衡

在一些领域，人们期望政府介入解决市场失灵问题，结果发现政府干预反而降低了资源配置效率。公共选择学者指出，政府由政治家和公务员组成，他们也是经济人，人们必须破除凡是政府都会一心一意为公众谋利益的观念。

由于市场和政府都存在失灵的情况，政策分析的目的就是要找到解决问题的更好方法。政策分析经常采用成本-收益分析方法，探讨如何以较小的投入获得同样的产出，或者如何才能以同样的投入获得更大的产出。由于经济收益不是唯一的社会价值，政策分析还需要考虑人的尊严、分配的公平性、个人权利的平等性等因素。为了保护生态环境，决策者和公众也愿意放弃一部分经济效益。

11.4　政策论证与知识应用

11.4.1　政策论证的含义和要素

1. 政策论证的含义

政策分析采用合适的方法来审查和处理大量信息，通过批判性思考，论证一项政策主张的理由。政策论证（policy argumentation）是交流政策分析结果的过程，它通过建构政策问题、提出政策主张、分析背后的假设、讨论政策方案的优点，使人们能够对政策相关信息及分析结果做出判断。

政策论证需要运用知识，包括事实性知识（确定性知识）和价值性规范（协商性知识），为政策主张提供有力支持。公共政策是由语言组成的。无论采用书面形式还是口头形式，论证对政策过程的所有阶段都是十分重要的。①

政策论证提出的政策主张，可分为提示性主张、评价性主张、倡议性主张三种类型。提示性主张关注事实性问题，即可观察到的结果是什么、具有哪些特征。评价性主张关注价值性问题，一般采用“好”“坏”“有效”“公平”“民主”等评价性词汇。倡议性主张关注政府的选择问题，即应该采用何种政策、必须实施哪些措施，其论证依赖事实和价值的支持。

2. 政策论证的要素

政策论证的构成要素主要包括四个部分②：

（1）相关信息。它是政策分析的起点，包括政策分析各个环节所产生的信息。政策论证要求呈现的信息与既定的政策议题密切相关。

（2）政策主张。根据相关信息进行推理得出的结论，它可以是规范性的命题，如“公共财政应加大基础教育投入”；也可以是描述性的结论，如“未来 10 年城镇化率提升 8 个百分点”。规范性的命题需要提供价值或伦理上的理由；描述性的结论需要提供事实依据，或通过因果推理予以证明。

（3）立论依据。这是对政策主张的论证，证明从相关信息到政策主张的因果关系是强有力的。在不同政策领域，政策论证所依赖的依据具有差异性。立法工作通常运用个案比较，经济调控注重数据分析。立论依据可以是支持性的，为立论提供理论或证据支持；也可能是反驳性的，对竞争性的政策主张及论证提出质疑，降低其可信度。

（4）修饰语。通常为形容词或副词，如“无疑”“通常”“必然”等，用以描述因果关系成立的限定条件。政治家偏好用绝对肯定的修饰语来陈述政策主张，加入“毫无疑问”“唯一正确”之类的修饰语，可强化某种政策立场。这种表述容易给批评者提供反驳的依据。为了提升论证的严谨性和可信度，需要选择合适的修饰语。

政策论证是一个持续的过程。为了回应批评性的声音，政策分析人员会吸收合理意见，提出新的分析视角，提供新证据，进一步完善政策论证报告。

11.4.2 政策论证中的知识应用

政策论证需要利用已有知识，知识应用是提升政策论证质量的关键所在。同时，政策论证也会生产新知识，例如通过对政府报告进行文本分析，提供关于政府优先事项及变迁趋势的信息。

---

① MAJONE G. Evidence，argument and persuasion in policy process. New Haven，CT.：Yale University Press，1989：1.

② 邓恩．公共政策分析导论：第 4 版．北京：中国人民大学出版社，2011：14－15.

1. 知识应用的影响因素

知识应用是个动态的过程，既要导入新知识，也要对组织（个人）的原有知识进行整合。有研究者提出，知识应用可分为知识传递、知识吸收、知识利用三个步骤①，最终目的是让接受者能有效地吸收和利用知识。影响知识应用的因素很多，它既与知识的特性有关，也与个人、组织自身的因素相关。

罗杰斯通过研究创新的扩散，分析了影响个人和组织采纳新知识意愿的因素，主要有相对优势、兼容性、复杂性、可试性、可观察性。②

（1）相对优势。相对优势是指与已有的知识相比，新观念、新知识、新技术的优越程度。相对优势通常以经济利益、社会声望等指标来衡量。接受新知识并付诸应用需要付出成本，如果一项新技术、新知识带来的政策创新能够降低交易成本，创造新价值，相对优势显著，越来越多的个人和组织就会应用该知识。新知识应用能够提升政策制定的正当性，给决策者带来社会名望，也有利于新知识的推广应用。

（2）兼容性。兼容性是指新知识与目前的价值体系、过去的经验以及社会需求的一致程度。如果新知识与现行的社会价值与信仰体系兼容，与人们已经接受的观念兼容，有利于满足客户的需求，应用新知识可以更好地实现政策目标，并且不确定性较低，就有利于其普及应用。

（3）复杂性。理解和应用新知识的相对难度，也会影响其应用情况。通常而言，某项新知识、新技术的复杂性与其采用率成反比。

（4）可试性。可试性是指新知识可以在局部范围内被试验的程度。与不能进行试验的知识应用相比，可在小范围内进行试验的知识应用更容易被人们接受。局部试验可提供证据，以检验新知识应用是否符合需求。

（5）可观察性。新知识应用的效果能够被观察到，也是一项知识应用的重要变量。知识应用效果的可见性与它的采用率成正比关系。

延伸阅读

创新的决策过程

个人对创新做出决策不是一瞬间的行动，它是在一段时间内发生的影响力行为和动作。以玉米新品种的扩散为例，农民不会冲动地做出采用新品种的决定。事实上，一般农民都会先从特定来源或传播渠道了解其创新，然后寻求进一步的信息，接着会利用一

① DAVENPORT T H，PRUASK L. Working knowledge：how organizations manage what they know. Boston：Harvard Business School Press，1998.

② 罗杰斯．创新的扩散：第 5 版．北京：电子工业出版社，2016：17－18.

小块土地来试种，最终在几年以后，农民才会完全接受这项农业创新。

创新的决策过程包括五个阶段，分别是认知、说服、决策、执行和确认。

（1）认知阶段：个体（个人或其他决策单位）接触到某项创新，并了解到它的功能。

（2）说服阶段：个体对创新形成赞成或反对的态度。

（3）决策阶段：个体做出接受或拒绝创新的选择，决定采用或反对该项创新。

（4）执行阶段：个体采纳了该项创新，将创新投入使用。

（5）确认阶段：个体确认所做的决策，如果出现与先前阶段矛盾的信息，个人也可能更改之前的决策。

创新的决策过程是搜集并处理信息的行为过程，其目的在于减少创新带来的不确定性。认知阶段的主要目的是搜索创新信息，包括创新的技术、因果关系中不确定的信息、创新解决问题的能力等。在这个阶段，个体想了解某项创新是什么、如何运作。在此阶段，大众传媒可以很好地完成信息的传递。在说服和决策阶段，个体会去搜寻创新评估的信息，以减少创新结果的不确定性。个体会根据自己的实际情况来评价创新的优缺点。同一个圈子内的沟通是传递此类信息的最有效途径。

在创新的决策过程中，意见领袖发挥着重要作用，他们可以推进或阻止新理念的传播。意见领袖与外界的接触较多，处在人际关系网络的中心点。他们具有较高的社会和经济地位，具有创新精神，可以通过非正式的渠道，比较频繁地影响其他人的态度和行为。

资料来源：罗杰斯．创新的扩散：第5版．北京：电子工业出版社，2016：175－177.

2. 知识应用的发生过程

从动态过程来看，知识应用可分为四个环节，分别是任务分析、获取知识、理解知识和应用知识（见图11－3）。①

（1）任务分析。这是知识应用的起始阶段。任务分析需要研判研究任务，清晰界定目标和任务是知识应用的前提。在任务分析阶段，论证者需要明确研究任务，评估团队的已有知识存量及与研究任务的匹配性。如果知识储备不足，难以在规定时间内完成任务，就不得不放弃任务。

（2）获取知识。知识的应用具有目的性，是针对某一特定任务而开展的。在获取知识的过程中，分析者需要快速查阅相关领域的已有知识，获取并掌握相关知识。

（3）理解知识。为了开展政策分析和论证，分析者不仅需要搜寻新知识，还需要具有较强的学习能力，能够理解并接受新知识。

（4）采纳知识。在这一阶段，分析人员将获得的新知识付诸应用，并对应用效果进行评估。如果新知识的解释或论证能力不足，分析者就要重新搜寻并获取新知识。

① 刘丛军，武忠．组织的知识应用过程研究．现代情报，2008（1）．

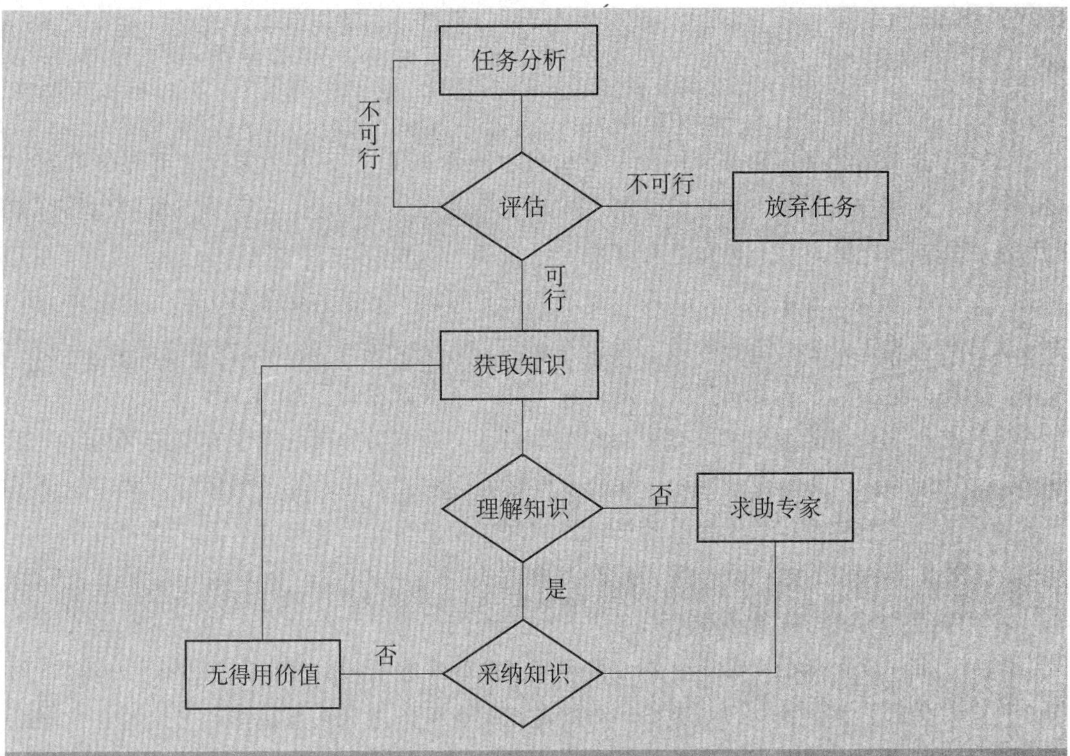

图 11－3　政策论证中知识应用的发生过程

资料来源：刘丛军，武忠．组织的知识应用过程研究．现代情报，2008（1）.

11.5　政策分析师的伦理道德

11.5.1　政策分析师的角色

政策分析师是从事政策问题研究、提供决策咨询服务的专业人士，他们在政策制定中发挥着重要作用。在传统上，政策分析师被认为应当坚持实证主义，力求用客观事实和指标来分析问题，致力于寻求最优解决方案。随着后实证主义分析的兴起，政策分析师也要担负利益协调者的角色，注重倾听并协调多方利益。

1. 实证主义逻辑的政策分析师

实证主义主张通过科学的方法对社会现象进行归纳，形成经验性知识。在实证主义逻辑看来，只有在实证分析中得到检验才能获得关于政策问题的真知。在此逻辑下，政策分析师的角色定位是真实感知社会问题，提出政策问题，调研收集并加工相关信息，通过专业研究探寻解决方案，为政策制定提供决策参考。

在实证主义逻辑下，政策分析师宣称“价值中立”，政策分析注重技术测量，推崇量化研究，力求用客观指标来分析问题，尽可能避免主观性、情感性判断。实证主义分析力求超越各种利益诉求和政治争论，通过收集信息形成对真实情境的客观判断，提升政策分析的科学性、专业性。

实证主义的政策分析存在以下问题：

（1）对公众情绪反应不够灵敏，容易引发社会争议。实证主义分析注重科学界定问题，致力于运用技术手段寻求最优方案。如果不考虑公众情绪因素，分析人员提出的方案有可能引起强烈批评，甚至激化社会矛盾。

（2）价值考量过于主观化，存在“专家专制”问题。实证主义分析宣称“价值中立”，实际上常常根据个人偏好进行评判。在陈述事实时，分析师对故事的还原也具有主观性。结果，一些分析师以个人选择代替公众选择，存在“专家专制”问题。①

（3）注重应用一般性知识，轻视地方性知识。实证主义分析凸显了专家的作用，专家注重运用一般性知识进行推理判断，而公众偏好和诉求被看作补充性的信息，对特定情境下的地方性知识不够重视。为提升政策建议的理性和正当性，政策分析需要整合应用一般性知识和地方性知识，在更大范围内凝聚共识。

2. 协商民主逻辑的政策分析师

在对实证主义逻辑的质疑中，协商民主逻辑的政策分析得到发展。协商民主逻辑也称后实证主义逻辑，主张建立政策论坛，将利益相关者纳入进来，通过沟通和论辩，在对话中协调立场。在此逻辑下，政策分析师的角色定位是：在多元利益诉求的博弈和论辩中，以“圈外人”的身份介入政策问题，通过与政策制定者、利益相关者进行交流，听取各方意见，调和各方观点，寻求共识，提出各方都可能接受的政策建议。

协商民主逻辑凸显了公众参与和协商讨论的价值。在这一逻辑看来，政策分析中的协商辩论就如同法庭辩论一样，利益相关方引用与问题情境相契合的判例、法规，用以支持自身立场，通过列举证据、陈述理由进行互动交流。在相互质询中，人们接近事实真相，经受住各方考验的观点更为可靠。基于协商民生逻辑，政策分析师的角色从客观事实的判断者转变为多元利益的协调者，其任务是促使利益相关者超越自身利益，增进理性协商，寻求各方都能接受的解决方案。②

协商民主逻辑要求政策分析师运用通俗易懂的语言，解释各种技术问题，协助公众和利益相关者进行交流。③ 政策分析师需要与利益相关者合作，共同探讨事实争议，通过协商和对话凝聚共识，提出解决问题的政策建议。④ 在此逻辑下，政策分析师更像是沟通专

---

① LIEBERMAN J. Tyranny of experts：how professionals are closing the open society. New York：Walker，1970.

② 何鉴孜，李亚．从“裁决者”到“协调者”：冲突解决视角下政策分析师的角色变迁．广东行政学院学报，2014（4）.

③ FISCHER F. Citizen participation and the democratization of policy expertise：from theoretical inquiry to practical cases. Policy Sciences，1993，26（3）：165－187.

④ KELLY M，MAYNARD-MOODY S. Policy analysis in the post-positivist era：engaging stakeholders in evaluating the economic development districts program. Public Administration Review，1993，53（2）：135－142.

家、协调专家。

基于协商民主逻辑，政策分析师须做好以下工作：

(1) 识别利益相关群体。在界定政策问题后，政策分析师须识别利益相关者，区分相关者群体，了解利益群体的诉求和感受。

(2) 开展互动讨论。在互动交流中，不同观点得到表达和检验，这往往比专家论证更有利于澄清客观事实。

(3) 协调利益诉求。协商民主要求提供集体论坛，为不同利益群体表达诉求提供平台，倾听各方利益群体表达，对不同诉求进行协调。

(4) 发现公共利益。探寻公共利益应尊重个人选择的多元性，在多元诉求和价值偏好之间集聚共识，发现公共利益。

(5) 提出政策建议。政策分析是寻求政策共识的过程，政策分析师既要应用一般性知识，也要应用地方性知识、情境性知识，提出具有共识性的政策建议。

3. 现实世界中的政策分析师

在现实世界中，政策分析师的角色具有多样性。韦默、维宁根据分析技能、对客户负责、坚持美好社会的价值信念三个维度，将政策分析师的角色定位分为三种类型：技术专家 (objective technician)、客户支持者 (client's advocate)、议题倡导者 (issue advocate) (见表 11-1)。[①]

表 11-1 政策分析师的不同角色定位

角色定位	分析技能	对客户负责	坚持美好社会的价值信念
技术专家	• 优先考虑因素 • 关注政策方案的结果预测	• 次要考虑因素 • 与客户保持距离	• 次要考虑因素 • 由客户进行价值权衡
客户支持者	• 次要考虑因素 • 利用不确定性提高客户地位	• 优先考虑因素 • 对客户忠诚	• 次要考虑因素 • 与客户保持价值一致
议题倡导者	• 次要考虑因素 • 利用不确定性提升解释力	• 次要考虑因素 • 选择性接受客户委托	• 优先考虑因素 • 将政策分析作为推进改革的工具

资料来源：韦默，维宁．政策分析：理论与实践．上海：上海译文出版社，2003：43.

(1) 技术专家的角色定位。这一定位将政策分析师视为客观的技术专家，他们运用专业技能，针对政策问题提出客观建议。在这一定位看来，价值选择应交由客户去完成，政策分析师不必在不同的价值诉求之间进行权衡。基于技术专家的定位，政策分析师偏好于运用经济学、统计学等分析方法。

(2) 客户支持者的角色定位。这一定位强调政策分析师要对客户负责，他们受到客户信任，接受客户委托，参与政策制定，应该对客户忠诚，遵守与客户签订的保密协议。客

① 韦默，维宁．政策分析：理论与实践．上海：上海译文出版社，2003：41.

户支持者的角色定位也追求分析技能，但这并非优先追求。政策分析师接受客户委托，自身的政策偏好被置于次要位置。

（3）议题倡导者的角色定位。这一定位强调政策分析师要坚持美好社会的价值信念，关注公共利益，成为政策改革的推动力量。在此定位下，政策分析师是政策制定的合法参与者，是某些群体利益的捍卫者，具有义不容辞的责任担当。在议题倡导者的定位下，政策分析师的使命感优先于对客户的忠诚度，他们选择性地接受客户委托，履行合同规定的责任。

11.5.2 政策分析师的职业伦理

1. 政策分析师的社会身份

政策分析师有的就职于公共部门和非营利机构，有的就职于咨询公司，他们掌握着专业知识和分析技术，致力于为公共部门、私人机构提供专业化服务。政策分析师生活在现实世界中，具有三种不同的社会身份。

（1）普通社会人身份。政策分析师是社会成员中的一分子，其价值观和处理事情的方式受到社会大环境的影响。政策分析师与社会人具有相似的行为准则，需要尽职工作，保持工作效率。他们关注收入状况，喜欢和上层人物拉关系，以便在必要时“留个门路”。

（2）知识分子身份。作为受过高等教育的知识分子，政策分析师的价值取向和精神世界不同于普通老百姓。作为“读书人”，他们具有更强的社会责任意识，对弱势阶层具有同情心，在情感上对底层民众具有“救世”心理。

（3）政策专家身份。政策分析师具有专业背景，对政策决策的影响更大，他们具有更强的使命感，致力于运用知识改进治理。为了获得工作成就感，他们愿意学习新知识，注重运用新方法，提升政策论证的效果。

2. 政策分析师的价值冲突

根据距离决策圈的远近，政策分析师分为内部专家和外部专家。内部专家具有更多的机会接触内部信息，需要保守涉密信息，在社会交往中谨慎使用相关数据，避免将客户计划泄露出去。相对而言，外部专家更为独立，基于个人判断进行评论，甚至公开辩论。

在一些情况下，客户也会对政策分析师施加压力，要求“编造”事实、调整数据、提出缺少依据的结论。面对这种情况，政策分析师应该如何处理呢？韦默、维宁将政策分析师应对价值冲突的反应分为三种情形：发言、退出和不忠。[①] 如果政策分析师被要求为不受欢迎的政策提供背书，而政策分析师认为该政策极不合理，简单服从安排是不道德的，他可保持沉默，或提供事实性数据，让公众自行判断。当面临巨大压力，且没有回旋余地的时候，政策分析师可能会选择退出。只有在极其特殊的环境下，政策分析师的揭露内幕行为才可能被社会接受。当一个项目可能导致法定规则或伦理受到破坏，导致重大损害，

① 韦默，维宁．政策分析：理论与实践．上海：上海译文出版社，2003：44.

且具有确凿的证据，告密行动才可能被视为“合乎道德”。[①]

3. 政策分析师的职业伦理

近年来，随着智库的兴起，政策分析师成为一种职业选择。面对现实需求，高校开设公共政策专业，培养政策分析人员。政策分析行业健康发展需要制定职业伦理规范，为从业人员提供行动指南。

作为社会的一分子，政策分析师须遵守对社会核心价值观、个人品德的基本要求，如爱国、敬业、诚信、正直。除此之外，政策分析师还须遵守以下职业伦理：

（1）增进公共价值。政策分析师为政策制定提供辅助支持，公共政策是对社会价值的权威性分配，政策分析师应当以增进公共价值为使命。

（2）对客户负责。政策分析师一旦接受客户委托，就要对客户负责，认真履行合同约定，保守接触到的机密信息。在政策分析中，政策分析师要考虑客户需求，避免受到特殊利益支配，扭曲政策分析的结果。

（3）区分事实问题与价值问题。事实问题可通过科学方法分析客观情势，对结果和趋势做出判断；对于价值问题，政策分析师须听取利益相关者的意见和建议，对不同诉求进行整合，不能把个人价值观当作不需要证明的前提假设。

（4）保障利益相关者参与。政策分析师须遵循协商民主的基本规则，把自己看作不同利益诉求的协调者，经常与公众保持沟通。政策分析师可通过问卷调查、听证会、座谈会、访谈等途径，接触利益相关者，收集相关信息。

（5）掌握决策系统的运行规则。政策分析是对特定情境下政策问题、行动和结果的预测，为了提升分析的准确性，政策分析师需要掌握决策系统的运行规则。

11.5.3　如何提升政策分析的影响力

随着专业智库的建立和发展，政策分析已经成为政府决策的重要辅助手段。通过对政府决策中政策知识的应用进行研究，卡普兰认为政策研究人员和决策者的世界观和信仰体系具有差异性，在很多时候，决策者并不直接采纳政策分析的成果。[②]

在不确定的政治环境下，政策分析师需要准确认知环境因素，搞清楚决策发生的政治背景，了解决策者的成就动机，把握政策研究的时机，采用恰当的研究方法。政策分析师需要应用多学科的知识，运用定性和定量研究方法，增进对政策问题的认知。要想成为一名优秀的政策分析师，需要从以下几个方面提升自身素养：

1. 采用历史和比较分析的视角

政策分析师不能局限在狭窄的时空范围内讨论问题。[③] 如果缺少历史和比较的视角，

---

① FRENCH P A. Ethics in government. Englewood Cliffs，N. J.：Prentice Hall，1983；韦默，维宁．政策分析：理论与实践．上海：上海译文出版社，2003：53.

② CAPLAN N. The two-communities theory and knowledge utilization. American Behavioral Scientist，1979，22（2）：459－470.

③ DROR Y. On becoming more of a policy scientist. Review of Policy Studies，1984，4（1）：14.

对政策变迁的理解能力就会受到限制。政策分析师需要具有广泛的阅读面，能够对相关领域的发展趋势做出预测。

2. 了解决策规则和程序

政策决策发生于既定的制度场域，政策分析师不能仅从理论出发，单纯依靠逻辑推演提出政策建议。政策分析师需要掌握政策决策的规则、程序和原则，了解它们是如何塑造公共政策的。①

3. 运用跨学科知识

政策分析师需要拓展知识面，运用多学科的理论、知识与方法，深化对问题情势和对策的理解。

4. 识别并聚焦关键议题

现实世界中政策问题无穷无尽，政策分析师的时间和精力有限，需要识别并聚焦根本性议题，力求“牵一发而动全身”，形成连锁反应。

5. 收集第一手数据

政策分析师需要开展调研，倾听利益相关者意见，了解真实问题，通过不同渠道获取信息，进行交叉检验，提高事实判断的准确率。

6. 遵守职业伦理

政策分析师既涉及事实判断，也涉及价值判断，需要倾听利益相关者意见。政策分析师还需要在客户忠诚与公共利益之间保持平衡。

本章小结

政策分析强调以问题解决为导向，注重应用性研究。政策分析涉及事实问题和价值问题的判断。事实判断属于描述性判断，价值判断属于规范性判断。政策分析不可能做到价值中立，分析人员需要在多元价值诉求之间进行权衡。政策分析也要在政府与市场机制之间进行权衡。与市场失灵一样，政府行为也存在失灵问题，政策分析就是要找到解决问题的更好方法。

在政策分析中，分析人员需要提出政策主张，应用相关知识，开展政策论证。政策分析强调实证主义，即用客观事实和指标来分析问题，致力于寻求最优解决方案。逻辑实证主义容易忽略公众的情绪和感受，存在“专家专制”问题。协商民主逻辑的政策分析主张建立政策论坛，将利益相关者纳入进来，支持各方通过对话协调立场。

任何行业的健康发展都需要制定职业伦理规范，为从业人员的行为提供指南。作为社会的一分子，政策分析师需要遵守社会核心价值观、个人品德的基本要求。除此之外，政策分析师还须遵守以下职业伦理：增进公共价值；对客户负责；区分事实问题与价值问

① 海涅曼，布卢姆，彼得森，等．政策分析师的世界：理性、价值观念和政治．北京：北京大学出版社，2011：序言．

题；保障利益相关者参与；掌握决策系统的运行规则。

关键术语

政策分析　政策问题　价值中立　政策论证　政策分析师　实证主义　协商民主

复习思考题

1. 简述政策分析的信息收集任务。
2. 简述前瞻性分析与回溯性分析的区别。
3. 简述描述性分析与规范性分析的区别。
4. 简述演绎性分析与归纳性分析的区别。
5. 试论政策分析的五大阶段及其任务。
6. 政策分析师是否要坚持“价值中立”？为什么？
7. 市场失灵表现在哪些领域？
8. 政府失灵表现在哪些领域？
9. 简述政策论证的构成要素。
10. 简述政策论证中知识应用的发生过程。
11. 基于协商民主逻辑，政策分析师应当如何开展工作？
12. 在真实世界中，政策分析师具有哪几种角色定位？
13. 政策分析师应遵守哪些职业伦理？

参考文献

REFERENCE

罗茨．如何管理政策网络．中国行政管理，2015（11）.

安德森．公共决策．北京：华夏出版社，1990.

奥斯本，盖布勒．改革政府：企业精神如何改革着公营部门．上海：上海译文出版社，1996.

奥斯特罗姆．公共事物的治理之道．上海：上海三联书店，2000.

白胜．国外管理理论建构研究述评：三种逻辑推理的视角．科技进步与对策，2017（4）.

萨巴蒂尔，詹金斯-史密斯．政策变迁与学习：一种倡议联盟途径．北京：北京大学出版社，2011.

鲍姆加特纳，琼斯．美国政治中的议程与不稳定性．北京：北京大学出版社，2011.

蔡定剑．中国人民代表大会制度．北京：法律出版社，1998.

曹沛霖．西方政治制度．北京：高等教育出版社，2000.

曾令发．政策溪流：议程设立的多源流分析．理论探讨，2007（3）.

陈玲，林泽梁，薛澜．双重激励下地方政府发展：新兴产业的动机与策略研究．经济理论与经济管理，2010（9）.

陈庆云．公共政策分析．北京：北京大学出版社，2006.

陈振明．公共政策分析导论．北京：中国人民大学出版社，2015.

戴伊．自上而下的政策制定．北京：中国人民大学出版社，2002.

邓恩．公共政策分析导论：第 4 版．北京：中国人民大学出版社，2011.
丁煌，定明捷．国外政策执行理论前沿述评．公共行政评论，2010（1).
丁煌．我国现阶段政策执行阻滞及其防治对策的制度分析．政治学研究，2002（1).
范世炜．试析西方政策网络理论的三种研究视角．政治学研究，2013（4).
冯平．价值判断是一种实践判断：杜威实验主义价值论的核心论题．复旦学报（社会科学版)，2019（6).
艾利森，泽利科．决策的本质：第 2 版．北京：商务印书馆，2021.
格林德尔，托马斯．公共选择与政策变迁：发展中国家改革的政治经济学．北京：商务印书馆，2016.
古贝，林肯．第四代评估．北京：中国人民大学出版社，2008.
顾建光，吴明华．公共政策工具论视角述论．科学学研究，2007（1).
海涅曼，布卢姆，彼得森，等．政策分析师的世界：理性、价值观念和政治．北京：北京大学出版社，2011.
韩博天，梅尔顿．规划：中国政策过程的核心机制．开放时代，2013（6).
韩博天．中国经济腾飞中的分级制政策试验．开放时代，2008（5).
汉密尔顿，杰伊，麦迪逊，等．联邦党人文集．北京：商务印书馆，1997.
豪利特，拉米什．公共政策研究：政策循环与政策子系统．北京：生活·读书·新知三联书店，2006.
浩特，罗密西．政策子系统框架和政策改变：政策过程的后实证分析．国家行政学院学报，2006（1).
何鉴孜，李亚．从“裁决者”到“协调者”：冲突解决视角下政策分析师的角色变迁．广东行政学院学报，2014（4).
和经纬．中国公共政策评估研究的方法论取向：走向实证主义．中国行政管理，2008（9).
贺东航，孔繁斌．中国公共政策执行中的政治势能：基于近 20 年农村林改政策的分析．中国社会科学，2019（4).
亨利．公共行政与公共事务：第 10 版．北京：中国人民大学出版社，2010.
金登．议程、备选方案与公共政策：第 2 版．北京：中国人民大学出版社，2004.
柯武刚，史漫飞．制度经济学：社会秩序与公共政策．北京：商务印书馆，2000.
李文钊．叙事式政策框架：探究政策过程中叙事效应．公共行政评论，2017（3).
李文钊．间断-均衡理论：探究政策过程中的稳定与变迁逻辑．上海行政学院学报，2019（2).
李亚，宋宇．后实证主义政策评估主要模式评析．天津社会科学，2017（1).
林德布洛姆．政策制定过程．北京：华夏出版社，1988.
林水波，张世贤．公共政策．台北：五南图书出版公司，1997.

林玉华．政策网络理论之研究．台北：瑞兴图书公司，2002.

卢梭．社会契约论．北京：商务印书馆，1982.

罗杰斯．创新的扩散：第5版．北京：电子工业出版社，2016.

毛寿龙．西方公共政策的理论发展及其对本土化研究的启示．江苏社会科学，2004（1）.

米歇尔斯．寡头统治铁律：现代民主制度中的政党社会学．天津：天津人民出版社，2003.

明翠琴．政策科学中的叙事政策框架及其研究前沿．陕西行政学院学报，2019（5）.

宁骚．公共政策学．北京：高等教育出版社，2003.

诺思，托马斯．西方世界的兴起．北京：华夏出版社，1999.

帕顿，沙维奇．政策分析与规划的初步方法．北京：华夏出版社，2001.

萨巴蒂尔．政策过程理论．北京：生活·读书·新知三联书店，2004.

萨瓦斯．民营化与公私部门的伙伴关系．北京：中国人民大学出版社，2002.

沙夫里茨，海德，帕克斯．公共政策经典．北京：北京大学出版社，2008.

石凯，胡伟．政策网络理论：政策过程的新范式．国外社会科学，2006（3）.

斯蒂格利茨．中国第二步改革战略．太平洋学报，1999（1）.

斯通．政策悖论．北京：中国人民大学出版社，2009.

斯图尔特，赫奇，莱斯特．公共政策导论：第3版．北京：中国人民大学出版社，2011.

谭融．美国的利益集团政治理论综述．天津大学学报（社会科学版），2001（1）.

田凯．组织理论：公共的视角．北京：北京大学出版社，2020.

万里．决策民主化和科学化是政治体制改革的一个重要课题．人民日报，1986－08－15.

王洛忠．公共政策学．北京：北京大学出版社，2022.

王浦劬，赖先进．中国公共政策扩散的模式与机制分析．北京大学学报（哲学社会科学版），2013（6）.

王绍光，樊鹏．政策研究群体与政策制定：以新医改为例．政治学研究，2011（2）.

王绍光．学习机制与适应能力：中国农村合作医疗体制变迁的启示．中国社会科学，2008（6）.

王绍光．中国公共政策议程设置的模式．中国社会科学，2006（5）.

王锡锌，章永乐．专家、大众与知识的运用．中国社会科学，2003（3）.

王雪梅，雷家骕．政策评估模式的选择标准与现存问题述评．科学学研究，2008（5）.

韦伯．经济与社会：上．北京：商务印书馆，1997.

韦兰．公共政策导论．上海：格致出版社，2014.

韦默，维宁．政策分析：理论与实践．上海：上海译文出版社，2003.

吴逊，饶墨仕，迈克尔·豪利特．公共政策过程：制定、实施与管理．上海：格致出版社，2016.

西蒙．管理行为．北京：机械工业出版社，2013.

希尔，休普．执行公共政策．北京：商务印书馆，2011.

希尔斯曼．美国是如何治理的．北京：商务印书馆，1988.

习近平．高举中国特色社会主义伟大旗帜 为全面建设社会主义现代化国家而团结奋斗：在中国共产党第二十次全国代表大会上的报告．北京：人民出版社，2022.

习近平．习近平谈治国理政．北京：外文出版社，2014.

习近平．习近平著作选读：第一卷．北京：人民出版社，2023.

谢明．公共政策导论．北京：中国人民大学出版社，2015.

熊彼特．经济发展理论．北京：商务印书馆，1990.

徐湘林．从政治发展理论到政策过程理论：中国政治改革研究的中层理论建构探讨．中国社会科学，2004（3）.

徐湘林．面向 21 世纪的中国政策科学．北京大学学报（哲学社会科学版），2000（4）.

薛澜，陈玲．中国公共政策过程的研究：西方学者的视角及其启示．中国行政管理，2005（7）.

薛澜，赵静．转型期公共政策过程的适应性改革及局限．中国社会科学，2017（9）.

鄢一龙．六权分工：中国政治体制概括新探．清华大学学报（哲学社会科学版），2017（1）.

杨代福．西方政策变迁研究：三十年回顾．国家行政学院学报，2007（4）.

杨光斌．政治学导论．3 版．北京：中国人民大学出版社，2007.

杨宏山，李娉．政策试点的理论逻辑与知识生产．江苏行政学院学报，2022（6）.

杨宏山，周昕宇．政策试验的议题属性与知识生产．管理世界，2022（4）.

杨宏山．创制性政策的执行机制研究．中国人民大学学报，2015（3）.

杨宏山．双轨制政策试验：政策创新的中国经验．中国行政管理，2013（6）.

杨宏山．政策执行的路径-激励分析框架：以住房保障政策为例．政治学研究，2014（1）.

野中郁次郎，竹内弘高．创造知识的企业．北京：人民邮电出版社，2019.

伊斯顿．政治体系：政治学状况研究．北京：商务印书馆，1993.

贠杰．论现代社会条件下的政府政策评估．江苏行政学院学报，2005（4）.

张凤海，侯铁珊．技术创新理论述评．东北大学学报（社会科学版），2008（2）.

张金马．公共政策分析：概念、过程、方法．北京：人民出版社，2004.

张克．西方公共政策创新扩散：理论谱系与方法演进．国外理论动态，2017（4）.

张梦中，霍哲．理论的建立与发展．中国行政管理，2001（12）.

郑石明，薛雨浓．政策反馈理论：政策如何重塑政治过程与政策发展？．经济社会体制比较，2023（1）.

周黎安．转型中的地方政府：官员激励与治理．上海：上海人民出版社，2008.

周雪光．基层政府间的“共谋现象”：一个政府行为的制度逻辑．社会学研究，2008（6）.

周雪光．组织社会学十讲．北京：社会科学文献出版社，2003.

朱春奎，李玮．叙事政策框架研究进展与展望．行政论坛，2020（2）.

朱春奎．公共政策学．北京：清华大学出版社，2016.

朱旭峰，张友浪．创新与扩散：新型行政审批制度在中国城市的兴起．社会学研究，2015（10）.

朱旭峰．中国社会政策变迁中的专家参与模式研究．社会学研究，2011（2）.

朱亚鹏，丁淑娟．政策属性与中国社会政策创新的扩散研究．社会学研究，2016（5）.

朱亚鹏．政策过程中的政策企业家：发展与评述．中山大学学报，2012（2）.

ANDERSON J. Public policymaking：an introduction. Boston：Houghton Mifflin，1990.

ANSELL C K，BARTENBERGER M. Varieties of experimentalism. Ecological Economics，2016（130）.

ARGYRIS C，SCHON D A. Organization learning II：theory，method and practice. Reading，MA：Addison-Wesley Publishing，1996.

ASHFORD D. History and context in comparative public policy. Pittsburgh：University of Pittsburgh Press，1992.

BÉLAND D，SCHLAGER E. Variety of policy feedback research：looking backward，moving forward. Policy Studies Journal，2019，47（2）：184－205.

BERRY F S. Sizing up state policy innovation research. Policy Studies Journal，1994，22（3）.

BOUSHEY G. Policy diffusion dynamics in America. Cambridge：Cambridge University Press，2010.

CAMPBELL D T. Reforms as experiments. American Psychologist，1969，24（4）.

CASTLES F G. The comparative history of public policy. New York：Oxford University Press，1989.

COBB R W，ELDER C D. The politics of agenda-building. Journal of Politics，1971，33（4）.

COBB R W，ROSS J K，ROSS M H. Agenda-building as a comparative political process. The American Political Science Review，1976，70（1）.

COHEN M，MARCH J，OLSON J. A garbage-can model of organizational choice. Administrative Science Quarterly，1972，17（1）.

COHEN W，LEVINTHALD A. Absorptive capacity：a new perspective on learning and innovation. Administrative Science Quarterly，1990，35（1）.

CROSSAN M M，LANE H W，WHITE R E. An organizational learning framework：from intuition to institution. Academy of Management Review，1999，24（3）.

CROW D A，LAWLOR A. Media in the policy process：using framing and narratives to understand policy influences. Review of Policy Research，2016，33（5）：472－491.

DAHL R A. Rethinking who governs? new haven revisited//WASTE R J（eds.）. Community power directions for future research. Newbury Park，CA：Sage，1986.

DAHL R A. Who governs? democracy and power in an American city. New Haven：Yale University Press，1961.

DAVENPORT T H，PRUSAK L. Working knowledge：how organizations manage what they know. Boston：Harvard Business School Press，1998.

DEARING J W，ROGERS E M. Agenda-setting. Thousand Oaks，CA：Sage Publications，1996.

DOERN G B，PHIDD R W. Canadian public policy：ideas，structure，process. 2nd ed. Toronto：Nelson Canada，1992.

DOLOWITZ D P，MARSH D. Learning from abroad：the role of policy transfer in contemporary policy-making. Governance：An International Journal of Policy & Administration，2000，13（1）.

DOLOWITZ D P，MARSH D. Who learns what from whom：a review of the policy transfer literature. Political Studies，1996，44（2）.

DORF M C，SABEL C F. A constitution of democratic experimentalism. Columbia Law Review，1998，98（2）.

DUNLOP C A，RADAELLI C M. The lessons of policy learning：types，triggers，hindrances and pathologies. Policy & Politics，2018，46（2）.

DYE T R. Understanding public policy. 9th ed. NJ：Prentice Hall，1998.

EDWARDS Ⅲ G C，SHARKANSKY I. The policy predicament：making and implementing public policy. San Francisco：W. H. Freeman，1978.

ELMORE R F. Backward mapping：implementation research and policy decisions. Political Science Quarterly，1980，94（4）.

EVANS P B，RUESCHEMEYER D，SKOCPOL T. Bringing the state back in. Cambridge：Cambridge University Press，1985.

FAIRWEATHER G W，TORNATZKY L G. Experimental methods for social policy research. Oxford and New York：Pergamon Press，1977.

FISCHER F. Citizen participation and the democratization of policy expertise：from theoretical inquiry to practical cases. Policy Sciences，1993，26（3）.

FORESTER J. Bounded rationality and the politics of muddling through. Public Administration Review，1984，44（1）.

GLASER B，STRAUSS A. The discovery of grounded theory. Chicago：Aldine，1967.

GOGGIN M L，BOWMAN A O，LESTER J P，et al. Implementation theory and practice：toward a third generation. Glenwood，Illinois：Scott Foreman/Little Brown，1990.

GRAY V. Innovation in the states：a diffusion study. American Political Science Review，1973，67（4）.

HAJER M A. Discourse coalitions and the institutionalization of practice：the case of acid rain in Great Britain//FISHER F，FORESTER J（eds.）. The argumentation turn in policy analysis and planning. London：UCL Press，1993：44.

HALL P A. Policy paradigms，social learning，and the state：the case of economic policymaking in Britain. Comparative Politics，1993，25（3）.

HECLO H. Modern social politics in Britain and Sweden：from relief to income maintain. New Haven：Yale University Press，1974.

HEIDENHEMER A，HECLO H，ADAMS C. Comparative public policy. N. Y.：St. Martin Press，1990.

HOOD C C. The tools of government. Chatham：Chatham House，1986.

HUKKINEN J，EMERY R，ROCHLIN G I. A salt on the land：a narrative analysis of the controversy over irrigation-related salinity and toxicity in California's San Joaquin Valley. Policy Sciences，1990，23（4）：307－329.

JAMES S. The idea broker：the impact of think tanks on British government. Public Administration，1993，71（4）.

JONES M D，MCBETH M K. A narrative policy framework：clear enough to be wrong? . Policy Studies Journal，2010，38（2）：329－353.

KELLY M，MAYNARD-MOODY S. Policy analysis in the post-positivist era：engaging stakeholders in evaluating the economic development districts program. Public Administration Review，1993，53（2）.

KERBER W，ECKARDT M. Policy learning in Europe：the open method of co-ordination and laboratory federalism. Journal of European Public Policy，2007，14（2）.

LASSWELL H D，KAPLAN A. Power and society. New Haven：Yale University Press，1970.

LASSWELL H D. A preview of policy science. New York：American Elsevier，1971.

LEE T，VAN DE MEENE S. Who teaches and who learns? policy learning through the C40 cities climate network. Policy Sciences，2012，45（3）.

LIEBERMAN J. Tyranny of experts：how professionals are closing the open society. New York：Walker，1970.

LIEBERTHAL K，OKSENBERG M. Policy making in China：leaders，structure，and processes. Princeton：Princeton University Press，1988.

LINDBLOM C E. The science of "muddling through" . Public Administration Review，1959，19 (2).

LIPSKY M. Street-level bureaucracy：dilemmas of the individual in public services. New York：Russell Sage Foundation，1980.

LOWI T J. Four systems of policy，politics and choice. Public Administration Review，1972，32 (4).

MAJONE G. Evidence，argument，and persuasion in policy process. New Haven，CT.：Yale University Press，1989.

MARCH J G，OLSEN J P. Rediscovering institutions. New York：The Free Press，1989.

MARIN B，MAYNTZ R. Policy networks：empirical evidence and theoretical considerations. Boulder：Westview Press，1992.

MARSH D，SHARMAN J C. Policy diffusion and policy transfer. Policy Studies，2009，30 (3).

MATLAND R E. Synthesizing the implementation literature：the ambiguity-conflict model of policy implementation. Journal of Public Administration Research and Theory，1995，5 (2).

MAY P J. Policy learning and failure. Journal of Public Policy，1992，12 (4).

MCBETH M K，SHANAHAN E A. Public opinion for sale：the role of policy marketers in Greater Yellowstone policy conflict. Policy Sciences，2004，37 (3).

MCFADGEN B，HUITEMA D. Stimulating learning through policy experimentation：a multi-case analysis of how design influences policy learning outcomes in experiments for climate adaptation. Water，2017，9 (9).

MCLENNAN G. Marxism，pluralism and beyond：classic debates and new departures. Cambridge：Polity Press，1989.

METTLERS S，SOSS J. The consequences of public policy for democratic citizenship：bridging policy studies and mass politics. Perspective on politics，2004，2 (1)：55－73.

MINTROM M. Policy entrepreneurs and the diffusion of innovation. American Journal of Political Science，1997，41 (3).

MOYNIHAN D P，LANDUYT N. How do public organizations learn? bridging cultural and structural perspectives. Public Administration Review，2009，69 (6).

O'TOOLE L，Jr. Policy recommendations for multi-actor implementation：an assessment of the field. Journal of Public Policy，1986，6（2）.

PEARCE W，RAMAN S. The new randomised controlled trials（RCT）movement in public policy：challenges of epistemic governance. Policy Sciences，2014，47（4）.

PETERS B G. American public policy：promise and performance. Chatham，NJ：Chatham House，1986.

PETERSON H L. Political information has bright colors：narrative attention theory. Policy Studies Journal，2018，46（4）：828－842.

PIERSON P. When effect becomes cause：policy feedback and political change. World Politics，1993，45（4）：595－628.

PRESSMAN J，WILDAVSKY A. Implementation：how great expectation in Washington are dashed in Oakland. 3rd ed. Berkeley：University of California Press，1984.

RHODES R A W. Power-dependence，policy communities and intergovernmental networks. Public Administration Bulletin，1984.

RHODES R A W. The new governance：governing without government. Political Studies，1996，44（4）.

RHODES R A W. Understanding governance：policy networks，governance，reflexivity and accountability. Buckingham：Open University Press，1997.

ROSE R. What is lesson-drawing? . Journal of public policy，1991，11（1）.

ROSSI P H，LIPSEY M W，FREEMAN H E. Evaluation：a systematic approach. 7th ed. Thousands Oaks：SAGE Publications，2003.

ROTMANS J，LOORBACH D. Complexity and transition management. Journal of Industrial Ecology，2009，13（2）.

SABATIER P A. An advocacy coalition framework of policy change and the role of policy-oriented learning therein. Policy Sciences，1988，21（2/3）.

SABATIER P A. Toward better theories of the policy process. Political Science and Politics，1991，24（2）.

SABEL C F，ZEITLIN J. Learning from difference：the new architecture of experimentalist governance in the EU. European Law Journal，2008，3（14）.

SALAMON L M. The tools of government：an introduction to the new governance. New York：Oxford University Press，2002.

SCHNEIDER A L，INGRAM H. Behavioral assumption of policy tools. Journal of Politics，1990，52（2）.

SHANAHAN E A，JONES M D，LANE R R，et al. An angel on the wind：how heroic policy narratives shape policy realities. Policy Studies Journal，2013，41（3）：453－483.

SHANAHAN E A，ARNELL R J，HATHAWAY P L，et al. Conduit or contributor? the role of media in policy change theory. Policy Sciences，2008，41（2）：115－138.

SHIPAN C R，VIODEN C. The mechanisms of policy diffusion. American Journal of Political Science，2008，52（4）.

SKOCPOL T. Protecting soldiers and mothers：the political origins of social policy in the United States. Cambridge，MA：Belknap Press，1992.

SOSS J，SCHRAM S F. A public transformed? welfare reform as policy feedback. American Political Science Review，2007，101（1）：111－127.

VAN DER MEER F B，EDELENBOS J. Evaluation in multi-actor policy processes：accountability，learning and cooperation. Evaluation，2006，12（2）.

VEDUNG E. Four waves of evaluation diffusion. Evaluation，2010（3）.

WALKER J L. The diffusion of innovations among the American states. The American Political Science Review，1969，63（3）.

WEISSERT C S. Political entrepreneurs，policy opportunists，and legislative effectiveness. American Politics Research，1991，19（2）.

人大版公共管理类教材

公共管理类专业教材——学科基础课教材

书名	作者
现代管理学原理（第三版）（“十一五”国家级规划教材）	娄成武　魏淑艳
一般管理学原理（第四版）	张康之　周　军
管理学基础（第三版）	方振邦
政治学原理（第三版）	景跃进　张小劲
现代政治学原理（第四版）	石永义　刘玉萼　张　璋
公共管理学（第二版）	陈振明
公共管理学——一种不同于传统行政学的研究途径（第二版）	陈振明
公共管理学（第三版）（数字教材版）（“十二五”国家级规划教材）	蔡立辉　王乐夫
公共管理学（精编版）	王乐夫　蔡立辉
公共管理学（第三版）	张康之　郑家昊
公共管理概论（第二版）	朱立言　谢　明
公共政策导论（第六版）（数字教材版）	谢　明
公共政策概论（第二版）	谢　明
公共政策学——政策分析的理论、方法和技术（“十一五”国家级规划教材）	陈振明
公共政策学（第二版）	杨宏山
政策科学——公共政策分析导论（第二版）	陈振明
公共经济学（第三版）（“十二五”国家级规划教材）	高培勇
公共经济学教程	秦立建
政府经济学（第四版）（“十一五”国家级规划教材）	郭小聪
政府经济学（第四版）	潘明星　韩丽华

公共管理类专业教材——方法课教材

书名	作者
公共管理研究方法	何兰萍　张俊艳
行政学研究方法与应用案例	萧鸣政　等
管理定量分析：方法与技术（第三版）	刘兰剑

公共管理类专业教材——行政管理、公共事业管理专业教材

书名	作者
行政法学导论（第二版）	姜晓萍
公共部门人力资源管理（第四版）	孙柏瑛　祁凡骅
公共部门人力资源开发与管理（第五版）（“十二五”国家级规划教材）	孙柏瑛　祁凡骅
公共部门人力资源管理（第三版）	滕玉成　于　萍
公共部门人力资源管理概论（第二版）	方振邦
公共部门人力资源管理案例	周均旭
行政管理学（第五版）（数字教材版）	郭小聪
公共行政学（第五版）	彭和平
公共行政学（第二版）	张康之　张乾友
行政学导论（第三版）	齐明山

书名	作者
行政管理学导引与案例	陈季修
管理心理学（第三版）	范逢春
公共组织行为学（第三版）（“十一五”国家级规划教材）	孙 萍 张 平
公共组织学（第四版）	李传军
行政组织学（第二版）	张 昕 李 泉
公共组织理论	陆明远 冯 楠
公共事业管理概论（第三版）	朱仁显
公共组织财务管理（第三版）（“十一五”国家级规划教材）	王为民
国家公务员制度（第五版）（数字教材版）（“十二五”国家级规划教材）	舒 放 贾自欣
国家公务员制度概论（第二版）	刘碧强 郗永勤
公务员制度概论	李如海
公务员制度	温志强 王彦平 郝雅立
当代国家公务员制度：理论与实践	胡春艳
行政领导学（第三版）	朱立言 李国梁
领导学（第五版）	邱霈恩
领导学	孙 健
现代市政学（第五版）（数字教材版）	王佃利
市政管理学（第五版）（“十一五”国家级规划教材）	杨宏山
社区管理（第四版）	汪大海 魏 娜 郇建立
社区管理原理与案例	魏 娜
电子政务教程（第三版）（“十一五”国家级规划教材）	赵国俊
电子政府与电子政务（第二版）（“十一五”国家级规划教材）	张锐昕
行政伦理学教程（第四版）（“十二五”国家级规划教材）	张康之 李传军
公共危机管理概论（第二版）	王宏伟
公共危机管理	唐 钧
当代中国政府与政治（第二版）	景跃进 陈明明 肖 滨
当代中国政府与行政（第三版）	魏 娜 吴爱明
地方政府学概论（第二版）	方 雷
地方政府管理（第二版）	陈瑞莲 张紧跟
管理秘书实务（第三版）	赵锁龙
行政秘书学	唐 钧
公文写作与处理	赵国俊
机关管理的原理与方法（第三版）	赵国俊 陈幽泓
公共部门绩效管理（第二版）	方振邦
政府绩效管理（第二版）	方振邦 葛蕾蕾
政府绩效评估	蔡立辉
政府公共关系（第二版）（“十一五”国家级规划教材）	廖为建 张 宁
西方行政学理论概要（第二版）（“十一五”国家级规划教材）	丁 煌
公共行政学史（第二版）	何艳玲
西方公共管理名著导读	汪大海
文化管理学（第三版）（“十二五”国家级规划教材）	孙 萍
文化创意产业导论	魏鹏举
卫生事业管理（第二版）（“十一五”国家级规划教材）	李 鲁
现代公用事业管理	崔运武

公共管理类专业教材——劳动与社会保障专业教材

书名	作者
社会保障概论（第七版）	孙光德　董克用
社会保障学	戴卫东
劳动经济学（“十一五”国家级规划教材）	董克用　刘　昕
劳动法与社会保障法	黎建飞
社会保险学（第四版）	孙树菡　朱丽敏
社会保障基金管理	李春根
社会保障国际比较	仇雨临

公共管理类专业教材——土地资源管理专业教材

书名	作者
土地经济学（第八版）（“十一五”国家级规划教材）	毕宝德
土地法学（第二版）	严金明
土地资源学	张正峰　赵文武
土地资源管理学（第二版）	张正峰
国土空间规划学	张占录　张正峰
国土空间规划学导论	刘润秋　唐　鹏
不动产估价（第二版）（“十一五”国家级规划教材）	叶剑平　曲卫东
土地信息系统	曲卫东　韩　琼
地籍管理（第五版）（“十一五”国家级规划教材）	谭　峻　林增杰

公共管理类专业教材——城市管理专业教材

书名	作者
城市管理学（第四版）	杨宏山
城市管理学：公共视角	陆　军 等
城市经济学（第二版）	叶裕民　周　麟
城市总体规划原理	郤艳丽　田　莉
中国城市管理史概论	郑　国

公共管理类专业教材——应急管理专业教材

书名	作者
应急管理导论：原理与案例	李燕凌　朱正威 张海波　章文光
应急管理概论	王宏伟
应急管理理论与实践	唐　钧
突发事件风险管理	张小明
应急管理新论	王宏伟
新媒体时代的应急管理与危机公关	唐　钧
公共安全风险治理	唐　钧

公共管理硕士（MPA）教材——核心课教材

书名	作者
全国公共管理硕士（MPA）核心课程教学指导纲要	全国公共管理专业学位研究生教育指导委员会
社会主义建设理论与实践（第三版）	李景治　蒲国良
公共管理英语（修订版）	顾建光
学术规范和论文写作	胡宏伟
公共管理学（第三版）（全国优秀教材二等奖）	张成福　党秀云
公共管理学原理（修订版）	陈振明
公共管理导论	竺乾威　朱春奎　李瑞昌
公共政策分析	陈振明
公共政策分析导论	陈振明
公共政策分析概论（修订版）	谢　明
公共部门经济学（第三版）	高培勇　崔　军
公共经济学	唐任伍
行政法学（修订版）	皮纯协　张成福
行政法学概论（第三版）	胡锦光
非营利组织管理概论（修订版）	王　名
非营利组织管理	王　名　王　超
公共管理伦理学（修订版）	张康之
社会研究方法	陈振明
电子政务理论与方法（第五版）	金江军
公文写作概论	高永贵

公共管理硕士（MPA）教材——专业方向必修课、选修课教材

书名	作者
公务员制度教程（第六版）	舒　放　王克良
比较政府与政治（修订版）	卓　越
当代中国政府与政治（第三版）	吴爱明　朱国斌　林　震
公共部门人力资源管理及案例教程（第三版）	陈天祥
公共部门绩效评估（修订版）	卓　越
公共部门危机管理（第三版）	张小明
应急管理通论（第二版）	李雪峰
公共部门战略管理（修订版）	陈振明
MPA 学位论文写作指南	汪大海

中国人民大学出版社　管理分社

教师教学服务说明

中国人民大学出版社管理分社以出版工商管理和公共管理类精品图书为宗旨。为更好地服务一线教师，我们着力建设了一批数字化、立体化的网络教学资源。教师可以通过以下方式获得免费下载教学资源的权限：

★ 在中国人民大学出版社网站 www.crup.com.cn 进行注册，注册后进入“会员中心”，在左侧点击“我的教师认证”，填写相关信息，提交后等待审核。我们将在一个工作日内为您开通相关资源的下载权限。

★ 如您急需教学资源或需要其他帮助，请加入教师 QQ 群或在工作时间与我们联络。

中国人民大学出版社　管理分社

教师 QQ 群：648333426(工商管理)　114970332(财会)　648117133(公共管理)
教师群仅限教师加入，入群请备注(学校+姓名)

联系电话：010-62515782，82501868，82501048，62514760

电子邮箱：glcbfs@crup.com.cn

通讯地址：北京市海淀区中关村大街甲 59 号文化大厦 1501 室（100872）

管理书社　　人大社财会　　公共管理与政治学悦读坊